O CAIBALION
EDIÇÃO DEFINITIVA E COMENTADA

William Walker Atkinson

William Walker Atkinson

O CAIBALION
EDIÇÃO DEFINITIVA E COMENTADA

Um Estudo da Filosofia Hermética por
William Walker Atkinson
escrevendo como
OS TRÊS INICIADOS

✳ ✳ ✳

Introdução e edição de
Philip Deslippe

Tradução
Rosabis Camaysar
Jeferson Luiz Camargo

Editora
Pensamento
SÃO PAULO

Título do original: *The Kybalion – The Definitive Edition*.

O *Caibalion* foi originalmente pulicado em 1908. Primeira edição da Tarcher, 2008. O capítulo sobre As Setes Leis Cósmicas foi finalizado em 1931. Copyright da introdução © 2011 Philip Deslippe.

Foto de William Walker Atkinson, cerca de 1917/1918, cortesia da família de William Walker Atkinson.

Esta edição foi publicada mediante acordo com TarcherPerigee, um selo da Peguin Publishing Group, uma divisão da Peguin Random House LLC.

Copyright da 1ª edição brasileira © 1978 Editora Pensamento-Cultrix Ltda.

Copyright da 2ª edição brasileira revista e ampliada © 2018 Editora Pensamento-Cultrix Ltda.

1ª edição 1978.

2ª edição 2018. /8ª reimpressão 2024.

Todos os direitos reservados. Nenhuma parte desta obra pode ser reproduzida ou usada de qualquer forma ou por qualquer meio, eletrônico ou mecânico, inclusive fotocópias, gravações ou sistema de armazenamento em banco de dados, sem permissão por escrito, exceto nos casos de trechos curtos citados em resenhas críticas ou artigos de revistas.

Obs.: Todas as notas inseridas com a sigla (N.T.) ao longo do texto foram redigidas pelo tradutor Jeferson Luiz Camargo.

Editor: Adilson Silva Ramachandra
Editora de texto: Denise de Carvalho Rocha
Gerente editorial: Roseli de S. Ferraz
Produção editorial: Indiara Faria Kayo
Editoração eletrônica: Join Bureau
Revisão: Vivian Miwa Matsushita

Dados Internacionais de Catalogação na Publicação (CIP)
(Câmara Brasileira do Livro, SP, Brasil)

Atkinson, William Walker, 1862-1932
 O Caibalion: edição definitiva e comentada / um estudo da filosofia hermética por William Walker Atkinson escrevendo como Os Três Iniciados; introdução e edição de Philip Deslippe; tradução Rosabis Camaysar, Jeferson Luiz Camargo. – 2. ed. – São Paulo: Pensamento, 2018.

 Título original: The kybalion: the definitive edition
 ISBN 978-85-315-1999-4

 1. Ciências ocultas 2. Hermetismo I. Deslippe, Philip. II. Título.

18-13024 CDD-135.4

Índices para catálogo sistemático:
1. Filosofia hermética 135.4

Direitos reservados.
EDITORA PENSAMENTO-CULTRIX LTDA.
Rua Dr. Mário Vicente, 368 – 04270-000 – São Paulo, SP
Fone: (11) 2066-9000
E-mail: atendimento@editorapensamento.com.br
http://www.editorapensamento.com.br
Foi feito o depósito legal.

Sumário

★ ★ ★

Introdução de Philip Deslippe   7

O Caibalion, por William Walker Atkinson, escrito como Três Iniciados   57

As Sete Leis Cósmicas, por William Walker Atkinson   203

Introdução

✶ ✶ ✶

PHILIP DESLIPPE

"Habent sua fata libelli."
"Os livros têm seu próprio destino."
— TERENCIANUS MAURUS

Quase um século depois de sua publicação inicial, *O Caibalion* continua a mostrar que é um dos mais importantes e influentes textos ocultistas escritos nos Estados Unidos. Ao contrário de obras de importância comparável, que apresentavam doutrinas secretas volumosas ou preceitos secretos de grande abrangência, de todas as épocas, *O Caibalion* era ao mesmo tempo pequeno e sucinto em seu enfoque. Obra que se autodefine como um "pequeno volume", *O Caibalion* resume a Filosofia Hermética em sete princípios básicos. Esses Sete Princípios Herméticos de *O Caibalion* conectaram os universos ocultistas dos séculos XIX e XX, unindo antigos preceitos esotéricos e organizando-os de modo que pudessem, com originalidade inigualável, inspirar um vasto e diferenciado grupo de seguidores até os dias de hoje. O *Caibalion* não apenas formou a base para outros preceitos ocultistas e escolas de artes mágicas, como também desempenhou um importante papel em tradições norte-americanas tão divergentes quanto o pensamento positivo e o Nacionalismo Negro.

Se, por um lado, o legado de O *Caibalion* teve importância e influência singulares, por outro a obra também deixou um rastro de mistério e confusão. Devido ao fato de seu autor ter escrito sob um pseudônimo, as circunstâncias de sua publicação e o uso extremamente difundido do texto, O *Caibalion* parece existir numa espécie de limbo que lhe é único. Ao contrário de qualquer outro livro moderno com um público leitor comparável, até hoje existe pouca clareza ou consenso acerca de seu autor, de quando o livro foi escrito e de quais fontes ele utilizou. Em diferentes momentos, O *Caibalion* tem sido visto como uma obra antiga e moderna, original e parte de uma tradição cujas origens se perdem no tempo, Oriental e Ocidental, de inspiração divina e humildemente assinada por uma mão humana. Com tantas cópias, alterações e redefinições dos Sete Princípios Herméticos de O *Caibalion* no século passado, sem nenhum conhecimento ou consciência de sua fonte, as ideias nele contidas não só se tornaram confusas, como também extrapolaram a obra que lhes deu origem. Embora tudo isso tenha certamente contribuído para o grande fascínio e curiosidade despertados por O *Caibalion*, na verdade também impediu que a obra fosse apreciada em profundidade e tivesse suas qualidades plenamente reconhecidas. Nesse sentido, a introdução a esta edição definitiva de O *Caibalion* apresentará, pela primeira vez, não apenas uma história abrangente da obra, mas também responderá a muitas questões que envolvem sua criação, o que inclui a determinação definitiva da identidade de seu autor, William Walker Atkinson.

O PROFESSOR ARCANO

Na época em que escreveu *O Caibalion*, William Walker Atkinson – um ex-advogado –, redefiniu um antigo termo jurídico, de sentido mais místico, como um lema para seu livro *The Arcane Teaching*. A expressão é latina; *Ex Uno Disce Omnes*, que significa "Um único (exemplo) nos permite inferir todos os outros".* O lema era apropriado a Atkinson, que parecia abarcar todas as coisas com uma série infinita de temas em seus livros, artigos e conferências: mesmerismo, habilidade para vendas, cura psíquica, budismo, criação de filhos, frenologia, lógica e raciocínio clássicos, yoga, treino de memória e ocultismo, para citar apenas alguns. Ele alternava a descrição de seus escritos: ora se tratava de ocultismo prático, ora de Nova Psicologia [*New Psychology*] ou Novo Pensamento [*New Thought*], e em momentos distintos ele se via como professor de metafísica e cientista da mente, quando não simplesmente um autor. Apesar de toda essa variedade, a mensagem central, em toda a sua obra, ou *exemplo único*, era invariavelmente simples e direta: a mente, quando controlada e utilizada, poderia mudar a vida de uma pessoa e fazê-la ascender.

O maior legado da produção de William Walker Atkinson como escritor talvez seja o modo como sua bibliografia de aproximadamente cem títulos pode ser descrita não em termos de livros, mas em termos de *séries* de livros: a série *New Psychology*, em nove volumes, para a Progress Company, e outra série com o mesmo título, em quatro volumes, para a Elizabeth Towne Company; os seis volumes da obra *The Arcane Teaching*, e os doze volumes da série

---

* Exemplo extraído da *Eneida* de Virgílio, onde remete a situações em que um único exemplo ou uma única observação indica uma verdade geral ou universal. (N.T.)

Personal Power. Atrelados à produção e à mística que envolviam Atkinson, havia ainda mais de meia dúzia de pseudônimos que ele utilizou para assinar seus livros, entre eles: Yogue Ramacharaca, Theron Q. Dumont e Magus Incognito.

Além de autor, Atkinson trabalhou simultaneamente como editor e colaborador das revistas *Suggestion*, *New Thought* e *Advanced Thought*,* e também escreveu prolificamente para várias revistas, entre elas a *Nautilus* de Elizabeth Towne.[1] Atkinson envolveu-se com a International New Thought Alliance (INTA), da qual foi vice-presidente honorário por algum tempo, e frequentemente fazia palestras e conferências a convite de outras personalidades eminentes do *New Thought*.

Durante as três décadas em que Atkinson escreveu, ele mudava com muita frequência e, pelo menos durante três períodos distintos, morou tanto em Chicago como em Los Angeles, cidades que eram dois dos mais importantes polos aglutinadores do misticismo e do esoterismo nos primórdios do século XX. Sua fama como escritor, sua posição como editor de revistas e membro da INTA, suas raízes em diferentes cidades e, não menos notável, sua personalidade gregária – tudo isso contribuiu para colocar William Walker Atkinson em contato, em suas diferentes aptidões, com um vasto "Quem é quem" do *New Thought* e do esoterismo daquele momento: Julia Seton Sears, Ernest Holmes, Helen Wilmans, Henry Harrison Brown, Ella Wheeler Wilcox,

---

* Respectivamente, "Sugestão", "Novo Pensamento" e "Pensamento Avançado". (N.T.)
[1] Importante sufragista sediada em Massachusetts, Elizabeth Towne foi também uma das personalidades mais importantes da *International New Thought Alliance* [Aliança Internacional do New Thought]. Publicou um grande número de livros sobre autoajuda e metafísica. A revista Nautilus foi editada ao longo de inacreditáveis 55 anos.

Sidney Weltmer, Christian D. Larson e Annie Rix Militz, para citarmos apenas alguns.

☆ ☆ ☆

Nascido em Baltimore em 1862, poucos meses depois da Batalha de Antietam, William Walker Atkinson foi criado em um sólido lar de classe média e recebeu sua educação formal em escolas públicas. Com pouco mais de 20 anos e lutando para encontrar trabalho devido à morte do pai, parece que ele sofreu uma crise psicológica ou emocional, desaparecendo por vários dias, mas sempre retornando para juntar-se à sua família na casa em que viviam. Com o tempo, o jovem Atkinson estabilizou-se, passou a trabalhar na mercearia da família e terminou por casar-se com Margaret Foster Black no dia de Halloween de 1889.[2] O casal teria dois filhos, William C. Atkinson, e Joseph Welsh Atkinson, que morreu na infância. Em 1893, como era comum na advocacia, Atkinson passou dois anos como aprendiz de um advogado da Pensilvânia e, depois de ser aprovado no exame da Ordem dos Advogados, passou a atuar como um bem-sucedido advogado independente. Seus principais campos de atuação eram testamentos, inventários e partilhas. Bem na virada do século, a vida de William Walker Atkinson sofreu um abalo quando, depois de mudar-se para uma cidade vizinha para juntar-se a um escritório de advocacia na condição de

---

[2] Costuma-se pensar, erroneamente, que William Walker Atkinson estava escrevendo nesse período, embora ainda faltassem onze anos para que qualquer um de seus escritos metafísicos fossem publicados. Essa confusão parece resultar de um artigo intitulado "Mental Science Catechism", publicado na revista *Modern Thought*, na edição de setembro e outubro de 1889, e assinado por um certo W. J. Atkinson, um Rosa-Cruz do Missouri.

sócio, foi-lhe negada a simples e rotineira transferência de suas credenciais jurídicas. A Ordem dos Advogados local insistia em afirmar que as credenciais de Atkinson seriam invalidadas com a mudança, e que ele teria de esperar seis meses para poder refazer o exame da Ordem sob sua supervisão. Atkinson viu-se impossibilitado de trabalhar, e precisou recorrer às mesmas pessoas que pareciam estar claramente contra ele. Os amigos mais próximos de Atkinson diziam que ele estava obcecado pela injustiça, e mais tarde ele escreveria sobre o terrível preço que teve que pagar por esse contratempo que exauriu suas finanças, sua saúde e energia.

A essa altura de sua vida, Atkinson descrevia-se como um ocultista teórico, mas carecia de experiência prática. Sua situação, porém, o obrigou a pôr o conhecimento esotérico para funcionar no aqui e agora, e ele rapidamente adotou o utilitarismo da escola de pensamento positivo do *New Thought*, e o fez com o fervor dos convertidos. Esse casamento do esoterismo com sua aplicação prática seria a pedra angular de seu pensamento pelos próximos 32 anos, exatamente como ocorrera com a visão de mundo e a linguagem legalista de sua carreira anterior.

Entre setembro e dezembro de 1900, William Walker Atkinson se mudou para Chicago com a família, e ali deu início à sua nova vida de escritor, tendo concluído seu primeiro livro, *Thought Force*, depois de estabelecer-se na cidade. Poucos meses depois, já havia começado a escrever textos anônimos para uma revista dedicada ao hipnotismo terapêutico e medicinal, intitulada *Suggestion*, e logo passou a exercer o cargo de editor assistente. Atkinson criou sua própria escola de "Ciência Mental" por um breve período, e também dava consultas a pacientes e clientes particulares, uma prática que ele não abandonaria até o fim da vida.

Em fins de 1901, Atkinson tornou-se editor de *The Journal of Magnetism*, que logo mudou de nome, passando a se chamar *New Thought*. Essa revista era dirigida por um autodenominado especialista em hipnose, chamado Sydney Blanchard Flower, que vinha publicando a revista havia anos, quase sempre com um título e um corpo editorial diferentes. Foi na revista que Atkinson adquiriu sua voz de escritor, e, graças a uma série de colunas e artigos que ofereciam uma interpretação prática a questões esotéricas como mentalismo, mesmerismo e telepatia, ele rapidamente se tornou a principal atração da *New Thought*. Sydney Flower, por sua vez, começou a usar as páginas da *New Thought* e seu crescente público leitor como um mercado para um conjunto de maneiras de ganhar dinheiro que foi se tornando cada vez mais bizarro e suspeito: um cigarro saudável, alimentos medicinais, estâncias terapêuticas com dietas exclusivamente à base de leite, uma invenção milagrosa para a extração de minérios e várias ofertas de ações demasiado boas para serem verdadeiras. Em fins de 1904, as coisas chegaram a um ponto crítico quando, a pedido do chefe dos Correios, a polícia fez uma batida de surpresa nos escritórios da *New Thought*, que naquela época havia se transferido para Nova York, e indiciou Flower pelo uso de serviços de correspondência ilegal. Flower desapareceu e, embora a *New Thought* continuasse, não demorou muito para que Atkinson e sua família se mudassem para o extremo oposto do país, estabelecendo-se em Los Angeles.

Atkinson relembraria seu período em Los Angeles como um período para descansar, recarregar as energias e fazer pesquisas. Enquanto esteve no Sul da Califórnia, ele continuou a escrever e a contribuir com suas colunas eventuais para a *New Thought*, mas sua produção era muito menor do que a dos anos anteriores, quando ele escrevia para revistas e, ao mesmo tempo, publicava livros com seu próprio nome e com o pseudônimo Yogue Ramacharaca. Em Los Angeles, Atkinson fez palestras ao lado de Alexander McIvor-Tyndall, de início um mágico de palco que se tornou mentalista e depois passou a dar palestras sobre o *New Thought*; Atkinson também publicou durante algum tempo sob o selo editorial de A. Victor Segno, que se tornou sinônimo de charlatão e fraudador devido à sua School of Success que, entre outras coisas, vendia pelo Correio "ondas mentais por um dólar cada".

Ainda mais significativo foi o fato de, ainda em Los Angeles, Atkinson ter se tornado amigo de Premananda Baba Bharati, um dos primeiros missionários hindus que foram da Índia para os Estados Unidos. Atkinson falava com fervor sobre o discípulo de Krishna, e escreveu vários textos breves para a revista *Light of India*, publicada por Bharati. A afinidade entre Atkinson e Bharati foi apenas uma dentre muitas ligações entre o *New Thought* e as primeiras introduções do hinduísmo e do yoga na consciência popular norte-americana. Isso também sugere que Atkinson talvez tenha bebido muito mais perto da fonte do que muitos críticos admitem.

Atkinson voltou para Chicago em 1907 e, exceto por um breve retorno à Califórnia, permaneceria em Chicago, ao lado da esposa, pelos quinze anos seguintes, que demarcam o período mais produtivo de sua carreira. Com seu próprio nome e com o pseudônimo Yogue Ramacharaca, Atkinson continuou a escrever sobre o misticismo hindu, mas também começou a ver os temas sobre os quais escrevera anteriormente como pertencentes ao território da psicologia; um desenvolvimento lógico de sua preocupação com a mente e sua própria iniciação nos universos da sugestão e da cura mental. Mais tarde, Atkinson escreveria suas obras de maior expressão quase que exclusivamente sob o pseudônimo de Theron Q. Dumont, um cavalheiro francês ligado a uma imaginária escola parisiense de hipnotismo. Os livros assinados como Dumont tinham como público-alvo a crescente massa de vendedores e trabalhadores corporativos em busca de um caminho mais espiritualizado que os ajudasse a obter ganhos monetários práticos no mundo dos negócios. Atkinson também mergulhou profunda e integralmente no ocultismo nos primeiros anos de sua volta a Chicago: dedicando obras aos temas da cristalomancia* e leitura da mente em 1907, escrevendo com seu próprio nome; no mesmo ano, escrevendo obras sobre o que ele chamava de "Magia Mental", e produzindo anonimamente uma série em seis volumes sobre ocultismo, intitulada *The Arcane Teachings*, de 1909 a 1911. Em meados desse período de atividade, ele criou sua obra mais eloquente e a melhor condensação dos pontos essenciais da filosofia oculta, *O Caibalion*. Com um misto de imaginação, clareza e organização, *O Caibalion* incorporava modelos supostamente antigos de esoterismo com a ciência e a psicologia modernas. Desde que foi publicado pela primeira vez em 1908, e até hoje, *O Caibalion* exerce enorme influência sobre uma ampla variedade de escolas espirituais de pensamento, sem contar o fascínio de sua própria história, que será detalhada mais adiante nesta introdução.

As obras de maior expressão escritas durante o período que Atkinson morou em Chicago foram acompanhadas por um fluxo regular de escritos para diferentes revistas. Entre março e junho de 1910, ele voltou ao seu antigo posto de editor da revista *New*

---

* Segundo o dicionário *Houaiss*, "adivinhação baseada em imagens que aparecem, ou se pretende aparecerem, em bolas de cristal, espelhos e objetos afins, assim como na água e outras superfícies de propriedades refletoras". (N.T.)

Thought, até esta finalmente encerrar suas atividades pouco tempo depois. Ao mesmo tempo, Atkinson escrevia para várias revistas da The Progress Company. Também escrevia artigos mensais para a revista *Nautilus*, de Elizabeth Towne, o que permitiu que muitos de seus textos fossem vendidos para jornais de todo o país. Em 1916, Arthur Gould, da Advanced Thought Publishing Company, fundou uma revista com o mesmo nome, que circulou por aproximadamente quatro anos e sobre a qual se pode afirmar, com absoluta certeza, que foi o "trabalho de um homem só" enquanto esteve sob a responsabilidade de William Walker Atkinson, cujas colunas mensais, seções de cartas e artigos assinados com seu próprio nome e diversos pseudônimos ocupavam quase a revista toda.

Nos primórdios da década de 1920, Atkinson mudou-se para Detroit a fim de participar, por um breve período, de uma série de doze volumes intitulada *Personal Power*, juntamente com Edward Beals, que já havia trabalhado na revista e editora *The Progress*. Com um total de mais de duas mil páginas, a série *Personal Power* era, por assim dizer, uma biblioteca referencial em miniatura na qual se podia encontrar a maior parte da metafísica prática elaborada por Atkinson nas duas décadas anteriores. Embora Beals aparecesse como coautor de Atkinson, o passado dos dois sugere que Beals talvez tenha atuado mais como um parceiro nominal e financeiro do que no processo criativo real. De Detroit, Atkinson voltou para o Sul da Califórnia com sua esposa, onde permaneceu até o fim de sua vida, morando bem perto do filho e das duas netas. Fazia palestras e continuou a publicar esporadicamente, mas numa velocidade bem mais reduzida, que começava a refletir seu envelhecimento. Em 1929, bem no início da Grande Depressão, Atkinson demonstrou sua longa admiração pela Teosofia, e concluiu um manual sobre o assunto; um ano e meio depois, terminou *As Sete Leis*

Cósmicas.³ Dois dias antes do Natal de 1931 ele sofreu um acidente vascular cerebral e, pouco menos de duas semanas antes de completar 70 anos de vida, em 22 de novembro de 1932, William Walker Atkinson morreu em sua casa em Pasadena.

Depois de sua morte, ao mesmo tempo que passou a exercer grande influência, paradoxalmente sua obra começou a ser esquecida. Ao contrário de outros representantes do *New Thought* que haviam criado suas próprias instituições, como a Unity School of Christianity, de Fillmore, ou a United Church of Religious Science, de Ernest Holmes, depois da morte de Atkinson não restou nenhuma instituição que pudesse relançar seus artigos e conferências, nem de mantê-lo à altura de seu próprio legado. Com seus textos lançados por tantos editores de livros, revistas e periódicos, muitos dos quais desapareceram ou se perderam no tempo, somente fragmentos de sua bibliografia integral conseguiram chegar a arquivos dispersos e desconexos.

Pessoas como Annie Rix Militz e Emma Curtis Hopkins haviam preservado e catalogado boa parte desse material, o que facilitou o surgimento de artigos acadêmicos e teses de doutorado, permitindo que as ideias de Atkinson ocupassem seu devido lugar no contexto das histórias mais importantes do *New Thought* e da religião norte-americana. Contudo, William Walker Atkinson estava na dependência daqueles que, caso o incluíssem em seus

---

[3] O texto de *As Sete Leis Cósmicas* de 1931 faz parte desta edição de *O Caibalion*, e marca sua primeira aparição como obra impressa. *As Sete Leis Cósmicas* não é apenas o último manuscrito deixado por Atkinson, mas assinala seu último esforço para descrever o funcionamento do Universo por meio de uma série de leis, um tema que ele começara a desenvolver com *O Caibalion* em 1908 e, nesse meio-tempo, abordara de passagem em várias outras obras.

relatos, escreveriam sobre ele com base em fragmentos de sua produção ou em informações inexatas. Com a dificuldade adicional de organizar seus diferentes pseudônimos, depois de sua morte tornou-se comum que as pessoas admirassem os livros de Yogue Ramacharaca, William Walker Atkinson e os Três Iniciados, desconhecendo o fato de que todos eles vinham da mesma pessoa. Fosse isso trágico ou conveniente, o homem que era um adversário tão radical da *Churchianity*,* e que tantas vezes escreveu que suas ideias deveriam ter uma finalidade útil e serem então descartadas, acabou por ter sua vontade atendida.

Apesar de todos esses obstáculos, muitos dos livros de William Walker Atkinson tiveram uma sobrevida muito maior do que a de seus pares. A Grande Depressão testemunhou um recondicionamento dos dogmas centrais do *New Thought*. Como um dos autores mais conhecidos e prolíficos do *New Thought*, muitas das obras de Atkinson forneceram um modelo para os autores de livros de autoajuda que se seguiram a ele, como Robert Collier e Norman Vincent Peale. Peale e outros encontraram um grande público para as ideias do *New Thought* vendidas nos contextos mais mundanos de autoaperfeiçoamento e pensamento positivo.

Ainda que frequentemente criticado como simplistas ou desinformados, os escritos de Atkinson como Yogue Ramacharaca estiveram entre os primeiros a abordar seriamente o tema do yoga como uma prática a ser adotada, ainda que, em parte, depurassem essa prática através da cultura física, da Teosofia e do *New Thought*. Na primeira metade do século XX, quando mestres e missionários da

---

* Ligação excessiva ou estreitamente sectária às prática e interesses de determinada Igreja; maior lealdade à Igreja do que à Cristandade. (N.T.)

Índia lentamente começaram a vir para o Ocidente, os livros de Yogue Ramacharaca conquistariam muitos leitores para o Hinduísmo e o Vedanta, tornar-se-iam catalisadores das buscas espirituais da Índia e ofereceriam os conceitos de respiração yogue e da consciência meditativa para a *intelligentsia* artística nos universos da literatura, do *jazz*, da dramaturgia e das artes plásticas. Ramacharaca, supostamente um hindu do século XIX, seria redescoberto na década de 1960 e continuaria a introduzir o misticismo e a meditação orientais para um grande número de buscadores e eventuais professores de yoga com formação própria. A influência iria tornar-se ainda maior à medida que outros levassem as palavras de Ramacharaca para outros domínios, como Carlos Castañeda, o conhecido seguidor do xamanismo, que colocou as palavras de Yogue Ramacharaca na boca de seu suposto mentor, o guia yáqui Don Juan.[4]

E isso nos leva à obra mais significativa de William Walker Atkinson, que talvez seja o que ele escreveu de melhor: *O Caibalion*. A obra pseudônima enfatiza esse paradoxo de influência e obscuridade. Apesar de impossível de ser entendido em sua totalidade quando separado de seu autor, o discurso sobre "As Sete Leis Herméticas" assumiu uma vitalidade extraordinária e de grande alcance, além de uma história própria.

---

[4] O uso da obra de Atkinson por Castañeda foi documentado pela primeira vez no livro *Carlos Castañeda: The Power and the Allegory*, publicado por Richard De Mille em 1976. No caso, o texto copiado foi extraído de *Fourteen Lessons in Yogi Philosophy and Oriental Occultism*, publicado em 1911 por Atkinson, com o pseudônimo de Yogue Ramacharaca, e usado por Castañeda em seu livro *A Separate Reality: Further Conversations with Don Juan*, do início da década de 1970.

O CORTEJO DE HERMES

Se uma única linha tivesse de ser estendida ao longo da história do esoterismo, tal proeza talvez pudesse ser realizada pelo cortejo de Hermes. As tradições e linhagens herméticas podem ser encontradas em uma miríade de escolas místicas e metafísicas que remontam a muitos milênios e se mantiveram enormemente flexíveis no transcurso do tempo. A figura original de Hermes era o deus egípcio da sabedoria, Tehuti ou Toth. Mais tarde, Tehuti foi incorporado ao deus-mensageiro grego Hermes, tornando-se conhecido como Hermes Trismegisto, ou Hermes, o Três Vezes Grande.

Hermes Trismegisto foi colocado em praticamente cada ponto do espectro entre ser humano histórico e deus mítico imortal, e citado como contemporâneo, às vezes como professor, em alguns momentos identificado com Adão, Noé, Alexandre, o Grande, Enoque, Apolônio de Tiana e, inclusive, Moisés. Ainda mais importante, atribuiu-se a Hermes Trismegisto a autoria de uma coletânea de 42 obras místicas conhecidas como *Corpus Hermeticum*, que incluía tratados de filosofia, magia e astronomia. Os escritos Herméticos, ou *Hermética*, constituíam uma força vibrante no mundo helênico: sua influência está presente em obras neoplatônicas, pitagóricas e gnóstico-cristãs, embora fossem execrados por Santo Agostinho, um dos Pais da Igreja. As obras herméticas entraram em declínio durante a Idade Média, mas foram redescobertas e retraduzidas na corte renascentista de Cosimo de Médici, tornando-se uma das principais influências nos campos da ciência, da cultura e da filosofia.

A *Hermética* também exerceu profundo impacto sobre os alquimistas e mágicos da Renascença, em particular o texto

Hermetista cifrado, em treze linhas, conhecido como *Tabula Smaragdina*, ou Tábua de Esmeralda. Vários sistemas de pensamento rosacrucianista estavam impregnados da Filosofia Hermética, e Hermes é citado em diversos textos primitivos como o fundador mítico da Maçonaria.[5] Muitos séculos depois, a Sociedade Teosófica incluiria uma grande parte da Filosofia Hermética em seus primeiros ensinamentos, e os descendentes e desafetos da teosofia, como a Ordem Hermética da Aurora Dourada e a Sociedade Hermética, de Anna Kingsford e Edward Maitland, levariam a bandeira de maneira mais explícita.

Houve muitos grupos que se autodenominavam "Fraternidade Hermética" em fins do século XIX e primórdios do século XX. Dentre eles, o mais importante e influente foi a Fraternidade Hermética de Luxor, fundada pelo ocultista afro-americano Paschal Beverly Randolph, que em 1871 reeditou um texto Hermético fundamental, conhecido como *O Divino Pimandro*.[6] Grupos menores de irmãos Hermetistas também podiam ser encontrados em lugares tão discrepantes como Battle Creek, Michigan; San Antonio, Texas; Reno, Nevada; São Francisco, Califórnia, e Chicago, Illinois. Seja por meio de uma linha de descendência, de uma influência direta ou de fontes comuns de inspiração, esses primitivos grupos Herméticos modernos foram responsáveis por um grande número de organizações ocultistas contemporâneas.

---

[5] Albert Gallatin Mackey, *An Encyclopedia of Freemasonry and Its Kindred Sciences* (Nova York e Londres: The Masonic History Company, 1913), p. 322.

[6] *O Divino Pimandro*, de Randolph, seria posteriormente reeditado pelos editores originais de *O Caibalion*, a Yogi Publication Society. A fonte definitiva sobre Randolph e a H. B. de L. é a biografia de John Patrick Deveney, de 1996, e o livro *The Hermetic Brotherhood of Luxor*, escrito em coautoria.

Em meio à atividade Hermética na virada do século, William Walker Atkinson escreveu *O Caibalion* com o pseudônimo de Os Três Iniciados. Embora muitos textos Herméticos tenham sido escritos em forma de diálogo, *O Caibalion* organizou as ideias de Atkinson sobre a sabedoria de Hermes Trismegisto em sete princípios concisos, cada qual com seu próprio axioma: mentalismo, correspondência, vibração, polaridade, ritmo, causa e efeito e gênero. Ainda que a Tábua de Esmeralda também tenha reduzido a Filosofia Hermética a uma série de breves axiomas, *O Caibalion* analisou seus pontos centrais, explicando e detalhando cada axioma, além de apresentar uma estrutura subjacente a cada um deles. Portanto, alguns dos admiradores de *O Caibalion* consideram que sua importância como texto autorizado sobre o Hermetismo só fica abaixo do *Corpus Hermeticum* e da Tábua de Esmeralda, e hoje quase não há dúvida de que ele seja mais lido do que os textos mais antigos.

Embora a influência dos textos Herméticos específicos seja evidente em *O Caibalion*, não fica claro se seu autor recebeu ensinamentos pessoais ou foi educado no contexto de alguma tradição Hermética, ainda que, ao que tudo indica, Atkinson tenha tido oportunidade de ser membro de uma delas. Durante os primeiros anos da permanência inicial de Atkinson em Chicago na virada do século, a Fraternidade Hermética de Atlantis, Luxor e Elephantae, liderada por W. P. Phelon e sua esposa, estava muito ativa na cidade, promovendo encontros e publicando um periódico mensal chamado *The Hermetist*. Alguns números desse periódico oferecem um registro de outras figuras de destaque no *New Thought*, como Annie Rix Militz e Ursula Gestefeld, que se mantinham ligadas à Fraternidade Hermética e tinham suas obras promovidas e anunciadas aos seus membros. Pouco antes de Atkinson tornar-se editor da revista *Suggestion*, de Herbert A. Parkyn, suas páginas traziam menções aos "irmãos Hermetistas" e um Encontro da Fraternidade Hermética na Lua Cheia.[7] Ficava claro que havia alguma convergência entre a Fraternidade Hermética e o círculo da revista sobre hipnotismo de Parkyn e sua Chicago School of Psychology, na qual Atkinson estudou por algum tempo. O próprio Atkinson sugere uma consciência dos grupos Herméticos contemporâneos que incorporavam energia e práticas sexuais em sua obra, com uma vigorosa advertência, no fim do segundo capítulo de *O Caibalion*, contra "essas numerosas teorias blasfemas, perniciosas, degradantes e libidinosas, esses preceitos e práticas que são ensinados com títulos grandiosos, mas que nada mais são do que uma prostituição do grande princípio natural do Gênero".

Não há nenhum registro claro de que Atkinson tenha pertencido a um grupo Hermético, embora tais registros raramente existam. A semelhança que existe entre *O Caibalion*, outras obras de Atkinson sobre ocultismo e os escritos de grupos como a Fraternidade Hermética de A. L. e E., pode simplesmente refletir influências compartilhadas, uma linguagem comum ou a criação de mitos na esfera do mundo esotérico da época. Contudo, a participação de William Walker Atkinson em um grupo Hermético continua a ser uma possibilidade sedutora.

Mesmo que os axiomas Herméticos não fossem "transmitidos dos lábios aos ouvidos, reiteradamente ao longo dos séculos", em um sentido mais abstrato, os elementos de *O Caibalion* que mais tarde seriam contestados ou denegridos encontrar-se-iam perfeitamente

---

[7] "Scientific Versus Occult Suggestion", de Arthur Foster (*Suggestion*, abril de 1900), e "Enquiry and Experience Department: Grew A New Finger", de Mary Applegate (*Suggestion*, dezembro de 1899).

alinhados ao espírito da história do Hermetismo. Se Atkinson for culpado pela criação de uma mitologia fantástica na introdução de *O Caibalion*, com o objetivo de fornecer um cenário para suas ideias – que só lhe fossem parcialmente próprias –, é muito difícil que ele tenha sido o primeiro filósofo Hermetista a fazê-lo. O próprio Hermetismo tem se mostrado propenso a criar sua história com base em seus períodos mais recuados no tempo. Da Renascença até nossos dias, um grande número de eruditos tem procurado localizar muitos dos escritos, desde a supostamente antiga *Hermetica* egípcia até o período muito mais tardio da Antiguidade Clássica, no qual Hermes Trismegisto era usado como um porta-voz conveniente e autorizado das filosofias mágicas e gnósticas nos primeiros séculos da Era Comum.

Os primeiros textos Herméticos foram quase sempre escritos anonimamente e por pequenos grupos de indivíduos não afiliados, e, sobretudo, bem antes dos embevecimentos da nobreza florentina na Renascença, ou das altas expectativas dos endinheirados ocultistas ingleses, os primitivos textos Herméticos eram *populares*. O público-alvo desses textos eram as pessoas subalternas e os pesquisadores de menor importância, ou aqueles cultos ou centros de poder extrinsecamente estabelecidos. Criticar *O Caibalion* por ser um tipo de ensinamento espiritual plebeu e inautêntico, se preocupar pelo fato de Atkinson ter usado um pseudônimo ou questionar a autenticidade do texto, equivale, em certo sentido, a atacá-lo pelo fato de ser tradicionalmente Hermético.

* * *

Na condição de livro, *O Caibalion* tem sido considerado como muitas coisas distintas, mas, em essência, o livro afirma-se como uma exegese, explicando e organizando uma obra mais antiga, também conhecida como *O Caibalion*. *O Caibalion* do século XX presta uma deferência muito respeitosa ao antigo *Caibalion*, o que se depreende claramente de sua natureza de coletânea ou compilação de "máximas, axiomas e preceitos", no contexto de uma tradição secreta, que foram transmitidos "dos lábios aos ouvidos" e nela permaneceram. Ao contrário de quase todas as outras exegeses que explicam uma obra ou texto sagrado, como, por exemplo, as que fazem comentários sobre diferentes Evangelhos ou análises profundas de sutras budistas, o material de referência para *O Caibalion* de 1908, apesar de todos os mitos e conhecimentos de natureza tradicional que já estão presentes na introdução, parece nunca ter existido. *O Caibalion* argumenta a partir de um centro que ou foi imaginado, ou usado exclusivamente como um artifício. A única comparação literária com isso talvez seja *O Livro Perdido de Dzyan*, um volume sobre cosmologia que se imagina ser o mais antigo do mundo, e que a fundadora da Teosofia, Helena Petrovna Blavatsky, afirmava ter lido e memorizado em mosteiros de lamas tibetanos. Sua obra fundamental, *A Doutrina Secreta** (1888), pode ser considerada como um tipo de exegese de *O livro Perdido de Dzyan*,** embora alguns eruditos da obra de Blavatsky o vissem mais como uma reformulação de textos já existentes. William Walker Atkinson era seu grande admirador, e vestígios teosóficos visíveis podem ser encontrados na maioria de seus livros. Se ao próprio Atkinson não ocorreu o artifício de escrever um comentário sobre uma obra imaginária, *O Livro Perdido de Dzyan* é uma fonte tão boa quanto qualquer outra.

---

* Publicada em 6 volumes pela Editora Pensamento, São Paulo, 1980.
** *O Livro Perdido de Dzian*, publicado pela Editora Pensamento, São Paulo, 2009. (N.T.)

A comparação mais próxima de um antigo *Caibalion* imaginário teria sido a *Tábua de Esmeralda* Hermética, um texto fundamental para a alquimia e o misticismo na Idade Média, cuja forma mais antiga dentre as conhecidas é um texto em latim produzido no mundo árabe durante o século X. As breves treze linhas da Tábua de Esmeralda apresentam uma estrutura semelhante às Sete Leis Herméticas de *O Caibalion*, e ambas empregam o famoso enunciado Hermetista segundo o qual "assim em cima como embaixo". O conteúdo de *O Caibalion* traz diferenças muito distintas da historicamente famosa e amplamente difundida *Tábua de Esmeralda* para estabelecermos, entre ambas, uma ligação que não se estenda para além de uma influência sutil e limitada.

A própria palavra "*Caibalion*" é de difícil entendimento, nunca tendo sido usada antes de aparecer como título do livro publicado por Atkinson em 1908. O sufixo *-ion* parece sugerir uma origem grega mais antiga da palavra, e aponta para uma possível ligação com o *corpus* primordial dos textos Herméticos escritos em grego, mas não tem nenhum sentido na língua. Um pequeno grupo de pesquisadores já especulou que a palavra "Caibalion" talvez tenha sido extraída da figura da deusa grega e romana Cibele, ou que talvez se refira à Cabala do misticismo judaico, mas a falta total de correspondência ou referência a qualquer dessas possibilidades sugere que, quando muito, essas especulações só remetem a uma coincidência. Se esse título tem algum significado, é possível que seja o de um anagrama. A inversão das primeiras sílabas da palavra, para criar "Al-kyb-ion" sugere "Alquimia", e isso se ligaria à tese central de Atkinson, para quem a essência dos Preceitos Herméticos e o sentido mais profundo da própria tradição alquímica se processam na mente. Segundo Atkinson, a magia e o misticismo verdadeiros tinham por base a transmutação mental.

O VERDADEIRO AUTOR

Embora O Caibalion tenha sido impresso e seus direitos autorais tenham sido registrados pela Yogi Publication Society em 1908, um anúncio de quatro páginas dessa obra, incluindo vastos excertos e um sumário idêntico, foi publicado na contracapa do livro *Mystic Christianity*,* de Yogue Ramacharaca, o pseudônimo mais famoso e verificável de Atkinson, um ano antes. É seguro presumir que, no mínimo, as partes principais de O Caibalion já estivessem concluídas por volta de 1907.[8] Textos anteriores sobre alguns dos Sete Princípios Herméticos já podiam ser encontrados em 1903 em *The Science of Breath*, escrito por Atkinson como Yogue Ramacharaca. Apesar de seu verniz de antiguidade e de sua automitologização, há no livro referências que também situam sua criação em um momento específico do começo do século XX. Os usos frequentes que o autor de O Caibalion faz de "ciência moderna", para confirmar antigos princípios Herméticos, sobretudo no que diz respeito a átomos e elétrons, apontam para descobertas feitas no final do século XIX. Os livros que são mencionados em O Caibalion, quer mediante passagens, quer por referências diretas, também pertencem ao mesmo período: a obra *The Law of Psychic Phenomena*, de Thomas J. Hudson (1893), *The Science of Breath and Philosophy of the Tatwas*, de Rama Prasada (1890), assim como as obras de Herbert Spencer e William James sobre filosofia na mesma década e nos primórdios do século XX.

---

* *Cristianismo Místico*, publicado pela Editora Pensamento, São Paulo, 1978. (Fora de catálogo.)
[8] William Walker Atkinson como Yogue Ramacharaca, *A Series of Lessons in Mystic Christianity* (Chicago: Yogi Publication Society, 1907), p. 224.

Essas referências não apenas fornecem uma perspectiva temporal às influências sobre *O Caibalion*, como também nos permitem inferir que ele tenha um único autor específico em William Walker Atkinson. Atkinson mencionaria Thomas J. Hudson dois anos depois, em um livro sobre telepatia; usaria o enunciado "as forças mais sutis da natureza" em três livros posteriores, e citaria Herbert Spencer em pelo menos doze de seus outros livros, desde seu *Crucible of Modern Thought* até vários títulos escritos com o pseudônimo de Yogue Ramacharaca. Na pele de Ramacharaca, Atkinson também usou a frase "leite para as crianças, carne para os homens" em seu *Advanced Course in Yogi Philosophy and Oriental Occultism*, a mesma frase que os Três Iniciados usariam na introdução de *O Caibalion*. Atkinson recomendou o romance metafísico *Zanoni** no Capítulo 8 de *O Caibalion*, e mais tarde faria o mesmo em um livro sobre a arte de vender, escrito com outro pseudônimo, Theron Q. Dumont. A própria estrutura de *O Caibalion*, seus Sete Princípios Herméticos fundamentais, também seria revisitada e reelaborada várias vezes por Atkinson nas duas décadas seguintes: as Sete Leis mencionadas no livro anônimo de 1909, *The Arcane Teaching*: os Sete Princípios Cósmicos em *A Doutrina Secreta dos Rosa-Cruzes*, de 1918; e, como tema do livro anteriormente não publicado, *The Seven Cosmic Laws*, escrito no fim de sua vida (e republicado neste volume). Esses exemplos não apenas ligam os pseudônimos ou obras anônimas de Atkinson entre si, como também associam Atkinson a *O Caibalion* como seu único autor. Mais importante sobre as diversas ligações entre outras obras de William Walker Atkinson e *O Caibalion* é o fato de

---

* Publicado pela Editora Pensamento, São Paulo, 1957. (Fora de catálogo.)

essas semelhanças de conteúdo, formato e material de origem não existirem em nenhum outro escritor.

Atkinson tinha uma vasta gama de interesses, e todos giravam em torno do tema central e recorrente encontrado em todas as suas obras: o poder dinâmico e transformador da vontade e da mente. Como demonstram seus escritos, não há dúvida de que ele mergulhou fundo na Teosofia, no *New Thought*, nos primeiros escritos sobre psicologia, hipnotismo e sugestão, em filósofos como William James e em textos contemporâneos sobre a ciência de sua época. Igualmente significativo é o fato de cada uma dessas diversas e idiossincráticas vertentes estar presente, de uma forma ou de outra, nas páginas de *O Caibalion*, e nesse livro também não encontramos nada que esteja em circulação fora da esfera de conhecimentos de Atkinson, como a astrologia, o Tarô ou a magia ritual. Quando alinhado às outras obras de Atkinson desse mesmo período, o estilo de *O Caibalion* é compatível e uniforme com elas, empregando o mesmo tom, a mesma voz e peculiaridades de sintaxe e escolha de palavras.

Além da riqueza de indícios contextuais que, em *O Caibalion*, apontam para William Walker Atkinson como seu único autor, há também outras formas de comprovação mais concretas. Na edição de 1912 de *Who's Who in America*, o verbete biográfico escrito pelo próprio Atkinson arrola *O Caibalion* como uma de suas obras. Cinco anos depois, na introdução à primeira edição francesa de *O Caibalion*, o tradutor da edição inglesa, Albert Caillet, descreveu o "livrinho" como obra "muito profunda por baixo de sua aparente simplicidade", mas assegurou aos leitores que o autor de *O Caibalion*, "le Maître psychiste américain, W. W. Atkinson", tinha plena consciência do que havia escrito.⁹ Até hoje, não houve nenhuma outra reivindicação autorial de O Caibalion que se tenha mostrado tão clara, pública e verificável quanto esta.

Boa parte do legado de O Caibalion tem sido um relato de identidade equivocada e consequências involuntárias, desde as conclusões mais abrangentes até os menores detalhes. Nem mesmo sua data de publicação ficou a salvo de discussões. A partir de 1940, os editores de O Caibalion começaram a registrar a data de *copyright* como 1912, em vez 1908, a data original, apesar da existência de registros claros da primeira, mas nenhum da segunda. Uma vez que o *copyright* durou por um período inicial de 28 anos durante essa época, e a inobservância de sua renovação colocaria a obra sob domínio público, seria difícil vê-la como qualquer coisa que não uma tentativa de manter o controle depois de um erro administrativo, mas a contínua reimpressão de O Caibalion, com os direitos autorais de 1912 e 1940, ajudaram a apagar parcialmente a memória de sua data de publicação original. O endereço "Templo Maçônico, Chicago" na folha de rosto de O Caibalion levou muitas pessoas a fazerem falsas ligações entre a Maçonaria e O Caibalion. Embora os franco-maçons de fato ocupassem o andar superior do edifício do Templo Maçônico, o local não era uma mera Loja Maçônica, mas, com seus 22 andares, tratava-se do primeiro arranha-céu de Chicago. A editora original de O Caibalion, a Yogi Publication Society, era apenas uma dentre mais de quinhentas empresas que alugavam espaços para escritórios no edifício, e não havia franco-maçons nem yogues entre os proprietários. Originalmente

---

⁹ William Walker Atkinson, *Le Kybalion: Étude Sur La Philosophie Hermetique de L'Ancienne Egypte & de L'Ancienne Grece*, trad. Albert Cailler (Paris: Henri Durville, 1917), p. 7.

criada em 1895 por Sydney Flower, o primeiro editor da revista *New Thought*, a Yogi Publication Society foi vendida à sua secretária, Olive Bedwell, dois anos depois. Com a ajuda de Arthur Gould, seu marido, Bedwell montou uma livraria na qual personalidades locais da cena ocultista da Chicago da virada do século se reuniam. Alguns livros foram eventualmente publicados, e a Yogi Publication Society foi dirigida em parceria com a Advanced Thought, com as duas editoras compartilhando endereços e alternando direitos de gestão entre os dois cônjuges até a década de 1920, quando a Advanced Thought deixou de operar devido a uma série de problemas, permitindo que a Yogi Publication Society continuasse atuante até nossos dias.[10]

MUITOS INICIADOS

Como já observei, a maior fonte de confusão no que diz respeito a *O Caibalion* é, de longe, a identidade de seu autor. Com o passar dos anos, mais de doze pessoas chamaram a si a autoria do livro, numa lista aparentemente infinita de candidatos, que ia do possível ao absurdo. Obras anônimas ou assinadas com pseudônimos, inclusive *O Caibalion*, estão quase sempre sujeitas a especulações sobre sua autoria, embora, no caso de *O Caibalion*, haja uma importante diferença. Em grande parte, as especulações – alimentadas nos últimos anos pela internet – apropriaram-se de pequenas referências do próprio *O Caibalion*, ou de frágeis

---

[10] Correspondência com Bonnie Hennessey, da Yogi Publication Society e sobrinha-bisneta de Olive Bedwell Gould, 26 de outubro e 12 de novembro de 2009. Ver também listas telefônicas de Chicago de 1912-1916.

ligações biográficas entre personagens a ele associadas, e transformou-as em alegações de total autoria, quase sempre com pouca lógica ou comprovação.

Devido à crença no pseudônimo "Três Iniciados" sem aprofundar o exame de sua veracidade, no século XX houve uma crença bastante duradoura de que havia, de fato, três pessoas que escreveram a obra de Filosofia Hermética de 1908. Uma explicação mais lógica do significado do pseudônimo estaria no fato de remeter aos aspectos trinos de Hermes Trimegisto, os "Três Grandes" que foi considerado o mestre dos três domínios da sabedoria universal. Embora O *Caibalion* tenha sido redigido como a obra inconsútil de uma única voz, e ainda que a viabilidade do trabalho conjunto de três autores em um único texto seja extremamente improvável, a imagem de uma tríade de ocultistas debruçados sobre um texto é misteriosa, atraente e difícil de pôr de lado. Ela evoca as possibilidades de uma sabedoria compartilhada, de um ponto único no qual os diferentes segmentos do ocultismo norte-americano se encontram, ou mesmo uma sociedade secreta dentro de uma sociedade secreta. A ideia de que havia três autores distintos de O *Caibalion* também é particularmente propícia à especulação, além de difícil de desmistificar; uma afirmação de autoria não seria necessariamente cancelada pela alegação igualmente válida ou enganosamente plausível.

Depois de William Walker Atkinson, a pessoa mais comumente considerada como autor de O *Caibalion* é Paul Foster Case, um ocultista norte-americano que escreveu obras influentes sobre o Tarô e a Cabala nas décadas de 1920 e 1930, e que também fundou o grupo conhecido como Builders of the Adytum (Construtores do

Ádito).* A especulação sobre Case é tão amplamente disseminada que nada menos que cinco outras possibilidades sugeridas para os Três Iniciados, publicadas *on-line* e em livros sobre Case e o ocultismo, são diretamente associadas a ele, o que inclui sua esposa Harriet Case, sua sucessora nos Construtores do Ádito, Ann Davies, e nada mais, além de "certa Voz Interior que já vem auxiliando Case há anos".[11] Também se afirma que dois supostos chefes do Templo Toth-Hermes da Ordem Hermética da Aurora Dourada, ao qual Case se ligou – Michael Whitty e Charles Atkins – ajudaram Case como coautores de *O Cabalion*, embora Case e Whitty pareçam ter se conhecido depois da publicação do livro.

A lenda contada por muitos que propõem a autoria de Paul Foster Case sustenta que, depois de ler *Secrets of Mental Magic* (1907), de William Walker Atkinson, Case veio a conhecê-lo, e os dois se tornaram amigos e começaram a trabalhar juntos, iniciando-se aí a colaboração conjunta com a escrita de *O Caibalion*. As afirmações que defendem a participação de Case como coautor desse livro ficam em grande desvantagem por terem confiado em fontes não documentadas e jamais vistas, em fontes anônimas e em relatos de Atkinson que estão saturados de erros factuais, como datas inexatas e nomes próprios grafados de maneira errada. Se confiarmos irrestritamente em indícios publicados e verificáveis, também será possível comprovar que tanto Case quanto Atkinson moravam em Chicago nesse mesmo período, que viajavam com os

---

* "Ádito" (do grego *ádutos, os, on*, "inacessível aos profanos"; pelo latim *adytum, i*, ou *adytus, us*, "lugar secreto do templo ou do santuário, a que só os sacerdotes tinham acesso"). A organização filosófica "Construtores do Ádito" dedica-se à harmonia espiritual mediante o estudo e a prática na tradição dos mistérios ocidentais. (N.T.)

[11] "Case Timeline", por Lee Moffitt, <http/kcbventures.compfc/documents/timeline/pdf>.

mesmos círculos de ocultistas e que se conheciam bem. Perto do fim de 1908, Case começou a escrever uma longa série de artigos incoerentes para a revista *New Thought*, tendo como título geral "The Law of Chemical Equilibrium", enquanto Atkinson prestava serviços a seus departamentos habituais e escrevia diversos artigos sobre a Ciência Mental. Mais que colaboradores do mesmo periódico, há indícios documentados de que Case e Atkinson se encontraram e conheceram um ao outro pessoalmente. Um anúncio no número de março de 1910 da revista *New Thought*, convidando para uma abertura inaugural organizada pela editora The Library Shelf, coloca claramente os dois homens na mesma sala e no mesmo horário.

Até hoje, não há documentação de fontes conclusivas que possam atestar a natureza específica da relação entre Atkinson e Case, ou mesmo se alguma vez eles chegaram a trabalhar juntos. Por essa época, Paul Foster Case tinha vinte e poucos anos e, embora escrevesse artigos para a revista *New Thought*, ainda levaria mais de uma década para que ele começasse a publicar livros. William Walker Atkinson, por outro lado, estava na metade do período mais forte e prolífico de sua carreira de escritor. Para espanto geral, lançava, em média, um novo livro a cada sete semanas, ao mesmo tempo que escrevia para vários periódicos e trabalhava como editor. É duvidoso que ele tenha precisado da ajuda de alguém para escrever um livro ou clarear suas ideias. A relação entre Case e um Atkinson muito mais velho e culto poderia, quando muito, parecer aquela que se dá entre um aluno e seu professor, e não entre dois pares ou coautores.

Um mágico de palco nascido como Claude Conlin, que na vida adulta sempre usou turbante e era conhecido pelo seu público como "Alexander, o Homem que Tudo Sabe", também foi alçado à condição de um dos Três Iniciados. Embora Conlin não fizesse parte de *O Caibalion*, em 1924 ele publicou uma obra em cinco volumes que trazia o título de *The Inner Secrets of Psychology*, e também era o homem por trás de dois pseudônimos frequentemente confundidos com William Walker Atkinson: Swami Panchadasi e Swami Bhakta Vishita.[12] Na primeira frase da introdução ao *O Caibalion*, dão-se as boas-vindas aos "estudantes e investigadores de *A Doutrina Secreta*", e, com essa influência tão clara da teosofia, não surpreende que vários teósofos de renome também tenham sido propostos como um dos Três Iniciados: o arquiteto Claude Bragdon; Rama Prasada, que traduziu textos hindus na virada do século, e Mabel Collins, autora de *Light on the Path*.* Completando a lista de "suspeitos" encontra-se Marie Corelli, autora de muitos romances metafísicos, e o lendário ocultista italiano, conde Alessandro di Cagliostro, particularmente digno de nota se levarmos em conta sua morte, ocorrida bem mais de um século antes da publicação de *O Caibalion*. Da mesma maneira, as alegações de que Swami Vivekananda, um missionário hindu do século XIX, tinha algo de sua lavra em *O Caibalion*, não leva em conta sua morte seis anos antes da publicação do livro. Igualmente intrigantes são as menções ao pseudônimo de William Walker Atkinson, Yogue Ramacharaca, como autor de *O Caibalion*, como vemos no catálogo de 1932 da W & Foyle, que publicava obras de ocultistas ingleses, e, em 1931, no catálogo da biblioteca do British College of Psychic Science.[13] Embora isso possa ser atribuível a um simples

---

[12] Entrevista com Don Wood, 10 de março de 2009. Ver também biografia de David Charvet, *Alexander: The Man Who Knows* (2006).

* *Luz no Caminho*, publicado pela Editora Pensamento, São Paulo, 1962. (Fora de catálogo.)

[13] *Psychic Science*, junho de 1931. Volume 10, nº 1.

erro, reedições posteriores de *O Caibalion* pela Yogi Publication Society trariam um único anúncio das obras completas de Yogue Ramacharaca na contracapa do livro.

Se o pseudônimo Três Iniciados inspirou a busca de um excesso de autores, também ajudou a inspirar a afirmação mais influente e bizarra de autoria: a ideia de que *O Caibalion* não tinha absolutamente nenhum autor. Com o passar do tempo depois da publicação inicial de *O Caibalion*, o livro tornou-se cada vez mais visto não como criação de um autor de Chicago em 1908, mas como produto direto da antiga sabedoria Hermética mencionada em sua introdução, ou mesmo do próprio Hermes Trismegisto mítico. Se a obra foi escrita por um verdadeiro iniciado (ou vários iniciados), atuante(s) nos limites de uma escola ou tradição de mistérios, então quem quer que tenha escrito *O Caibalion* não terá criado o conteúdo de suas páginas – tratar-se-ia de depositários preocupados em passar esse conteúdo adiante. Fosse ou não sua intenção, a introdução de Atkinson tem alguma responsabilidade por essa confusão. Os Três Iniciados curvaram-se tanto em sua humildade que, para os leitores, ficou fácil olhar para além deles e concentrar-se em uma fonte imaginária, histórica ou mítica para o livro. Talvez tivesse sido mais difícil descartar uma autoria humana de *O Caibalion* se seu autor reivindicasse um mais alto grau de autoria sobre seu conteúdo, ou se o livro tivesse sido publicado com o nome dos Três Magos ou Três Mestres. Ironicamente, essa confusão ajudaria a preservá-lo ou renová-lo continuamente século após século, ao mesmo tempo que ajudaria a tornar nebuloso o nome de William Walker Atkinson como seu legítimo autor.

Em primeiro lugar, isso coloca naturalmente a questão do que teria levado William Walker Atkinson a abdicar de seu próprio nome e escrever *O Caibalion* com um pseudônimo. Os pseudônimos geralmente são atribuídos a motivações sombrias e misteriosas, como nos casos de vida dupla. Contudo, à luz do conjunto completo das obras de Atkinson e de seu contexto, o uso de Três Iniciados tem raízes muito mais mundanas. William Walker Atkinson estava longe de ser o único de seus pares a escrever obras sobre temas bizarros ou mágicos e assiná-las com nomes ou *personae* igualmente exóticos. Além dos *noms de plume** de Claude Conlin, o parceiro de palestras de Atkinson em Los Angeles, Alexander McIvor-Tyndall, escrevia como "Ali Nomad", e seu contemporâneo sediado em Chicago, o editor e autor L. W. DeLaurence, usava túnica e turbante em suas fotos no frontispício de obras como *The Hindoo Book of Death*. Embora os pseudônimos de Atkinson correspondessem muito pouco a temas específicos, eles seguem mais de perto a linha editorial de diferentes editoras. Yogue Ramacharaca escreveu para a Yogi Publication Society, e Theron Q. Dumont publicou na Advanced Thought Publishing, enquanto as obras de Atkinson assinadas com seu verdadeiro nome foram escritas com muitas temáticas distintas, em períodos distintos. Os indícios levam a crer que seus pseudônimos talvez fossem uma maneira de evitar a saturação do mercado com títulos assinados por ele mesmo, e também de publicar novas obras enquanto mantinha contratos exclusivos, de curto prazo, com diferentes editoras. Algumas obras que Atkinson escreveu com um nome totalmente diferente na capa, ou com pseudônimos que só foram usados uma vez, diziam respeito a sexo ou ao ocultismo. Isso sugere que esses pseudônimos também eram um expediente prático para Atkinson, um ex-advogado, proteger-se numa época em que os Correios dos Estados Unidos e paladinos da moral pública, como Anthony Comstock,

---

* Pseudônimo, nome fictício. (N.T.)

inspetor postal e criador da Sociedade para a Eliminação dos Vícios de Nova York, perseguiam regularmente os autores e editores cujos livros sobre sexo ou magia eram por eles considerados como obscenos ou fraudulentos.

William Walker Atkinson certamente extraiu uma lição desalentadora de sua mentora Helen Wilmans, a quem dedicou com especial deferência seu livro *The Secret of Mental Magic*, de 1907, como uma fonte de "inspiração, coragem, determinação e vontade". Na virada do século, Wilmans teve sua grande e florescente organização Mental Science, na Flórida, violentamente atacada por acusações de que suas promessas de cura a distância não passavam de fraude postal. Wilmans acabou sendo inocentada da acusação quando a Suprema Corte revogou as acusações de fraude, mas o ônus financeiro de tudo isso foi imenso. Ela passaria os últimos anos de sua vida como uma sombra do que havia sido.

Talvez a explicação mais simples e forte do uso do pseudônimo por Atkinson encontre sua explicação na própria história de *O Caibalion*. Em resumo, o autor com o nome misterioso e a mitologia e o preâmbulo correspondentes – e bem-sucedidos – de *O Caibalion* criaram um poderoso mito que se conectava com o imaginário de seus leitores e permitia que muitos deles o aceitassem como sabedoria irrefutável.

A CHAVE MESTRA

Embora *O Caibalion* certamente fosse único em muitos aspectos, Atkinson também estava usando ideias que tinham muito boa circulação na época em que o livro foi escrito. Para os grupos unidos sob a bandeira do Hermetismo, era comum descrever o Universo em termos de leis cósmicas ou universais. Por exemplo, a obra *The Virgin of the World* (1885), de Anna Kingsford e Edward Maitland, da Ordem Hermética, continha um grande número de leis universais semelhantes àquelas encontradas em *O Caibalion*: gravitação, ordem, geração e afinidade. Durante uma década depois de Kingsford e Maitland, o periódico da Escola de Filosofia Hermética, com sede em Chicago, ainda descrevia as leis de transmissão e recepção em um número, e a "grande e poderosa Lei" da força positiva e negativa em outro.[14]

Além do Hermetismo, também havia em *O Caibalion* muitos elementos que poderiam ser semelhantes aos que predominavam nas ideias do *New Thought* da época. As ideias de Atkinson sobre alquimia mental formaram-se em parte por influência do escritor Prentice Mulford, de fins do século XIX. Sua série de protolivros sobre o *New Thought*, intitulada *Your Forces, And How to Use Them*, e muitas das ideias de Mulford, ecoam nas páginas de *O Caibalion*.

O fato de *O Caibalion* ter excedido em sobrevida as obras que cobriam território semelhante, e de ter visto sua influência estender-se para muito além de seus domínios iniciais – o hermetismo ou o *New Thought* – é um testemunho da escrita e do estilo únicos de Atkinson. *O Caibalion* deveu seu sucesso ao vazio que ajudou a preencher entre os que buscavam ajuda espiritual, bem como ao modo como alcançou seu público, falando-lhe de uma maneira ao mesmo tempo familiar e reveladora. Tinha o equilíbrio perfeito de tom e estilo entre o mistério e a acessibilidade; apresentava ao

---

[14] "Mediunidade", escrito anonimamente no exemplar de março de 1898 de *The Hermetist*, e "An Esoteric View of Gold and Silver", de Gertrude De Bielski, no exemplar de maio de 1898.

mesmo tempo exemplos prosaicos e mitologias fantásticas. Para um público de ocultistas e místicos preparados para a sabedoria e a iniciação ocultas, O Caibalion parecia sugerir ambos os conhecimentos na prateleira de uma livraria. As frases populares do livro – "quão poucos há, em cada geração, que estão prontos para a verdade, ou que a reconheceriam se ela lhes fosse apresentada", e "os lábios da sabedoria estão fechados, a não ser para os ouvidos do Entendimento" – desempenham uma dupla função. Os ensinamentos contidos em O Caibalion são raros e destinam-se a um público seleto, mas o fato de o leitor encontrar aquelas palavras dá-lhe a certeza de que ele também pertence a esse pequeno e seleto grupo.

Talvez o mais importante disso tudo esteja na criação, pelo O Caibalion, de um sistema oculto que, além de ser decididamente *mental*, era ao mesmo tempo moderno e democrático. Oferecia um caminho para a sabedoria que não mergulhava em algum complicado sistema de iniciação secreta, preso a uma cultura exótica, nem se mantinha oculto sob o manto de rituais complexos. Ao contrário, seu sistema era fortalecido pela ciência e psicologia, e podia ser explorado pela "moeda comum" dos pensamentos e desejos cotidianos de qualquer indivíduo.

Além do mais, no que diz respeito à autoria de O Caibalion, a falta de pelo menos um autor moderno e particularmente adepto do Hermetismo em si, não apenas impregnou o livro de uma autoridade misteriosa e mística, como lhe deu a flexibilidade necessária para lançar raízes sólidas, como era conveniente, no Antigo Egito, nas tradições da magia primitiva ou na alquimia renascentista. Praticamente quase a partir de sua publicação inicial, O Caibalion e seus Sete Princípios Herméticos foi usado como um texto-padrão fundamental, ou uma obra introdutória ao estudo de um grande número de aspirantes ao esoterismo, tanto nos Estados Unidos quanto em outros países. Por fim, uma longa lista de autores e grupos, que se mantêm em atividade até nossos dias, usou os Sete Princípios Herméticos de *O Caibalion* em lugar de outras obras mais antigas sobre o Hermetismo, como a *Tábua de Esmeralda* ou a *Hermetica* Grega. Apreciar um panorama completo e de grande abrangência de todos os que foram assim influenciados pelo *O Caibalion* seria uma tarefa praticamente impossível. Por sua própria natureza, muitas escolas ocultistas e lojas de magia eram secretas e bem resguardadas ao olhar leigo, ou eram pequenas ou localizadas de modo a assegurar que só produzissem um grupo limitado de boletins informativos ou instruções privadas de circulação interna. Contudo, apesar das informações disponíveis, é seguro presumir que a influência de *O Caibalion* sobre o esoterismo no século XX foi imensa, e que, como leitura comum, ajudou a estruturar tudo, desde pequenos movimentos independentes até grupos tão grandes como diferentes ordens Rosa-Cruzes e sistemas tão populares e reconhecíveis como Wicca e paganismo.

Em meados da década de 1920, o ocultista Alfred Henry arrolou os Sete Princípios Herméticos de *O Caibalion* exatamente nas mesmas palavras, e descreveu-os como "as bases da Doutrina Rosa-Cruz".[15] Ele estava seguindo o forte precedente de George Winslow Plummer, cofundador da Societas Rosicruciana nos Estados Unidos, que anteriormente se referira ao *O Caibalion* como "a grande diretriz de toda a Filosofia Hermética" e parte do

---

[15] Alfred H. Henry, *Ex Oriente Lex: Lecture Outlines for Those Seeking Initiation into The Hidden House of Masonry* (Boston: The Stratford Company, 1924), p. 237.

"Evangelho de Nosso Pai Hermes".[16] Plummer também aconselhava os alunos a "dedicarem todo o seu tempo ao estudo do Hermetismo do ponto de vista das verdades vitais que subjazem à superfície, e não do ponto de vista crítico e acadêmico", o que teria sido prudente, levando-se em conta a escassa capacidade de compreensão que a grande diretriz da Filosofia Hermética havia tido na Antiguidade.

Mais recentemente, outro grupo Rosa-Cruz, The Sovereign Headquarters of the Rosy Cross (A Sede Soberana da Ordem Rosa-Cruz), nas Ilhas Canárias, tem uma primeira edição da tradução francesa de O Caibalion, apresentada com grande destaque em sua coleção e na qual se menciona a proximidade que a obra tem com os Rosa-Cruzes.[17] Laurie Cabot, a "bruxa oficial de Salem, Massachusetts",* usou os Sete Princípios Herméticos de O Caibalion em seu próprio manual de magia para os alunos dedicados a essa ocupação, afirmando que tais princípios eram a fonte das "leis da Bruxaria".[18] Um estudo antropológico posterior sobre o neopaganismo nos Estados Unidos descreveria seus adeptos, com absoluta certeza, como seguidores da crença em que "o mundo é organizado de acordo com [...] os Sete Princípios Herméticos sintetizados pelos "Três Iniciados"".[19] A leitura de O Caibalion é

---

[16] George Winslow Plummer, "Elementary Instruction in Hermetic Philosophy", *Mercury: An Official Organ of the Societas Rosicruciana in America*, 6 de setembro de 1920, p. 1.

[17] <http://www.rosicrucian-order.com/revista_kybal.htm>.

* Assim ela foi declarada, na década de 1970, pelo governador Michael Dukakis, do Massachusetts. (N.T.)

[18] Laurie Cabot e Tom Cowan, *Power of the Witch* (Nova York: Random House, 1990), p. 198.

[19] Loretta Orion, *Never Again the Burning Times: Paganism Revived* (Long Grove: Waveland Press, 1994), p. 105.

recomendada em manuais de magia ritual e alta magia, bem como em várias obras de grupos contemporâneos que se identificam como Aurora Dourada.

Embora todos esses grupos e escolas que estudavam O *Caibalion* para sua fundamentação no século passado possam parecer dispersos, esse era certamente um objetivo não muito distante das intenções que o próprio Atkinson tinha para a obra. Durante sua vida, Atkinson recusou-se a aderir incondicionalmente a um grupo ou um sistema de crenças e, em suas obras, ele instruiu sistematicamente seus leitores a experimentar, descobrir suas próprias verdades, permanecer independentes de todos os dogmas, mesmo que isso implicasse o descarte de boa parte de sua própria obra. No final do Capítulo 14 de O *Caibalion*, Atkinson oferece sua obra como uma "chave mestra" (um termo amplamente usado na época, em sua acepção ocultista) que "trará clareza aos preceitos alheios – o que servirá como um Grande Reconciliador de teorias distintas e doutrinas antagônicas".

O *Caibalion*, porém, fez muito mais do que servir de companhia para outros textos metafísicos. Muitas de suas influências mais significativas iriam muito além das intenções, ou mesmo da imaginação de William Walker Atkinson.

✯ ✯ ✯

Alguns anos depois da morte de Atkinson, O *Caibalion* vinha sendo modestamente usado como uma ferramenta comercial, anunciado na sessão de classificados do *The New York Times* como "sete princípios poderosos" para fomentar as técnicas de venda.[20] Por

---
[20] Anúncio nos classificados do *The New York Times* de 24 de março de 1935.

cinquenta centavos, o aspirante a vendedor em meio à Grande Depressão poderia aprender técnicas de comunicação naquela obra de um antigo mago egípcio, Hermes Trismegisto, e fazê-lo em um escritório compartilhado, barato e perto da Broadway.[21] Mais tarde, O Caibalion desempenharia um papel mais reservado e muito mais influente no modo como os norte-americanos viam o dinheiro, o sucesso e o melhor caminho para chegar a ambos, por meio de um dos autores e conferencistas mais populares e conservadores do país, Norman Vincent Peale.

Grande parte das críticas iniciais lançadas contra Peale depois da primeira edição e do sucesso de *O Poder do Pensamento Positivo** execrava-o por promover uma filosofia herética e centrada no humano, enfatizando o pensamento mágico e o poder pertencente ao homem, e não a Deus. Tempos depois, essas críticas ficariam difíceis de imaginar quando Peale se estabeleceu firmemente como um bastião do conservadorismo estadunidense e da linha de frente do Cristianismo Protestante. Embora boa parte disso se devesse ao sucesso de Peale e à sua crescente influência e relações, ele também afirmava categoricamente que as bases de seus ensinamentos não iam muito além da Bíblia, da praticidade, do otimismo e do bom senso. Pouco antes de sua morte, porém, ele começou a revelar algumas das influências mais ocultas que ele havia tido em sua juventude. Em uma entrevista concedida à revista *Science of Mind* em 1987, Peal recordou como o livro *Creative Mind and Success* (1919), do autor e místico Ernest Holmes, ligado ao *New Thought*, foi-lhe dado quando ele ainda era um repórter iniciante, e como o livro terminou por aumentar sua autoconfiança e colocá-lo no caminho

---

[21] Anúncio nos classificados do *The New York Times* de 31 de março de 1935.
* Publicado pela Editora Cultrix, São Paulo, 1956, e reeditado em 2016.

de seu futuro sucesso.[22] Alguns anos depois, Peale escreveu um artigo para o *Scottish Rite Journal*, em que abordou a forte influência que a Franco-Maçonaria tivera em sua vida, referindo-se a ela como "um tesouro inesgotável de princípios e objetivos que tornaram ainda mais fortes aqueles que eu já vinha abraçando em minha vida".[23] Com base no acervo de várias bibliotecas Franco-Maçônicas na época da admissão de Peale à fraternidade, é perfeitamente possível que *O Caibalion* tenha sido um desses tesouros.

※ ※ ※

A ligação mais evidente com uma influência ocultista na obra de Norman Vincent Peale apareceu em 1989, quando ele recomendou uma coletânea publicada em um só volume das obras de Florence Scovel Shinn, que esteve entre os escritores e conferencistas pioneiros do *New Though* da primeira metade do século XX. Shinn era mais conhecida por seu livro de 1925 sobre a dinâmica do poder metafísico da mente, *O Jogo da Vida e Como Jogá-lo*. Peale afirmou sobre os escritos de Shinn: "*O Jogo da Vida* é pleno de sabedoria e *insights* criativos. Que seus ensinamentos serão proveitosos é coisa que posso afirmar, pois eu mesmo os utilizei durante muito tempo".[24] Um ano e meio depois da morte de Peale, dois sacerdotes chamados John Tweed e George Exoo escreveram, para um periódico acadêmico de pequena circulação, o *Lutheran*

---

[22] Elaine St. John's, "The Pathway to Positive Thinking: Recollections by Dr. Norman Vincent Peale", *Science of Mind Magazine*, junho de 1987.

[23] Norman Vincent Peale, "Enthusiasm Makes the Difference", *Scottish Rite Journal*, março de 1991.

[24] Florence Scovel Shinn, *The Wisdom of Florence Shovel Skinn* (Nova York: Simon & Schuster, 1989).

Quarterly, um artigo em que detalhavam a ligação entre Norman Vincent Peale e Florence Shinn.

Tweed e Exoo viam as frases e ideias de Shinn no cerne da obra de Peale, e *O Caibalion* no cerne da obra de Shinn, uma questão que ela deixou bem clara em sua obra *The Secret Door to Success*, de 1940: "[...] se você fizer uma leitura atenta de *O Caibalion*, descobrirá que [Hermes Trismegisto] ensinou exatamente aquilo que hoje ensinamos".[25] Faz pouca diferença saber se Peale foi diretamente influenciado por *O Caibalion*, ou se terá recebido uma influência indireta, através das obras de Florence Shinn. Os mesmos temas são compatíveis em ambos os casos: a influência sobre a realidade individual por meio de estados mentais, um universo espiritual regido por leis científicas e a capacidade de anular o negativo mediante o recurso à sua correspondente polaridade. É difícil não identificar a terceira Lei Hermética de *O Caibalion*, o Princípio da Vibração, no Capítulo 4 de *O Poder do Pensamento Positivo*, publicado por Peale em 1952. "Pessoalmente acredito que a oração transmite vibrações de uma pessoa a outra e a Deus. Tudo no universo é uma vibração constante."[26]

Peale não estava sozinho na adoção de uma concepção dominante e cristã dos benefícios da prosperidade, que haviam ocultado suas raízes ocultistas. Um dos poucos *best-sellers* que poderiam ser vistos em paralelo com *O Poder do Pensamento Positivo* era um guia para a saúde mental publicado por Napoleon Hill em 1937, *Think and Grow Rich*, visivelmente baseado num estudo feito pelo autor

---

[25] Florence Scovel Shinn, *The Secret Door to Success* (Marina del Rey: DeVorss, 1940).

[26] Norman Vincent Peale, *The Power of Positive Thinking* (Nova York: Prentice-Hall, 1952).

durante vinte anos sobre os hábitos e características de homens bem-sucedidos, e expressamente escrito a pedido do magnata Andrew Carnegie. Poucos anos antes de sua morte em 1970, Hill revelou uma fonte menos terrestre de sua inspiração no livro *Grow Rich! With Peace of Mind*, ao descrever uma visita que lhe fizera um "orador invisível" da "Grande Escola dos Mestres", que lhe deu instruções para todos que pretendessem tornar-se um "Iniciado".[27] No tempo transcorrido desde os enormes livros de Hill e Peale, sua mensagem de um Evangelho da Prosperidade baseado no pensamento positivo misturou-se com ideologias conservadoras, apropriou-se do âmago do cristianismo evangélico norte-americano e teve sua doutrina difundida em igrejas colossais, por evangelizadores populares como Joel Osteen e Robert Schuller, protegido de Peale. É irônico que muitos cristãos atuais, que adotam e praticam os preceitos do Evangelho da Prosperidade, execrem simultaneamente as "heresias da Nova Era" – isto é, o ocultismo e o esoterismo que em parte lhes serviram de inspiração.

Cerca de meio século depois da publicação de *O Poder do Pensamento Positivo*, Rhonda Byrne lançou *O Segredo* em 2006, um filme de baixo orçamento que foi rapidamente seguido por um livro que, graças à divulgação boca a boca, de uma pessoa para outra, e programas de entrevistas e/ou debates, tornou-se rapidamente um fenômeno de cultura de massas. Os livros e DVDs venderam milhões de cópias em poucos meses. O Segredo era simples e tinha pouco a oferecer que fosse novo para qualquer pessoa consciente da linhagem do pensamento positivo, que vinha de Peale a Hill, passando pelo *New Thought*: se todos concentrassem seus pensamentos

---

[27] Napoleon Hill, *Grow Rich! With Peace of Mind* (Greenwich: Fawcett Crest, 1968), p. 159.

no que queriam para sua vida, atrairiam para si a realização de todos os desejos graças às leis do universo. Havia também pouca novidade em O Segredo para os que estivessem familiarizados com O Caibalion: vibração, frequência, alquimia mental e a lei da atração. Em seu site oficial, O Segredo colocava Hermes Trismegisto lado a lado com Henry Ford e Martin Luther King, como uma das figuras "por trás de O Segredo", e referia-se com desmedido exagero à mítica Tábua de Esmeralda como "um dos mais importantes documentos históricos conhecidos pela humanidade".[28]

A autora de livros de autoajuda Doreen Virtue, do movimento Nova Era, foi mais direta: no mesmo ano, deu novo formato a O Caibalion, transformando-o em um livro com CD, atraente e luxuoso, a que deu o título de *Divine Magic: The Seven Sacred Secrets of Manifestation*. A sobrecapa de *Divine Magic* informava que a interpretação da autora era necessária porque o texto de 1908 era "difícil de entender devido à sua linguagem arcaica e confusa". Grande parte da obra de Virtue consistia de citações diretas de O Caibalion e de longos trechos extraídos do original e em itálico nas eventuais reformulações introduzidas pela autora.[29]

A influência do livro foi além das manifestações culturais de espiritualidade alternativa. Em consonância com a linhagem conhecida do Hermetismo, O Caibalion oferecia-se como "a Filosofia Hermética do Egito e da Grécia Antigos". Embora o grupo de pessoas que tentava enfatizar o que havia de grego em O Caibalion fosse muito pequeno, houve várias tentativas de associar o autor do livro de 1908 ao antigo deus egípcio Toth, e a fonte da obra a um

---

[28] <http://www.thesecret.tv/pastteachers.html>.
[29] Doreen Virtue, *Divine Magic: The Seven Sacred Secrets of Manifestation* (Carlsbad: Hay House, 2006).

Egito decididamente negro e africano. Em 1969, o poeta e dramaturgo LeRoi Jones fez um duro ataque aos *"ignoramuses"** e "impostores e cabeças de vento" que leem *The New York Times*, dizendo-lhes que "os Mestres Ocultos dos Negros" eram negros também, inclusive o autor de *O Caibalion*.[30] Um quarto de século depois, Wayne B. Chandler escreveu um artigo influente para o *Journal of African Civilization*, e mais adiante publicou um livro intitulado *Ancient Future*, que atribuía os Sete Axiomas Herméticos de *O Caibalion* à divindade egípcia Toth e os colocava em consonância com outros textos Herméticos clássicos, em um contexto explicitamente africano.[31] Elijah Mickel, professor de trabalho social, usou esse ponto de vista sobre *O Caibalion* em muitos artigos, criando um conceito de "terapia de orientação para a realidade centrada na África" e usando os Sete Princípios Herméticos como base para um sistema de valores voltados para a África.[32]

Bem menos acadêmica foi a reformulação de *O Caibalion*, em 2002, como *The Sacred Wisdom of Tehuti* [A Sabedoria Sagrada de Toth], reivindicada por Dwight York, do Grupo Nacionalista Negro chamado United Nuwaubian Nation of Moors. Pouco mais que uma reimpressão com o acréscimo de pseudo-hieróglifos e

---

* Pessoas muito ignorantes (sing. *ignoramus*). (N.T.)

[30] Carta ao Editor, *The New York Times*, 11 de maio de 1969.

[31] Wayne B. Chandler, "Seven Times Seven: Comprehensive Discourse on the Seven Hermetic Principles of Egypt", *Journal of African Civilization*, vol. 12, primavera de 1994.

[32] Elijah Mickel, "Africa Centered Reality Therapy: Intervention and Prevention", in *Health Care in the Black Community: Empowerment, Knowledge, Skills, and Collectivism*, organizado por Sadye L. Logan e Edith M. Freeman (Binghamton: Haworth Press, 2000). *Africa Centered Reality Therapy and Choice Therapy*, organizado por Sadye L. Logan (Trenton: Africa World Press, 2005). *Mental Health Care in the African-American Community* (Nova York: The Hawthorne Press, 2007).

substituição seletiva de textos, *Sacred Wisdom* foi a oportunidade de Dwight York "esclarecer as dúvidas e ambiguidades sobre *O Caibalion*", que era, segundo ele, um antigo documento egípcio que havia sido deturpado tanto pelos cananeus quanto pelos gregos.

Um uso mais prático e trivial de *O Caibalion* foi encontrado em Nova Jersey, no grupo de caçadores de recompensas místicas, conhecidos como The Seekers,* os quais, embora usassem tratamento humano e valores espiritualmente focados, desfrutavam de um índice de sucesso que superava até mesmo o do FBI e o do U.S. Marshal Service.** Joshua Armstrong, o fundador afro-americano dos The Seekers, fez os candidatos potenciais à condição de membros do grupo lerem obras de filosofia egípcia, inclusive *O Caibalion*, além de receberem treinamento em artes marciais e obterem permissão para o porte de armas de fogo.[33] Embora isso só pudesse ser associado a anseios africanos no mais abstrato dos sentidos, as inúmeras referências a *O Caibalion* em vários romances das quatro últimas décadas, as obras de autoajuda como *Black Wealth* [Riqueza Negra], as salas de bate-papo virtual e a pintura de Jeff Donaldson, do grupo Africobra – tudo isso aponta para a posição modesta, ainda

---

* *Seeker*, substantivo formado a partir do verbo *seek* ("buscar", "procurar", "ir à procura de"), pode ser traduzido como "buscador", "perseguidor", "seguidor", "rastreador" etc. (N.T.)

** Os United States Marshals Services, que fazem parte do Departamento de Justiça dos Estados Unidos, são o braço fiscalizador dos tribunais federais do país, assegurando o bom funcionamento do sistema judicial. Também é seu dever, entre outros, capturar prisioneiros federais, auxiliar no transporte de presos e cumprir mandados de prisão. (N.T.)

[33] Patrice O'Shaughnessy, "Bountry Hunting 1994: Rambo Learns Philosophy". *New York Daily News*, January 30, 1994; Joshua Armstrong e Anthony Bruno, *The Seekers: A Bounty Hunter's Story* (Nova York: HarperCollins, 2000).

que inegável, que O Caibalion conquistou nos domínios do pensamento afrocêntrico e da espiritualidade afro-americana.

Embora alguns tenham se voltado para o Egito em busca da fonte de O Caibalion, um trio de moradores de um subúrbio de Michigan, que se autodenominavam "Os Três Iniciados", tentou usar O Caibalion como modelo para a construção de pirâmides na década de 1970, construindo várias delas e citando a obra de Atkinson dezenas de vezes em seu livro *Pyramid Power Explained*.[34,35] Ao mesmo tempo que os Três Iniciados de Michigan estavam construindo pirâmides inspiradas por O Caibalion, outro grupo chamado Summum, de Salt Lake City, estava absorvido nos Sete Princípios Herméticos e construindo uma pirâmide de quase oito metros de altura. O Summum não apenas fundamentaria em O Caibalion um dos experimentos espirituais mais pitorescos e incomuns na história recente dos Estados Unidos, como também daria à obra de Atkinson sua maior exposição pública ao fazê-lo finalmente chegar à mais alta corte do país.

Depois de ser supostamente visitado por seres extraterrestres em meados da década de 1970, um pai divorciado com dois filhos, chamado Claude Nowell, começou a compartilhar uma sabedoria que lhe havia sido transmitida por esses seres de outro mundo.

---

[34] Mary Hardy, Dean Hardy e Kenneth Killick, *Pyramid Energy Explained* (Allegan: Delta-K Products, 1979).

[35] *Pyramid Power Explained* baseava-se quase totalmente no livro *Prophecies of Melchi-Zedek in the Great Pyramid and the Seven Temples*, publicado em 1940 pelo dr. Brown Landone, um prolífico e inquieto autor ligado ao *New Thought*, cujos escritos não só apareceram em um número de *The Nautilus*, ao lado de William Walker Atkinson, como também em uma obra de Landone, "The Adept's Creation of the Dollar: Lesson Two"; também parece muito evidente que ele copiou grosseiramente algumas das ideias contidas na introdução de O Caibalion de Atkinson.

Em poucos anos, Nowell, conhecido como Corky Ra, havia criado um grupo conhecido como Summum, que criou uma mistura de Nova Era e ensinamentos místicos com uma estrutura inequivocamente egípcia. Com sua pirâmide – que também era sua sede – nas proximidades da rodovia Interstate 15, o Summum mergulhou no universo místico-empresarial e começou a produzir um vinho que "intensificava a meditação", conhecido como "Nectar Publications", a fabricar lubrificantes íntimos, e até a ressuscitar a prática da mumificação para as pessoas e seus animais de estimação. Os ensinamentos espirituais que começaram a partir de Corky Ra tiveram uma trajetória menos original; os Sete Aforismos fundamentais do Summum foram extraídos praticamente de forma literal dos Sete Princípios Herméticos de O Caibalion. Quando confrontado com a estranha semelhança entre os dois, Corky Ra negou, inclusive, ter lido o livro de Atkinson, e mais tarde sugeriu que ele e O Caibalion haviam sido inspirados por uma mesma fonte. O Departamento de Direitos Autorais nos Estados Unidos foi mais claro, referindo-se ao livro do grupo Summum que veio a ser escrito, *Summum: Closed Except to the Open Mind*, de uma "obra não original".

Quase três décadas depois do primeiro encontro de Corky Ra com os extraterrestres, o Summum pediu para colocar um monumento no parque público da cidade vizinha de Pleasant Rove, no qual ficariam inscritos, ao lado dos Dez Mandamentos, os Sete Aforismos do Summum. Pleasant Grove recusou o pedido, e seguiu-se uma disputa jurídica entre a cidade e o Summum, com recursos que terminaram por alcançar a mais alta jurisdição possível. Em 2008, no centenário da primeira publicação de *O Caibalion*, as Sete Leis Herméticas escritas por William Walker Atkinson, ele próprio um profissional de Direito inscrito na

Ordem dos Advogados de dois Estados, teria seu grande dia na Suprema Corte dos Estados Unidos.

Em um caso que dependia de interpretações essenciais da Primeira Emenda, Summum fundamentou sua argumentação na liberdade de expressão e na igualdade de acesso a um fórum público, enquanto Pleasant Grove alegava que o monumento os obrigaria a referendar um discurso que não refletiria a cidade ou seus valores. Apesar das evidentes diferenças de opinião entre os juízes, a Suprema Corte emitiu por unanimidade uma decisão contrária a Summum. Monumentos estão associados a seus proprietários, e a escolha de aceitar e exibir um monumento em um parque público era, aos olhos da Corte, uma questão de opinião governamental.

Os argumentos apresentados à Suprema Corte tinham um quê de absurdo. O presidente da Suprema Corte, John Roberts, perguntou se, de acordo com a argumentação de Summum, a Estátua da Liberdade precisaria ter, como contraponto, uma estátua do despotismo; e o juiz Antonin Scalia ofereceu a sugestão de um possível "monumento aos biscoitos de chocolate". O conteúdo dos Sete Aforismos do Summum mal chegou a ser mencionado, a não ser em termos vagos, como uma religião, mas os próprios membros do grupo, apesar de suas tentativas de buscar abrigo sob o rótulo de "Cristandade Agnóstica", pareciam estar mais em jogo do que as palavras do monumento proposto. Em primeiro lugar, seria difícil imaginar que uma mensagem mais amplamente aceita, proveniente de um grupo social majoritário, tivesse sido recusada pelo parque de Pleasant Grove. Numa grande e tácita ironia, a obra da qual o Summum havia extraído praticamente cada palavra nunca foi mencionada. Em muitos sentidos, as Sete Leis Herméticas de *O Caibalion* merecem um tributo maior do que o pastiche filosófico de Corky Ra.

* * *

Por mais de um século, O *Caibalion* tinha feito algo extraordinário: não só continuara a ser impresso e a vender um grande número de cópias, sobrevivendo a todas as obras a ele semelhantes e comparáveis, como também nunca deixara de ser uma fonte de inspiração durante a Grande Depressão, a contracultura da década de 1960, a Nova Era e a era da internet.

O *Caibalion* havia visto dezenas, quando não centenas, de edições diferentes, e tinha sido traduzido para pelo menos dez línguas diferentes e para o braile. Durante a década de 1970, o chileno Darío Sommer usou os Sete Princípios Herméticos de O *Caibalion* como fundamento de vários livros escritos com o pseudônimo de John Baines. Disso resultou seu Instituto para a Filosofia Hermética, que hoje tem ramificações na Europa, nos Estados Unidos e em grande parte da América Latina.[36] As palavras de O *Caibalion* foram colocadas em um *madrigale spirituale*, uma forma musical *a cappella** que era normalmente reservada à poesia em homenagem aos santos católicos ou à Virgem Maria, e apresentada em Munique em fins da década de 1980.[37] Na literatura, um exemplar de O *Caibalion* pode ser colocado tanto ao lado de clássicos metafísicos e de *The Legend of Bagger Vance*,** uma obra com evocações do

---

[36] Darío Sommer como John Baines, *The Stellar Man* (Saint Paul: Lewellyn Publications, 1985) e *The Secret Science* (Saint Paul: Lewellyn Publishers, 1980).

* Canto coral de textos devocionais italianos sem acompanhamento instrumental. (N.T.)

[37] Babette Koblenz, Madrigale für Hermes Trismegistus: für 6-stimming Chor a cappela (Hamburgo: Kodasi, 1985).

** No Brasil, o filme – baseado no livro homônimo de Steven Pressfield (1995) – recebeu o título de *Lendas da Vida* (2000), e transpõe a história do *Bhagavad Gita* para a década de 1920, na Geórgia (EUA). (N.T.)

[*Bhagavad*] *Gita*, como numa biblioteca de obras metafísicas, ao lado de *O Símbolo Perdido*,* o mais recente *blockbuster* de Dan Brown. Talvez devido a uma combinação de ignorância de suas origens com o entusiasmo sincero por seus preceitos, *O Caibalion* seja hoje frequentemente mencionado no mesmo contexto de textos sagrados muito mais antigos e estabelecidos, como a Bíblia e o Alcorão.

A comprovação da força, flexibilidade e longevidade de *O Caibalion* nos é dada pelo fato de o livro ter sido uma fonte geral de inspiração, dos modernos pagãos aos pensadores positivistas cristãos, das pequenas sociedades secretas aos fenômenos da cultura *pop*. Direta ou indiretamente, *O Caibalion* deixou sua marca no modo como milhões de pessoas veem o dinheiro, a espiritualidade, a mente, o sucesso e a natureza do próprio Universo. Como tem sido o destino de muitas obras ocultistas e esotéricas, *O Caibalion* nunca recebeu o respeito merecido, e o homem que o escreveu não recebeu o devido reconhecimento. É possível que, ao reconhecer sua autoria e o legado de sua obra mais influente, o monumento que *O Caibalion* fez por merecer – mas que permanece inexistente – seja esta edição que o leitor tem em mãos.

---

* Entre seus temas principais, encontram-se a maçonaria nos Estados Unidos, a parafernália de seus símbolos ocultos e os pais fundadores do país. (N.T.)

*A Hermes Trismegisto, conhecido pelos
antigos egípcios como
"O Três Vezes Grande"*

e

*"O Mestre dos Mestres",
dedicamos reverentemente este
livro de ensinamentos.*

O CAIBALION

ESTUDO DA FILOSOFIA HERMÉTICA DO ANTIGO EGITO E DA GRÉCIA

✯ ✯ ✯

OS TRÊS INICIADOS

*"Os lábios da sabedoria estão fechados,
exceto aos ouvidos do Entendimento."*

Sumário

✯ ✯ ✯

Introdução 61

Capítulo 1
A Filosofia Hermética 67

Capítulo 2
Os Sete Princípios Herméticos 73

Capítulo 3
A Transmutação Mental 85

Capítulo 4
O Todo 91

Capítulo 5
O Universo Mental 99

Capítulo 6
O Paradoxo Divino   107

Capítulo 7
"O Todo" em Tudo   119

Capítulo 8
Os Planos da Correspondência   129

Capítulo 9
A Vibração   143

Capítulo 10
A Polaridade   151

Capítulo 11
O Ritmo   157

Capítulo 12
A Causalidade   165

Capítulo 13
O Gênero   173

Capítulo 14
O Gênero Mental   179

Capítulo 15
Axiomas Herméticos   191

Introdução

✶ ✶ ✶

Temos o grande prazer de apresentar aos estudantes e investigadores da Doutrina Secreta esta pequena obra baseada nos Preceitos Herméticos do mundo antigo. Existe tão pouco material escrito sobre esse assunto, apesar das inúmeras referências feitas pelos ocultistas aos Preceitos que expomos nas inúmeras obras existentes sobre o ocultismo, que isso nos leva a esperar que o grande número de pesquisadores das Verdades Arcanas saberá acolher devidamente o presente volume.

O propósito desta obra não é a enunciação de uma filosofia ou doutrina especial, mas sim fornecer aos estudantes uma exposição da Verdade que servirá para reconciliar os fragmentos do conhecimento oculto que possam ter adquirido, mas que parecem opor-se uns aos outros, e que só servem para desanimar e desagradar o principiante nesse estudo. O nosso intento não é construir um novo Templo de Conhecimento, mas sim colocar nas mãos do estudante uma Chave Mestra com que possa abrir todas as portas internas que conduzem ao Templo do Mistério em cujos portais ele já entrou.

Nenhum fragmento dos conhecimentos ocultos possuídos pelo mundo foi tão zelosamente guardado, como os fragmentos dos Preceitos Herméticos que chegaram até nós ao longo das dezenas de séculos já transcorridos desde o tempo do seu grande criador, Hermes Trismegisto, o "escriba" dos deuses, que viveu no Antigo Egito quando a atual raça humana estava em sua infância. Contemporâneo de Abraão e, se for verdadeira a lenda, instrutor deste venerável sábio, Hermes foi e é o Grande Sol Central do Ocultismo, cujos raios têm iluminado todos os ensinamentos que foram publicados desde o seu tempo. Todos os preceitos fundamentais e básicos introduzidos nos ensinamentos esotéricos de cada raça foram formulados por Hermes. Mesmo os mais antigos preceitos da Índia tiveram indubitavelmente suas raízes nos Preceitos Herméticos originais.

Desde a terra do Ganges, muitos ocultistas avançados viajaram para o Egito para se prostrarem aos pés do Mestre. Dele obtiveram a Chave Mestra que explicava e reconciliava os seus diferentes pontos de vista, e assim a Doutrina Secreta foi firmemente estabelecida. De outras terras também vieram os sábios, que consideravam Hermes como o Mestre dos Mestres; e a sua influência foi tão grande que, apesar dos numerosos desvios de caminho de séculos de instrutores dessas diferentes terras, ainda se pode facilmente encontrar certa semelhança e correspondência nas muitas – e quase sempre divergentes – teorias aceitas e combatidas pelos ocultistas de diferentes países atuais. Os estudantes de Religiões Comparadas compreenderão facilmente a influência dos Preceitos Herméticos em qualquer religião digna desse nome, quer seja uma religião conhecida pelo homem, uma religião morta ou que esteja em pleno vigor em nossos dias. Sempre há alguma correspondência entre elas, apesar das aparências contraditórias, e os Preceitos Herméticos atuam como o seu Grande Reconciliador.

A obra de Hermes parece ter sido criada com o fim de plantar a grande Verdade-Semente que se desenvolveu e germinou em tantas formas estranhas, mais depressa do que se teria estabelecido uma escola de filosofia que dominasse o pensamento do mundo. Todavia, as verdades originais ensinadas por ele mantiveram-se intactas em sua pureza original, por um pequeno número de homens, que, recusando grande parte de estudantes e discípulos pouco desenvolvidos, seguiram o costume hermético e reservaram as suas verdades para os poucos que estavam preparados para compreendê-las e dominá-las. Dos lábios aos ouvidos, a verdade tem sido transmitida entre esses poucos. Sempre existiram, em cada geração e em vários países da Terra, alguns Iniciados que conservaram viva a sagrada chama dos Preceitos Herméticos, e sempre recorreram a suas luzes para reacender as luzes mais fracas do mundo profano, quando a luz da verdade começava a escurecer e a apagar-se por conta de sua negligência, e os seus pavios ficavam embaraçados com substâncias estranhas. Sempre existiu um punhado de homens para cuidar do altar da Verdade, em que mantiveram sempre acesa a Lâmpada Perpétua da Sabedoria. Esses homens dedicaram sua vida a esse trabalho de amor que o poeta muito bem descreveu nestas linhas:

> *"Oh! não deixeis apagar a chama! Mantida de século em século nesta escura caverna, em seus templos sagrados! Sustentada por puros ministros do amor! Não deixeis que esta divina chama se extingua!"*

Estes homens nunca procuraram a aprovação popular, nem um grande número de prosélitos. São indiferentes a essas coisas, porque sabem quão poucos de cada geração estão preparados para a verdade, ou podem reconhecê-la se ela lhes for apresentada. Reservam a "carne para os homens-feitos", enquanto outros dão o "leite às crianças". Reservam suas pérolas de sabedoria para os poucos que conhecem o seu valor e sabem trazê-las nas suas coroas, em vez de "lançá-las aos porcos", que as pisoteariam na lama, misturando-as a seu repugnante alimento mental. Esses homens, porém, nunca se esqueceram ou perderam de vista os preceitos originais de Hermes, que tratam da transmissão das palavras da verdade aos que estão preparados para recebê-la, a respeito dos quais diz *O Caibalion*: "Em qualquer lugar que se achem vestígios do Mestre, os ouvidos daqueles que estiverem preparados para receber o seu Ensinamento se abrirão completamente". E ainda: "Quando os ouvidos do discípulo estiverem preparados para ouvir, aí virão os lábios para enchê-los de sabedoria". Mas a sua atitude habitual sempre esteve estritamente de acordo com outro aforismo hermético que também se encontra em *O Caibalion*: "Os lábios da Sabedoria estão fechados, exceto aos ouvidos do Entendimento".

Os que não podem compreender são os que criticaram essa atitude dos Hermetistas e clamaram que eles não manifestavam o verdadeiro espírito dos seus ensinamentos nas astuciosas reservas e reticências que faziam. Porém, um rápido olhar retrospectivo nas páginas da história mostrará a sabedoria dos Mestres, que não ignoravam a loucura de pretender ensinar ao mundo o que ele não desejava saber, nem estava preparado para isso. Os Hermetistas nunca quiseram ser mártires; pelo contrário, mantinham um retiro silencioso, com um sorriso de piedade nos lábios fechados enquanto os bárbaros se enfureciam contra eles nos seus costumeiros divertimentos de levar à morte e à tortura os entusiastas honestos, porém desencaminhados, que julgavam ser possível obrigar uma raça de bárbaros a admitir a verdade, que só pode ser compreendida pelo eleito já bastante avançado no Caminho.

E o espírito de perseguição ainda não desapareceu da Terra. Há certos Preceitos Herméticos que, se fossem divulgados, atrairiam contra os divulgadores um feroz alarido de desprezo e de ódio por parte da multidão, que tornaria a gritar: "Crucifiquem-nos! Crucifiquem-nos!"

Nesta pequena obra, procuramos apresentar ao leitor uma ideia dos preceitos fundamentais de *O Caibalion*, empenhados em transmitir-lhes os Princípios operacionais em vez de tratarmos detalhadamente de seus ensinamentos. Os verdadeiros estudantes não terão dificuldade para aplicar esses Princípios; já aqueles movidos por mera curiosidade precisarão se desenvolver porque, nesse caso, os Preceitos Herméticos serão para eles nada além de palavras, palavras, palavras...

OS TRÊS INICIADOS

Capítulo 1

✫ ✫ ✫

A FILOSOFIA HERMÉTICA

*"Os lábios da sabedoria estão fechados,
exceto aos ouvidos do Entendimento."*

— O CAIBALION

Foi do Antigo Egito que nos vieram os ensinamentos esotéricos e ocultistas fundamentais que, ao longo de milênios, têm influenciado tão prodigamente as filosofias de todas as raças, nações e povos. O Egito, a terra das Pirâmides e da Esfinge, foi a pátria da Sabedoria Secreta e dos Ensinamentos Místicos. Todas as nações receberam dele a Doutrina Secreta. A Índia, a Pérsia, a Caldeia, a Média, a China, o Japão, a Assíria, a Antiga Grécia e Roma e outros países antigos aproveitaram-se fartamente da exorbitância de conhecimentos que os Hierofantes e Mestres da Terra de Ísis ministravam tão generosamente aos que estivessem preparados para participar da profusão de

Preceitos Místicos e Ocultos que as mentes superiores dessas antigas terras haviam reunido.

No Antigo Egito viveram os grandes Adeptos e Mestres que nunca mais foram superados, e raras vezes foram igualados, nos séculos que se passaram desde o tempo do grande Hermes. No Egito encontrava-se a maior das Lojas dos Místicos. Pelas portas dos seus Templos entravam os Neófitos que, mais tarde, como Hierofantes, Adeptos e Mestres, se espalharam pelos quatro cantos da Terra, levando consigo o precioso conhecimento que possuíam, ansiosos e desejosos de ensiná-lo àqueles que estivessem preparados para recebê-lo. Todos os estudantes das ciências Ocultas reconhecem a dívida que têm para com os veneráveis Mestres desse antigo país.

Contudo, entre esses Grandes Mestres do Antigo Egito, existiu um que eles proclamavam como o "Mestre dos Mestres". Este homem, se é que se tratava realmente de um "homem", viveu no Egito na mais remota Antiguidade. Era conhecido pelo nome de Hermes Trismegisto. Foi o pai da Ciência Oculta – o fundador da Astrologia, e o descobridor da Alquimia. Os detalhes da sua vida se perderam devido ao imenso espaço de tempo, que é de milhares de anos, e apesar de muitos países antigos disputarem entre si a honra de ter sido a sua pátria. A data da sua permanência no Egito, na sua última encarnação neste planeta, não é conhecida agora, mas foi fixada nos primeiros tempos das mais remotas dinastias do Egito, muito antes do tempo de Moisés. As autoridades mais competentes consideram-no como contemporâneo de Abraão, e algumas tradições judaicas dizem claramente que Abraão adquiriu uma parte do seu conhecimento místico do próprio Hermes.

Muitos anos depois de sua partida deste plano de existência (a tradição afirma que viveu trezentos anos), os egípcios deificaram Hermes e fizeram dele um dos seus deuses sob o nome de

Thoth. Anos depois, os povos da Antiga Grécia também o deificaram com o nome de "Hermes, o Deus da Sabedoria". Os egípcios reverenciaram sua memória por muitos séculos – sim, dezenas de séculos –, chamando-o de "o Escriba dos Deuses", e apondo-lhe seu antigo título, "Trismegisto", que significa o "três vezes grande", "o grande entre os grandes". Em todos os países antigos, o nome de Hermes Trismegisto foi reverenciado como sinônimo de "Fonte de Sabedoria".

Ainda hoje usamos o termo "hermético" no sentido de "secreto", "fechado de tal maneira que nada escapa" etc., isso pelo fato de que os discípulos de Hermes sempre observaram o princípio do segredo nos seus preceitos. Eles abominavam a simples ideia de "lançar pérolas aos porcos", preferindo o preceito de "dar o leite às crianças", e "a carne aos homens-feitos", máximas que são familiares a todos os leitores das Escrituras Cristãs, mas que já eram usadas pelos egípcios muitos séculos antes da era cristã.

E essa política de criteriosa disseminação da verdade sempre caracterizou os Hermetistas, mesmo até os nossos dias. Os Preceitos Herméticos estão espalhados em todos os países e em todas as religiões, mas nunca são identificados com nenhuma seita religiosa particular, nem podemos associá-los a nenhum país específico por causa das advertências feitas pelos antigos instrutores com o fim de evitar que A Doutrina Secreta fosse cristalizada em um credo. A sabedoria desta exortação é clara para todos os estudantes de história. O antigo ocultismo da Índia e da Pérsia degenerou-se e perdeu-se completamente, porque os seus instrutores tornaram-se padres e misturaram a teologia com a filosofia, o que teve como consequência o fato de o ocultismo da Índia e da Pérsia ter se perdido gradualmente no meio da massa dessas religiões de superstições religiosas, cultos, credos e "deuses". O mesmo aconteceu com a Grécia e Roma antigas, e também com os Preceitos Herméticos dos Gnósticos e dos Cristãos Primitivos, que se perderam no tempo de Constantino, e que sufocaram a filosofia com o manto da teologia, fazendo assim a Igreja perder aquilo que era a sua verdadeira essência e espírito, e andar às cegas durante vários séculos, antes de encontrar o caminho de volta a sua antiga fé; de fato, tudo indica aos observadores criteriosos do nosso século XX que a Igreja vem lutando para voltar a seus antigos ensinamentos místicos.

Apesar de tudo isso, sempre existiram algumas almas fiéis que mantiveram viva a Chama, alimentando-a cuidadosamente e não deixando a sua luz se extinguir. E, graças a esses corações dedicados e essas mentes intrépidas, temos ainda conosco a verdade. Mas a maior parte dessa verdade não se acha nos livros. Tem sido transmitida de Mestre a Discípulo, de Iniciado a Hierofante, dos lábios aos ouvidos. Nas poucas vezes em que foi escrita, foi propositalmente dissimulada com termos de alquimia e astrologia, de modo que só os possuidores da chave pudessem lê-la corretamente. Isto se fez necessário para evitar as perseguições dos teólogos da Idade Média, que combatiam a Doutrina Secreta a ferro, fogo, pelourinho, forca e cruz. Nos dias de hoje, ainda não se encontrarão muitos livros confiáveis sobre a Filosofia Hermética, apesar das numerosas referências feitas a ela nos vários livros escritos sobre diversas fases do Ocultismo. Contudo, a Filosofia Hermética é a única Chave Mestra que pode abrir todas as portas dos Ensinamentos Ocultos!

Nos primeiros tempos, existiu uma compilação de certas Doutrinas Básicas do Hermetismo, transmitidas de mestre a discípulos, que eram conhecidas sob o nome de "O CAIBALION", cujo sentido e significado ficaram perdidos por vários séculos. Esse ensinamento é, contudo, conhecido por muita pessoas às quais foi transmitido verbalmente, de maneira contínua através dos séculos. Até onde sabemos, esses preceitos nunca foram escritos ou impressos até chegarem ao nosso conhecimento. Eram apenas uma coletânea de máximas, preceitos e axiomas, incompreensíveis aos profanos, mas perfeitamente entendidos pelos estudantes, depois de explicados e exemplificados pelos Iniciados Hermetistas a seus Neófitos. Esses preceitos realmente constituíam os princípios básicos da "Arte da Alquimia Hermética" que, contrariamente às crenças gerais, lidava com o domínio sobre as Forças Mentais, e não dos Elementos Materiais; a Transmutação das Vibrações mentais em outras, e não sobre a mudança de uma espécie de metal em outra. As lendas da "Pedra Filosofal", que seria capaz de transformar qualquer metal em ouro, eram uma alegoria da Filosofia Hermética perfeitamente entendida por todos os estudantes do verdadeiro Hermetismo.

Neste pequeno livro, cuja primeira lição é esta, convidamos os estudantes a examinar os Preceitos Herméticos, tal como estão expostos em O CAIBALION e explicados por nós, humildes aprendizes desses Preceitos, que, apesar de termos o título de Iniciados, nada mais somos além de sombras aos pés de HERMES, o Mestre. Nós lhes oferecemos muitos axiomas, máximas e preceitos de O CAIBALION, acompanhados de explicações e comentários que consideramos essenciais para tornar os seus preceitos mais compreensíveis ao estudioso moderno, sobretudo porque o texto original é propositadamente repleto de termos obscuros.

As máximas, os axiomas e preceitos originais de O CAIBALION são aqui impressos em tipo diferente do tipo geral da nossa obra, com a atribuição dos devidos créditos. Esperamos que os estudantes a quem oferecemos esta pequena obra possam tirar muito proveito do estudo das suas páginas, como o fizeram tantos outros que os precederam no Caminho da Mestria, nos séculos decorridos desde o tempo de HERMES TRISMEGISTO, o Mestre dos Mestres, o Três Vezes Grande, nas palavras de O CAIBALION:

> "Em qualquer lugar que estejam os vestígios do
> Mestre, os ouvidos daquele que estiver preparado
> para receber o seu Ensinamento se
> abrirão completamente."

> "Quando os ouvidos do discípulo estão
> preparados para ouvir, então vêm os lábios
> para enchê-los de Sabedoria."

De modo que, segundo os Ensinamentos, só dará atenção a este livro aquele que estiver pronto para receber os Preceitos que ele transmite. E, reciprocamente, quando o estudante estiver preparado para receber a verdade, também este pequeno livro virá até ele. Esta é a Lei. O Princípio Hermético de Causa e Efeito, no seu aspecto de Lei da Atração, unirá lábios e ouvidos – e juntos estarão o aprendiz e o livro. Que assim seja!

Capítulo 2

✻ ✻ ✻

OS SETE PRINCÍPIOS HERMÉTICOS

"Os Princípios da Verdade são Sete; aquele que os conhece perfeitamente possui a Chave Mágica cujo toque abrirá todas as Portas do Templo."
— O CAIBALION

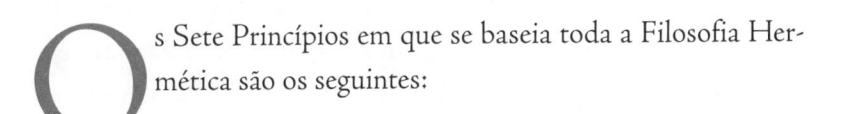

Os Sete Princípios em que se baseia toda a Filosofia Hermética são os seguintes:

I. O Princípio do Mentalismo.
II. O Princípio da Correspondência.
III. O Princípio da Vibração.
IV. O Princípio da Polaridade.
V. O Princípio do Ritmo.
VI. O Princípio de Causa e Efeito.
VII. O Princípio de Gênero.

Esses Sete Princípios serão explicados e comentados à medida que prosseguirmos com estas lições. Contudo, uma breve explicação de cada um pode ser feita agora.

I. O PRINCÍPIO DO MENTALISMO
"*O TODO é MENTE; o Universo é Mental.*"
— O CAIBALION

Este Princípio contém a verdade de que *Tudo é Mente*. Explica que o TODO (que é a Realidade Substancial que subjaz a todas as manifestações e aparências que conhecemos pelo nome de "Universo Material"; "Fenômenos da Vida"; "Matéria"; "Energia" e, em suma, tudo o que é evidente a nossos sentidos materiais) é ESPÍRITO, que em si mesmo é INCOGNOSCÍVEL e INDEFINÍVEL, mas pode ser considerado como uma MENTE UNIVERSAL, INFINITA e VIVENTE. Também explica que o mundo ou universo fenomenal não passa de uma Criação Mental do TODO, sujeita às Leis das Coisas Criadas, e que o universo, como um todo, em suas partes ou unidades, tem sua existência na mente do TODO, em cuja Mente "vivemos, nos movemos e temos nossa existência". Ao estabelecer a Natureza Mental do Universo, esse princípio explica todos os fenômenos mentais e psíquicos que ocupam grande parte da atenção pública, e que, sem tal explicação, seriam ininteligíveis e desafiariam toda interpretação científica. A compreensão desse Princípio Hermético do Mentalismo permite que o indivíduo aprenda facilmente as leis do Universo Mental e passe a aplicá-la a seu bem-estar e aperfeiçoamento. O Estudante Hermetista é capaz de aplicar de modo inteligente as grandes Leis Mentais, em vez de empregá-la de maneira fortuita.

Com a Chave Mestra em seu poder, o estudante poderá abrir as diversas portas do templo psíquico e mental do conhecimento e entrar por elas livre e inteligentemente. Este Princípio explica a verdadeira natureza da "Força", da "Energia" e da "Matéria", e como e por que todas elas são subordinadas ao Domínio da Mente. Um dos mais antigos Mestres Herméticos escreveu, há muito tempo: "Aquele que compreende a verdade da Natureza Mental do Universo está bem avançado no Caminho da Mestria". E essas palavras são tão verdadeiras hoje, como no tempo em que foram escritas. Sem esta Chave Mestra, a Mestria é impossível, e o estudante baterá em vão nas diversas portas do Templo.

II. O PRINCÍPIO DA CORRESPONDÊNCIA
"Assim em cima como embaixo;
assim embaixo como em cima."
— O CAIBALION

Este Princípio contém a verdade de que sempre há uma Correspondência entre as leis e os fenômenos dos diversos planos do Ser e da Vida. O velho axioma hermético assim o explicava: "Assim em cima como embaixo, assim embaixo como em cima". A compreensão desse Princípio dá ao homem os meios de resolver muitos paradoxos obscuros e segredos ocultos da Natureza. Existem planos fora dos nossos conhecimentos, mas, quando lhes aplicamos o Princípio da Correspondência, chegamos a compreender muita coisa que, de outro modo, nos seria impossível compreender. Este Princípio é de aplicação e manifestação universal nos diversos planos do universo material, mental e espiritual: é uma Lei Universal.

Os antigos Hermetistas consideravam este Princípio como um dos mais importantes instrumentos mentais por meio dos quais o homem pode ver além dos obstáculos que encobrem à vista o Desconhecido. Seu uso constante chegava, inclusive, a desnudar o Véu de Ísis a ponto de nos permitir entrever de relance o rosto da deusa. Assim como o conhecimento dos Princípios da Geometria permite que um homem, sentado em seu observatório, consiga medir as distâncias e os movimentos de estrelas distantes, o conhecimento do Princípio da Correspondência permite que o homem raciocine com inteligência e avance por um caminho que o leve do Conhecido ao Desconhecido. Ao estudar a mônada, ele entende o arcanjo.

III. O PRINCÍPIO DA VIBRAÇÃO
"Nada está parado; tudo se move; tudo vibra."
— O CAIBALION

Este Princípio encerra a verdade que "tudo está em movimento"; "tudo vibra"; "nada está parado"; fatos que a Ciência Moderna avaliza, e que cada nova descoberta científica tende a confirmar. E contudo este Princípio Hermético foi enunciado há milhares de anos pelos Mestres do Antigo Egito.

Este Princípio explica que as diferenças entre as diversas manifestações de Matéria, Energia, Mente e Espírito resultam, em grande parte, de índices variáveis de Vibração. Desde o TODO, que é Puro Espírito, até a forma mais grosseira da Matéria, tudo está em vibração; quanto mais alta a vibração, mais alta será sua posição na escala. A vibração do Espírito é de uma intensidade e rapidez tão infinitas que praticamente ele está em estado de repouso

– assim como uma roda que, por se mover muito rapidamente, parece estar parada.

No outro extremo da escala há formas grosseiras da matéria, cujas vibrações são tão baixas que parecem estar em repouso. Entre esses polos existem milhões e milhões de graus diferentes de vibração. Desde o corpúsculo e o elétron, o átomo e a molécula, até os mundos e universos, tudo está em movimento vibratório. Isso também é verdade nos planos da energia e da força (que nada mais são que graus variáveis de vibração); também nos planos mentais (cujos estados dependem das vibrações), assim como nos planos espirituais.

O conhecimento desse Princípio, com as fórmulas apropriadas, permite ao estudante do Hermetismo controlar não apenas suas vibrações mentais, como também as dos outros. Os Mestres também aplicam esse Princípio à conquista dos Fenômenos Naturais, e o fazem de várias maneiras. "Aquele que compreende o Princípio da Vibração, alcançou o cetro do poder", diz um antigo escritor.

IV. O PRINCÍPIO DA POLARIDADE

"Tudo é Duplo; tudo tem polos; tudo tem seu par de opostos; semelhante e dessemelhante são o mesmo; os opostos são idênticos em natureza, mas diferentes em grau; os extremos se encaixam; todas as verdades são meias verdades; todos os paradoxos podem ser reconciliados."

— O CAIBALION

Este Princípio incorpora a verdade de que "tudo é Duplo"; "tudo tem dois polos"; "tudo tem seu par de opostos", todos os quais eram antigos axiomas Herméticos. Esses breves enunciados explicam os velhos paradoxos que deixaram tantos homens perplexos e que foram assim formulados: "Tese e Antítese são idênticas em natureza, mas diferentes em grau; os opostos são a mesma coisa, diferindo somente em grau; os pares de opostos podem ser reconciliados; os extremos se tocam; tudo existe e não existe ao mesmo tempo; todas as verdades são meias verdades; toda verdade é meio falha; há dois lados em tudo" etc. etc. O Princípio da Polaridade explica que em tudo há dois polos ou aspectos opostos, e que os "opostos" são simplesmente os dois extremos da mesma coisa, entre os quais há uma interposição de graus diferentes. Por exemplo: o Calor e o Frio, ainda que sejam "opostos", são a mesma coisa, e a diferença entre eles consiste simplesmente na variação de graus dessa mesma coisa.

Consultem seu termômetro e vejam se descobrem onde termina o "calor" e começa o "frio"! Não existe "calor absoluto" ou "frio absoluto"; os dois termos "calor" e "frio" indicam somente a variação de grau da mesma coisa, e essa "mesma coisa" que se manifesta como "calor" e "frio" nada mais é que uma forma, variedade e ordem de Vibração. Assim o "calor" e o "frio" são unicamente os "dois polos" daquilo que chamamos "Calor" – e os fenômenos que daí decorrem são manifestações do Princípio da Polaridade. O mesmo Princípio se manifesta no caso da "Luz" e da "Obscuridade", que são a mesma coisa, consistindo a diferença simplesmente nas variações de graus entre os dois polos do fenômeno. Onde cessa a "obscuridade" e começa a "luz?" Qual é a diferença entre "Grande e o Pequeno?" Entre "Duro e Maleável"? Entre "Branco e Preto"? Entre "Afiado e Côncavo"? Entre "Ruído e Silêncio"? Entre "Alto e Baixo"? Entre "Positivo e Negativo"?

O Princípio da Polaridade explica esses paradoxos, e nenhum outro Princípio pode superá-lo. O mesmo Princípio opera no Plano Mental. Permita-nos o leitor apresentar um exemplo radical e extremo: o do "Amor e *Ódio*", dois estados mentais que, à primeira vista, parecem totalmente distintos. Ainda assim, há graus de Ódio e graus de Amor, e um ponto médio em que podemos usar, por exemplo, os termos "Apreço ou Desapreço", os quais se confundem tão completamente que não conseguimos saber se sentimos "apreço" ou "desapreço" – ou se não se trata nem disso nem daquilo. E todos são apenas graus de uma mesma coisa, como o leitor compreenderá se dedicar alguns momentos à reflexão. E, mais do que isso (coisa que era da máxima importância para os Hermetistas), é possível mudar as vibrações de Ódio em vibrações de Amor, tanto em nossa própria mente quanto na mente dos outros.

Muitos dos que ora leem estas linhas, já passaram por experiências pessoais da transformação rápida e involuntária do Amor em Ódio ou, do inverso, quer isso se tenha dado com eles mesmos, quer com outros. E desse modo o leitor terá um vislumbre da possibilidade de que isso se caracteriza pelo uso da Vontade, por meio das fórmulas Herméticas. "Bem e o Mal" nada mais são, portanto, que polos opostos de uma mesma coisa, e o Hermetista conhece a arte de transformar o Mal no Bem mediante uma aplicação do Princípio da Polaridade. Em resumo, a "Arte de Polaridade" torna-se uma fase da "Alquimia Mental", conhecida e praticada pelos Mestres Herméticos antigos e modernos. A compreensão desse Princípio permitirá a uma pessoa modificar sua própria Polaridade, assim como a dos outros, desde que ela consagre o tempo e o estudo necessários ao domínio dessa arte.

V. O PRINCÍPIO DO RITMO

"Tudo tem fluxo e refluxo; tudo tem suas marés; tudo sobe e desce; tudo se manifesta por oscilações compensadas; a medida do movimento à direita é a medida do movimento à esquerda; o ritmo é a compensação."

— O CAIBALION

Este Princípio incorpora a verdade de que em tudo se manifesta um movimento mensurado para a frente e para trás, um fluxo e refluxo, um movimento de atração e repulsão, um movimento semelhante ao do pêndulo, uma maré enchente e uma maré vazante, uma maré alta e uma maré baixa, entre os dois polos que existem, de acordo com o Princípio da Polaridade de que tratamos há pouco. Existe sempre uma ação e uma reação, uma marcha e uma retirada, uma subida e uma descida. É assim nas coisas do Universo, nas estrelas, nos mundos, nos homens, nos animais, na mente, na energia e na matéria.

Esta lei é manifesta na criação e destruição dos mundos, na ascensão e queda das nações, na vida de todas as coisas e, finalmente, nos estados mentais do Homem (e é estes últimos que os Hermetistas atribuem maior importância à compreensão do Princípio). Os Hermetistas apreenderam o sentido desse Princípio, encontrando sua aplicação universal, e descobriram também certos meios de dominar seus efeitos neles próprios, mediante o uso de fórmulas e métodos apropriados. Eles aplicam a Lei Mental da Neutralização. Eles não podem anular o Princípio ou impedir as suas operações, mas aprenderam como se escapa a seus efeitos neles mesmos, dependendo, até certo grau, do Domínio deste Princípio. Aprenderam como usá-lo em vez de serem usados por ele.

É neste e em outros métodos que consiste a Arte dos Hermetistas. O Mestre em Hermetismo se polariza no ponto em que deseja repousar, e então neutraliza a Oscilação Rítmica pendular que tenderia a conduzi-lo ao outro polo.

Todos os indivíduos que atingiram qualquer grau de Autodomínio fazem isso até certo ponto, de modo mais ou menos inconsciente, mas o Mestre o faz conscientemente e pelo uso de sua Vontade, e ele termina por atingir um grau de Equilíbrio e Firmeza Mental quase inacreditável pelas massas populares, que são levadas para a frente e para trás como um pêndulo. Esse Princípio e o Princípio de Polaridade foram minuciosamente estudados pelos Hermetistas, e os métodos para refutá-los, neutralizá-los e USÁ-LOS constituem uma parte importante da Alquimia Mental do Hermetismo.

VI. O PRINCÍPIO DE CAUSA E EFEITO

"Toda Causa tem seu Efeito; todo Efeito tem sua Causa; tudo acontece de acordo com a Lei; o Acaso nada mais é que um nome dado a uma Lei não reconhecida; há muitos planos de causalidade, mas nada escapa à Lei."

— O CAIBALION

Este princípio incorpora o fato de que há uma Causa para todo Efeito, e um Efeito a partir de toda Causa. Explica que: "Tudo acontece de acordo com a Lei, nada acontece sem razão; que o acaso não existe; que, embora existam vários planos de Causa e Efeito, e que os planos superiores dominem os planos inferiores, nada pode esquivar-se inteiramente à Lei.

Os Hermetistas conhecem, até certo ponto, a arte e os métodos de elevar-se acima do plano ordinário de Causa e Efeito, e por meio da elevação mental a um plano superior tornam-se Causa, em vez de Efeito.

As massas populares se deixam conduzir docilmente, obedientes a seu entorno; os desejos e as vontades dos outros são mais fortes que as vontades delas; a hereditariedade, a sugestão e outras causas exteriores movem-nas como se fossem peões no Tabuleiro de Xadrez da Vida. Mas os Mestres, elevando-se ao plano superior, dominam sua disposição de espírito, seu caráter, suas qualidades e seus poderes, tão bem como o espaço circundante, o que os converte em Motores, em vez de peões. Eles ajudam a JOGAR O JOGO DA VIDA, em vez de serem jogados e dirigidos pela vontade alheia e por circunstâncias fortuitas. Eles USAM o Princípio, em vez de serem joguetes em suas mãos. Os Mestres obedecem à Causalidade dos planos superiores, mas ajudam a REGER seu próprio plano. Nessa afirmação está condenado um tesouro de Conhecimento Hermético – entenda-o quem for capaz.

VII. O PRINCÍPIO DE GÊNERO

"O Gênero está em tudo; tudo tem seu Princípio Masculino e seu Princípio Feminino; o Gênero se manifesta em todos os planos."

— O CAIBALION

Este Princípio incorpora a verdade que o GÊNERO existe em tudo – os Princípios Masculino e Feminino estão sempre em ação. Isto é verdadeiro não só no Plano Físico, mas também no Plano Mental e, inclusive, no Plano Espiritual. No Plano Físico, esse Princípio se manifesta como SEXO; nos planos superiores, assume formas mais elevadas, mas é sempre o mesmo Princípio. Nenhuma criação, quer física, quer mental ou espiritual, é possível sem este Princípio. A compreensão das suas leis poderá esclarecer muitos temas que deixaram perplexa a mente dos homens. O Princípio de Gênero opera sempre tendo em vista a geração, regeneração e criação.

Toda coisa e toda pessoa contêm em si os dois Elementos ou Princípios, ou este Grande Princípio (seja homem ou mulher). Todo Princípio Masculino contém o Princípio Feminino; todo Princípio Feminino contém o Princípio Masculino.

O leitor que quiser compreender a filosofia da Criação, Geração e Regeneração mental e espiritual, deverá estudar esse Princípio Hermético. Ele contém a solução de muitos mistérios da Vida. Devemos adverti-lo, porém, que este Princípio não tem nenhuma relação com o grande número de teorias, ensinamentos e práticas ignominiosas, execráveis e degradantes que são ensinadas sob títulos extravagantes e nada mais são do que a prostituição do grande princípio natural de Gênero. Essas reminiscências degradantes das antigas formas infames do Falicismo, tendem a arruinar a mente, o corpo e a alma; e a Filosofia Hermética sempre fez soar uma nota de advertência contra estes ensinamentos degradantes que tendem à luxúria, à depravação e à perversão dos princípios da Natureza. Quem estiver em busca desses ensinamentos, não encontrará neste livro nada que lhe possa ser útil – ao longo destas linhas, o Hermetismo não conterá nada que o ajude em seu engrandecimento. Para aquele que é puro, todas as coisas são puras; para os que são vis, todas as coisas são torpes.

Capítulo 3

✶ ✶ ✶

A TRANSMUTAÇÃO MENTAL

*"A Mente (tão bem como os metais e os elementos)
pode ser transmutada de estado em estado, de grau
em grau, de condição em condição, de polo em polo,
de vibração em vibração. A verdadeira
Transmutação Hermética é uma Arte Mental."*

— O CAIBALION

Como dissemos, os Hermetistas foram os antigos alquimistas, os primeiros astrólogos e os primeiros psicólogos, e foi Hermes o fundador dessas escolas de pensamento. Da astrologia nasceu a astronomia moderna; da alquimia nasceu a química moderna; da psicologia mística nasceu a psicologia moderna das escolas. Mas não se pode supor que os antigos ignoravam aquilo que as escolas modernas pretendem ser sua propriedade exclusiva e especial. Os registros gravados nas pedras do Antigo Egito mostram claramente que os antigos tinham um grande conhecimento de astronomia; a própria construção das Pirâmides mostra a relação entre sua concepção e o estudo da ciência astronômica. Tampouco ignoravam a Química, porque os fragmentos dos antigos escritos mostram que eles estavam familiarizados com as propriedades químicas das coisas; com efeito, as antigas teorias relativas à física vão sendo vagarosamente comprovadas pelas últimas descobertas da ciência moderna, em particular as que se referem à constituição da matéria. Também não devemos pensar que eles ignoravam as chamadas "descobertas modernas da psicologia"; pelo contrário, os egípcios eram especialmente versados na ciência da Psicologia, sobretudo nos ramos que as escolas modernas ignoram, mas que, não obstante, vêm sendo conhecidos sob a denominação de "ciência psíquica" – e que têm deixado perplexos os psicólogos atuais, levando-os a admitir, com relutância, que "afinal, pode haver algo de verdadeiro neles".

A verdade é que, por sob a química material, a astronomia e a psicologia (isto é, a psicologia em sua fase de "ação mental"), os antigos tinham um conhecimento da astronomia transcendental, chamado astrologia; da química transcendental, chamado alquimia; da psicologia transcendental, chamado Psicologia Mística. Possuíam tanto o Conhecimento Interno como o Conhecimento Externo, sendo o último o único possuído pelos cientistas modernos. Entre os muitos ramos secretos de conhecimento possuídos pelos Hermetistas estava aquele conhecido sob o nome de Transmutação Mental, que constitui o tema material desta lição.

"Transmutação" é um termo geralmente usado para designar a antiga arte da transmutação dos metais – em particular, dos metais impuros em ouro. A palavra "transmutar" significa "mudar de uma natureza, forma ou substância em outra; transformar" (Webster). E da mesma forma, "Transmutação Mental" significa a arte de transformar e de mudar os estados, as formas e as condições mentais em outras. Assim, poderemos ver que a Transmutação Mental é a "Arte da Química Mental" ou, se parecer melhor, uma forma de Psicologia Mística prática.

Tudo isso, porém, significa muito mais do que parece na superfície.

A Transmutação, a Alquimia, ou a Química, no Plano Mental, são sem dúvida muito importantes em seus efeitos e, se essa arte não seguisse adiante, ainda assim continuaria a ser um dos mais importantes ramos de estudos conhecidos pelo homem. Mas isso é só o começo. Vejamos por quê!

O primeiro dos Sete Princípios Herméticos é o Princípio do Mentalismo, cujo axioma é "O TODO é Mente; o Universo é Mental", que significa que a Realidade Subjacente do Universo é Mente; e que o Universo em si é Mental –, isto é, que "existe na Mente do TODO". Examinaremos esse princípio nas próximas lições, mas consideremos o efeito do princípio se admitirmos que ele é verdadeiro.

Se o Universo é Mental em sua natureza, a Transmutação Mental deve ser a arte de MUDAR AS CONDIÇÕES DO UNIVERSO no que diz respeito à Matéria, à Força e à Mente. Vereis, portanto, que a Transmutação Mental é realmente a "Magia" de que os antigos escritores muito trataram em suas obras místicas, e sobre a qual deixaram tão poucas instruções práticas. Se Tudo é Mental, então a arte que permite a alguém transmutar as condições mentais deve fazer do Mestre o controlador das condições materiais, assim como daquelas comumente chamadas "mentais".

Na verdade, somente os Alquimistas Mentais conseguiram o grau necessário de poder para dominar as mais grosseiras condições físicas e os elementos da Natureza, como a produção ou cessação das tempestades e a produção e cessação de terremotos, bem como de outros grandes fenômenos físicos. Que tais homens tenham existido, e existam ainda hoje, é uma questão de crença e boa-fé sinceras para todos os ocultistas adiantados de todas as escolas. Que os Mestres existem e que eles têm tais poderes, os melhores instrutores asseguram-no aos seus discípulos, tendo tido experiências que os justificam nessas crenças e afirmações. Esses Mestres não fazem exibições públicas de seus poderes; o que buscam, na verdade, é isolar-se das multidões ruidosas a fim de trabalhar melhor seu caminho ao longo da Senda do Conhecimento. Mencionamos aqui a sua existência simplesmente com o fim de chamar vossa atenção para o fato de que seu poder é inteiramente Mental, e opera conforme as linhas da mais elevada Transmutação Mental, e em conformidade com o Princípio Hermético do Mentalismo. "O Universo é Mental" – *O Caibalion*.

Contudo, os discípulos e os Hermetistas com graus inferiores aos dos Mestres – os Iniciados e os Instrutores – são igualmente capazes de trabalhar paralelamente ao Plano Mental, na Transmutação Mental. Com efeito, tudo o que chamamos "fenômenos psíquicos", "influência mental", "ciência mental", "fenômenos do novo pensamento" etc., obedece às mesmas linhas gerais, pois não há senão um princípio envolvido, seja qual for o nome que se lhe atribua.

O discípulo e praticante da Transmutação Mental opera no Plano Mental, transmutando condições mentais, estados etc., em outros, de acordo com diferentes fórmulas mais ou menos eficazes. Os diversos "tratamentos", "afirmações" e "negações" etc. das escolas da ciência mental nada são além de fórmulas, frequentemente muito imperfeitas e pouco científicas, da Arte Hermética. A maioria dos praticantes modernos é muito ignorante em comparação com os antigos mestres, pois carece do conhecimento fundamental sobre o qual se fundamenta o trabalho.

Não somente é possível a qualquer um mudar ou transmutar seus próprios estados mentais por meio dos Métodos Herméticos, como também lhes é possível modificar os estados mentais dos outros da mesma maneira, em geral inconscientemente, mas muitas vezes de modo consciente, da parte de alguns que conhecem as leis e os princípios, nos casos em que as pessoas afetadas não têm informações sobre os princípios de autoproteção. E, além disso, como sabem muitos aprendizes e praticantes da moderna ciência mental, toda condição material que depende da mente dos outros pode ser mudada ou transmutada de acordo com o desejo, a vontade e os "tratamentos" reais da pessoa que deseja mudar suas condições de vida. Em termos gerais, o público está tão informado sobre essas coisas que não nos pareceu necessário mencioná-las em detalhes, uma vez que nosso objetivo, a esse respeito, consiste apenas em mostrar a Arte e o Princípio Hermético da Polaridade que subjazem a todas essas diferentes formas de práticas, boas ou más – pois a força pode ser usada em direções opostas, segundo os Princípios Herméticos da Polaridade.

Neste pequeno livro, procuramos estabelecer os princípios básicos da Transmutação Mental, para que nossos leitores possam compreender os Princípios Subjacentes e, desse modo, possuir então a Chave Mestra que abrirá as diversas portas do Princípio Hermético da Polaridade.

Iniciaremos agora uma consideração sobre o primeiro dos Sete Princípios Herméticos – o Princípio do Mentalismo, em que se explica, nas palavras de *O Caibalion*, a verdade que "o TODO é Mente; o Universo é Mental". Pedimos muita atenção e um estudo criterioso desse grande Princípio, por parte de nossos discípulos, porque o que temos aqui é, de fato, o Princípio Básico de Toda a Filosofia Hermética e da Arte Hermética da Transmutação Mental.

Capítulo 4

✭ ✭ ✭

O TODO

"Sob, e por trás do Universo, do Tempo, do Espaço e da Mudança, sempre se haverá de encontrar a Realidade Substancial – a Verdade Fundamental."

— O CAIBALION

"Substância" significa "aquilo que subjaz a todas as manifestações exteriores; a essência; a realidade essencial; a coisa em si" etc. "Substancial" significa "que tem existência concreta; que é o elemento essencial; que é real" etc. "Realidade" significa "o estado de ser real; verdadeiro, duradouro; válido; fixo; permanente; efetivo" etc.

Sob e por trás de todas as aparências ou manifestações exteriores, deverá sempre haver uma Realidade Substancial. Esta é a Lei. Ao considerar o Universo, do qual é uma unidade, o homem nada vê além de mudanças na matéria, nas forças e nos estados mentais. Ele vê que nada realmente é, mas que todas as coisa vêm A SER E SE TRANSFORMAM. Nada permanece em repouso – tudo nasce, cresce e morre –; no instante mesmo em que uma coisa atinge seu apogeu, começa a declinar – a lei do ritmo está em constante ação –, não há nenhuma realidade durável, nenhuma fixidez ou substancialidade em nada – nada é permanente, salvo a mudança. Ele vê que todas as coisas evoluem a partir de outras coisas, e adquirem outra forma – um processo constante de ação e reação; um fluxo e refluxo; criação e destruição; nascimento, crescimento e morte. Nada permanece, salvo Mudança. E, se ele for um homem que sabe pensar, perceberá que todas essas coisas mutantes não devem ser senão a aparência ou manifestação exterior de algum Poder Subjacente – alguma Realidade Substancial.

Todos os pensadores, em todos os países e épocas, compreenderam a necessidade de postular a existência dessa Realidade Substancial. Todas as filosofias dignas desse nome basearam-se nesse pensamento. Os homens deram muitos nomes a essa Realidade Substancial – alguns a chamaram pelo nome de Divindade (associada a diversos títulos); outros a chamaram de "Energia Eterna e Infinita"; outros tentaram chamá-la de "Matéria" –, mas todos reconheceram sua existência. Ela é evidente por si mesma – não precisa de nenhum argumento.

Nestas lições, temos seguido o exemplo de alguns dos maiores pensadores, tanto do mundo antigo como do moderno – os Mestres Herméticos –, e temos nos referido a esse Poder Subjacente – essa Realidade Substancial – como "o TODO", termo que nos parece ser o mais abrangente dentre os vários aplicados pelo Homem àquilo que transcende quaisquer nomes e termos.

Aceitamos e ensinamos o ponto de vista dos grandes pensadores Herméticos de todos os tempos, assim como o ponto de vista daquelas almas iluminadas que alcançaram os planos superiores do ser, e afirmam, todos, que a natureza interior do TODO é INCOGNOSCÍVEL. E isso deve ser assim, de fato, porque nada, a não ser o próprio TODO, é capaz de compreender sua própria natureza e ser.

Os Hermetistas acreditam e ensinam que o TODO, "em si mesmo", é e deve ser sempre INCOGNOSCÍVEL. Consideram que todas as teorias, suposições e especulações dos teólogos e metafísicos, no que diz respeito à natureza interior do TODO, assemelha-se aos esforços pueris das mentes finitas que anseiam por apreender os segredos do Infinito. Esses esforços sempre falharam e continuarão a falhar, tendo em vista a natureza mesma da tarefa. Aquele que se lança em tais investigações ficará dando voltas a esmo no labirinto do pensamento, até perder toda sanidade de raciocínio, ação ou conduta, terminando por ficar extremamente incapacitado para o trabalho da vida. É como o esquilo que corre freneticamente na roda de exercícios de sua gaiola, sem chegar a lugar algum – em outras palavras, um prisioneiro que nunca sai do seu ponto de partida.

Ainda mais presunçosos são aqueles que tentam atribuir ao TODO a personalidade, as qualidades, propriedades, características e atributos de si mesmos, conferindo ao TODO as emoções, sentimentos e características humanos – chegando mesmo aos traços mais desprezíveis da humanidade, como o ciúme, a suscetibilidade à lisonja e ao elogio, o desejo de oferendas e adorações, e todos os outros remanescentes dos dias em que nossa raça ainda estava na infância. Essas ideias não são dignas de pessoas esclarecidas, e vêm sendo rapidamente descartadas.

(A esta altura, talvez seja conveniente afirmar que fazemos distinção entre Religião e Teologia, entre Filosofia e Metafísica.) Para nós, a Religião significa essa realização intuitiva da existência do TODO, e a realização entre nós e ele; Teologia, por sua vez, significa as tentativas humanas de atribuir-lhe personalidade, qualidade e características; suas teorias relativas a seus assuntos, vontades, desejos, planos, desígnios, e sua apropriação do ofício de "mediadores" entre o TODO e as pessoas.

Filosofia significa, para nós, a pesquisa dedicada ao conhecimento das coisas cognoscíveis e pensáveis, ao passo que Metafísica significa a tentativa de levar a pesquisa para muito além dos limites e das regiões incognoscíveis e impensáveis, e com a mesma tendência que a da Teologia. E, por conseguinte, tanto a Religião como a Filosofia significam, para nós, coisas que têm raízes na Realidade, ao passo que a Teologia e a Metafísica parecem caniços quebradiços, enraizados nas areias movediças da ignorância, e nada mais constituem que o mais incerto apoio para a mente ou a alma do Homem. Não insistiremos com os estudantes que aceitam essas definições; só as mencionamos para mostrar a posição em que nos colocamos neste assunto. Seja como for, falaremos muito pouco sobre a Teologia e a Metafísica.

Contudo, embora a natureza essencial do TODO não se dê a conhecer, há certas verdades ligadas a sua existência que a mente humana se vê obrigada a aceitar. E um exame dessas verdades constitui um tema apropriado à indagação, particularmente quando elas são compatíveis com os ditames dos Iluminados nos Planos Superiores. Convidamos nossos leitores a fazer essas indagações.

> "AQUILO que constitui a Verdade Fundamental – a
> Realidade Substancial – está muito além de uma
> denominação verdadeira, mas os Homens
> Esclarecidos chamam-no de O TODO."
> — O CAIBALION

> *"Em sua Essência, o* TODO *é* INCOGNOSCÍVEL."
> — O CAIBALION

> *"Contudo, os ditames da Razão devem ser recebidos com hospitalidade e tratados com respeito."*
> — O CAIBALION

A razão humana, cujos ditames devemos aceitar na medida em que somos dotados de pensamento, nos ensina como proceder em relação ao TODO, sem, contudo, tentar remover o véu do Incognoscível:

1. O TODO deve ser TUDO o que REALMENTE É. Nada pode ter existência fora do TODO, pois desse modo o TODO não seria o TODO.
2. O TODO deve ser INFINITO, pois nada é capaz de defini-lo, confirmá-lo, limitá-lo ou restringi-lo. Deve ser Infinito no Tempo, ou ETERNO — deve ter existido sempre continuamente, pois não existe nada que possa tê-lo criado alguma vez, e não existe nada que se possa desenvolver a partir do nada, e, se tivesse "não sido" alguma vez, nem mesmo por um momento, ele não "seria" agora — deve existir continuamente para sempre, pois não há nada capaz de destruí-lo, nem mesmo por um instante, uma vez que alguma coisa não pode nunca tornar-se nada. É Infinito no Espaço — deve estar em Toda Parte, pois não há nenhum lugar fora do TODO —, não pode ser senão contínuo no Espaço, sem ruptura, cessação, separação ou interrupção, pois não existe nada capaz de romper, separar ou interromper sua continuidade, e nada com o que "preencher as lacunas". Deve ter um Poder Infinito, ou ser Absoluto, pois não existe

nada capaz de limitá-lo, restringi-lo, reprimi-lo, confiná-lo, perturbá-lo ou condicioná-lo – não está sujeito a nenhum outro Poder, pois não existe nenhum outro Poder.

3. O TODO deve ser IMUTÁVEL ou não sujeito à mudança em sua natureza real, pois não há nada capaz de operar mudanças nele; nada em que ele pudesse se transformar, nem a partir do que ele pudesse ter sofrido mudanças; nada pode ser-lhe acrescentado ou subtraído; não pode tornar-se maior ou menor em nenhum aspecto. Deve ter sido sempre, e permanecer sempre exatamente como é agora – o TODO – nunca houve, não há neste momento e nunca haverá nada em que possa se converter.

Por ser o TODO Infinito, Absoluto, Eterno e Imutável, deve certamente concluir-se que qualquer coisa finita, mutável, efêmera e condicionada não pode ser o TODO. E, como não existe nada fora do TODO, na verdade, então todas e quaisquer coisas finitas devem ser NULAS na Realidade. Não se preocupem nem fiquem confusos – não estamos tentando levá-los para o campo da Ciência Cristã sob o disfarce da Filosofia Hermética. Há uma possibilidade de Reconciliação desse estado de coisas aparentemente contraditório. Sejam pacientes, pois lá chegaremos no momento oportuno.

Vemos, ao nosso redor, aquilo a que se dá o nome de "Matéria", que constitui o fundamento físico de todas as formas. Será o TODO simplesmente Matéria? Absolutamente não! A Matéria não é capaz de manifestar a Vida ou a Mente e, uma vez que a Vida e a Mente se manifestam no Universo, o TODO não pode ser Matéria, pois nada pode elevar-se acima de sua própria origem; nada jamais se manifesta como efeito que não esteja na causa – nada existe como consequência que já não seja antecedente. E a Ciência

Moderna nos informa que, na verdade, não existe nenhuma coisa que se possa chamar de Matéria – o que chamamos de Matéria é simplesmente uma "energia ou força interrompida", isto é, energia ou força com baixo grau de vibração. Como afirmou recentemente um autor, "A Matéria fundiu-se em Mistério". Até a Ciência Materialista abandonou a teoria da Matéria, e agora repousa sobre a base da "Energia".

Então, o TODO é mera Energia ou Força? Nem Energia nem Força, do modo como os materialistas usam os termos, pois sua energia e força são coisas cegas, mecânicas, privadas de Vida ou Mente. A Vida ou a Mente não pode evoluir da Energia ou Força cega, pela razão que demos há pouco: "Nada pode elevar-se acima de sua própria origem, nada evolui que não tenha involuído, nada jamais se manifesta como efeito que não esteja na causa". Portanto, o TODO não pode ser mera Energia ou Força, pois, se assim fosse, não haveria na existência coisas tais como Vida e Mente, e sabemos que não é assim, pois estamos vivos e usamos a Mente para examinar essa mesma questão, do mesmo modo como estão os que afirmam que Tudo é Energia ou Força.

O que será, então, superior à Matéria ou Energia de cuja existência temos conhecimento no Universo? VIDA E MENTE! Vida e Mente em todos os seus graus variáveis de conhecimento! "Então, querem nos dizer que o TODO é VIDA E MENTE?" Sim e não! será nossa resposta. Se a pergunta remeter à Vida e à Mente do modo como nós, pobres mortais, as conhecemos, nossa resposta será: Não! O TODO não é isso! E então seremos questionados sobre o tipo de Vida e Mente que pretendemos dar a entender.

A resposta será "MENTE VIVENTE, tão superior a tudo que os mortais conhecem por essas palavras, como a Vida e a Mente são superiores às forças mecânicas, ou à matéria – MENTE VIVENTE

INFINITA, em comparação com Mente e Vida finitas". Referimo-
-nos àquilo que as almas iluminadas querem dizer quando pronunciam reverentemente a palavra "ESPÍRITO"!

O TODO é Mente Vivente Infinita – os Iluminados chamam-
-na de ESPÍRITO!

Capítulo 5

✳ ✳ ✳

O UNIVERSO MENTAL

*"O Universo é Mental –
contido na Mente do* TODO*."*
— O CAIBALION

O TODO é ESPÍRITO! Mas o que é o Espírito? Essa pergunta não tem resposta, uma vez que sua definição é praticamente a mesma do TODO, que não pode ser explicado nem definido. Espírito é simplesmente um nome que os homens dão à concepção mais elevada da Mente Vivente Infinita – significa "Essência Real" –, significa a Mente Vivente, tão superior à Vida e à Mente como as conhecemos, quanto estas últimas são superiores à Energia Mecânica e à Matéria. O Espírito transcende o nosso entendimento, e usamos o termo simplesmente para poder pensar ou falar sobre o TODO. Tendo em vista nosso pensamento e entendimento, estamos certos ao pensar no Espírito como Mente Vivente Infinita, reconhecendo, ao mesmo tempo, que não podemos entendê-lo em sua plenitude. Devemos agir assim ou parar totalmente de pensar sobre a questão.

Façamos, agora, um exame da natureza do Universo, tanto no seu todo como em suas partes. O que é o Universo? Vimos que não pode haver nada fora do TODO. Portanto, o Universo é o TODO? Não, isso não é possível porque o Universo parece ser constituído de MUITAS coisas e está em constante processo de mutação; em outras palavras, não se ajusta às ideias que estamos compelidos a aceitar a respeito do TODO, como deixamos claro em nossa última lição. Portanto, se o Universo não é o TODO, ele deve ser o Nada – e esta é a conclusão inevitável da mente num primeiro momento. Contudo, não podemos ficar satisfeitos com essa resposta, porque somos conscientes da existência do Universo. Portanto, se o Universo não é o TODO, nem o Nada, o que poderá ser? Examinemos mais detalhadamente essa questão.

Se o Universo existe ou parece existir, ele deve proceder, de alguma maneira, do TODO – deve ser uma criação do TODO. Porém, como é impossível que alguma coisa seja criada a partir do nada, o que pode estar na base da criação do TODO? Alguns filósofos responderam a essa pergunta dizendo que o TODO criou o Universo a partir de SI MESMO – isto é, a partir do ser e da substância do TODO. Mas isso não nos será útil, pois o TODO não pode ser subtraído ou dividido, como já vimos aqui; e então, repetindo, se isso fosse verdade, cada partícula do Universo não poderia ignorar seu próprio ser, o TODO. O TODO não poderia perder a consciência de si mesmo, nem tampouco CONVERTER-SE num um átomo, numa força cega ou numa coisa de existência desprezível. Alguns homens, na verdade, convencendo-se de que o TODO é realmente TUDO, e também reconhecendo sua própria existência enquanto homens, apressaram-se a concluir que eles e o TODO eram idênticos, proclamando, em altos brados, "EU SOU DEUS", para o divertimento da multidão e o lamento dos sábios. A reivindicação de um corpúsculo de que "Eu sou Homem" seria modesta em comparação.

Mas o que é, na verdade, o Universo, uma vez que não é o TODO nem foi criado pelo TODO quando este se separou em fragmentos? Que outra coisa poderá ser – de que outra coisa poderá ter sido feito? Esta é a grande questão. Examinemo-la cuidadosamente. Sabemos que o "Princípio da Correspondência" (ver Lição I) vem aqui em nosso auxílio. O velho axioma Hermético "Assim em cima como embaixo", pode ser posto a nosso serviço neste ponto. Tentemos obter um vislumbre das operações nos planos superiores mediante o exame dos nossos próprios planos. O Princípio da Correspondência deve aplicar-se tanto a este como a outros problemas.

Vejamos! No seu próprio plano de existência, como é que o Homem cria? Bem, em primeiro lugar ele pode criar fazendo algumas coisas a partir de materiais externos. Mas isso de nada servirá, pois não há materiais fora do TODO com os quais possa criar. Bem, em segundo lugar o Homem procria ou reproduz sua espécie pelo processo de geração, que é uma multiplicação pessoal obtida transferindo-se uma parte de sua substância a sua prole. Mas isso também de nada servirá, porque o TODO não pode transferir ou subtrair uma parte de si mesmo, assim como não é capaz de reproduzir-se ou multiplicar-se – no primeiro caso, haveria um descarte, e no segundo caso uma multiplicação ou adição ao TODO, duas coisas que seriam absurdas. Não há um terceiro modo que permita ao HOMEM criar? Sim, há; ele CRIA MENTALMENTE! E, ao fazê-lo, não usa nenhum material exterior, nem reproduz a si próprio, e, ainda assim, seu Espírito impregna a Criação Mental.

Seguindo o Princípio da Correspondência, estamos certos ao considerar que o TODO cria o Universo MENTALMENTE, de modo semelhante ao processo pelo qual o Homem cria Imagens Mentais. E é exatamente aqui que a voz da Razão está de acordo com a voz dos Iluminados, como nos mostram seus preceitos e escritos. São esses os preceitos dos Sábios. Foi esse o Ensinamento de Hermes.

O TODO não pode criar de nenhuma outra maneira, a não ser mentalmente, sem usar elementos materiais (e não há nada que se preste a tal uso), ou reproduzindo-se a si mesmo (o que também é impossível). Não há como fugir a essa conclusão da Razão, a qual, como dissemos, está em harmonia com os mais elevados preceitos dos Iluminados. Assim como vós podeis criar um Universo próprio em vossa mentalidade, o mesmo pode fazer o TODO. Mas vosso Universo é a criação mental de uma Mente Finita, ao passo que aquele do TODO é a criação de um Infinito. Os dois são de natureza semelhante, mas infinitamente diferentes em grau. Mais adiante, aprofundaremos nosso exame do processo de criação e manifestação. Contudo, desde já é preciso inscrever em vossa mente, com grande firmeza, o seguinte ponto: O UNIVERSO, E TUDO QUE ELE CONTÉM, É UMA CRIAÇÃO MENTAL DO TODO. Em verdade, sem qualquer dúvida, O TODO É MENTE!

> *"Em sua Mente Infinita, o TODO cria incontáveis universos que existem por imensuráveis períodos de Tempo – e ainda assim, para o TODO, a criação, evolução, declínio e morte de um milhão de Universos não parece demorar mais que um simples piscar de olhos."*
> — O CAIBALION

> "*A Mente Infinita do* TODO *é a matriz do Universo.*"
> — O CAIBALION

O Princípio de Gênero (ver Lição I e outras ainda por vir) manifesta-se em todos os planos da vida material, mental e espiritual. Porém, como já dissemos, "Gênero" não significa "Sexo" – sexo é simplesmente uma manifestação material de gênero. "Gênero" significa "relativo à geração ou criação." E onde qualquer coisa for gerada ou criada, em qualquer plano, o Princípio de Gênero deve se manifestar. E isso é igualmente verdadeiro na criação de Universos.

Contudo, você não deve concluir apressadamente que estamos ensinando que existe um Deus, ou Criador, macho ou fêmea. Essa ideia não passa de uma deturpação dos antigos preceitos sobre o assunto. O verdadeiro ensinamento é que, em si mesmo, o TODO está acima do Gênero, assim como está acima de qualquer outra Lei, inclusive daquelas que regem o Tempo e o Espaço. Ele é a Lei de onde procedem todas as Leis, e não se submete a elas. Porém, quando o TODO se manifesta no plano de geração ou criação, sua postura harmoniza-se com a Lei e o Princípio, uma vez que está se movendo sobre um plano inferior de existência. E, por conseguinte, é evidente que manifesta o Princípio de Gênero, em seus aspectos Masculino e Feminino, sobre o Plano Mental.

Essa ideia pode parecer alarmante a alguns leitores que dela tomam conhecimento pela primeira vez, mas, na verdade, todos eles já a aceitaram passivamente em suas concepções cotidianas. Falam sobre a Paternidade de Deus e a Maternidade da Natureza – sobre Deus, o Divino Pai, e a Natureza, a Mãe Universal – e, ao fazê-lo, reconhecem instintivamente o Princípio de Gênero no Universo. Não é verdade?

Contudo, a Doutrina Hermética não implica uma dualidade real – o TODO é UM – os Dois Aspectos são meros aspectos de manifestação. O ensinamento é que o Princípio Masculino manifestado pelo TODO se encontra, em certo sentido, separado da verdadeira criação mental do Universo. Ele projeta seu Desejo no Princípio Feminino (que pode ser chamado de "Natureza"), em consequência do que este último inicia o verdadeiro trabalho da evolução do Universo, de simples "centros de atividade" até o homem, e depois subindo ainda mais, tudo de acordo com Leis da Natureza bem estabelecidas e rigorosamente aplicadas. Se o leitor preferir os antigos modos de expressão, poderá considerar o Princípio Masculino como DEUS, o Pai, e o Princípio Feminino como NATUREZA, a Mãe Universal, de cuja fonte todas as coisas foram geradas. Isso é mais que uma figura poética da linguagem – é uma ideia do verdadeiro processo de criação do Universo. Mas ele deverá ter sempre em mente que o TODO não é senão Um, e que em sua Mente Infinita o Universo é gerado, criado e existe concretamente.

A aplicação da Lei da Correspondência ao leitor e à sua própria mente poderá ajudá-lo a chegar à ideia apropriada. Sabe-se que, em certo sentido, aquilo que uma pessoa chama de "Eu" permanece à parte e testemunha a criação de Imagens Mentais em sua própria mente. A parte de sua mente em que se realiza a geração mental pode ser chamada de "Mim", para distingui-la do "Eu" que permanece à parte e testemunha e examina os pensamentos, ideias e imagens do "Mim". Não devemos nos esquecer de que "Assim em cima como embaixo", nem de que os fenômenos de um plano podem ser empregados na solução dos enigmas de planos superiores ou inferiores.

Será estranho que o Leitor, a criança, sinta essa reverência instintiva pelo TODO, sentimento que chamamos de "religião" – esse respeito e reverência pela MENTE-PAI? Será estranho que, ao considerar as obras e as maravilhas da Natureza, ele seja dominado por uma poderosa sensação cujas raízes se encontram nos recessos mais profundos de seu ser? É a MENTE-MÃE que ele aperta fortemente contra seu seio, como faz a mãe com seu filho.

Tampouco devemos cometer o erro de crer que o pequeno mundo que vemos ao nosso redor, a Terra, que é simplesmente um grão de areia em comparação com o Universo, seja o próprio Universo. Existem milhões de mundos semelhantes e maiores. Há milhões e milhões de Universos iguais em existência dentro da Mente Infinita do TODO. E mesmo no nosso pequeno Sistema Solar há regiões e planos de vida mais elevados que os nossos, e entes, em comparação aos quais nós, míseros mortais, somos como as viscosas formas de vida que vivem no leito do oceano, comparadas ao Homem. Há seres com poderes e qualidades muito superiores aos que o Homem jamais sonhou que pudessem ser posse e atributo dos deuses. Não obstante, esses seres foram outrora como vós, e ainda mais inferiores; com o tempo, porém, seremos iguais a eles, ou mesmo superiores, porque esse é o Destino do Homem, como dizem os Iluminados.

E a Morte não é real, mesmo no sentido relativo do termo – ela nada mais é que o Nascimento para uma nova vida – subiremos mais alto, cada vez mais alto, em direção a planos de vida cada vez mais elevados, por períodos imensuráveis de tempo. O Universo é nossa morada, e exploraremos seus mais profundos recessos antes do fim dos Tempos. Habitamos a Mente Infinita do TODO, e nossas possibilidades e oportunidades são infinitas, tanto no tempo como no espaço. E, ao fim do Grande Ciclo de Éons, quando o TODO atrair a si todas as suas criações, seguiremos com alegria, pois então nos será dada a conhecer a Verdade Total de ser Um com o TODO. Assim falam os Iluminados – aqueles que avançaram muito ao longo do Caminho.

E, enquanto isso, descansemos com paz e serenidade – estaremos seguros e protegidos pelo Poder Infinito da MENTE PAI-MÃE.

> *"Dentro da Mente Pai-Mãe,*
> *os filhos mortais estão em sua morada."*
> — O CAIBALION

> *"No Universo não há ninguém*
> *que não tenha Pai ou Mãe."*
> — O CAIBALION

Capítulo 6

* * *

O PARADOXO DIVINO

"Os falsos sábios, reconhecendo a irrealidade comparativa do Universo, imaginam que podem desafiar suas leis — estes são loucos, vãos e presunçosos que se arrebentam contra as rochas e são despedaçados pelos elementos devido a sua loucura. O verdadeiro sábio, conhecedor da natureza do Universo, emprega a Lei contra as leis; o superior contra o inferior; e, pela Arte da Alquimia, transmuta as coisas indesejáveis no que é preciso, o que o faz triunfar. O Domínio não consiste em sonhos anormais, em visões e ideias fantásticas, mas sim no uso das forças superiores contra as inferiores — escapando dos sofrimentos dos planos inferiores mediante vibrações nos planos superiores. A Transmutação, e não a negação presunçosa, é a arma do Mestre."

— O CAIBALION

Este é o Paradoxo do Universo, que resulta do Princípio da Polaridade que se manifesta quando o TODO começa a Criar. É preciso segui-lo com atenção, pois assinala a diferença entre a falsa e a verdadeira sabedoria. Quanto ao TODO INFINITO, o Universo, suas Leis, seus Poderes, sua Vida e seus Fenômenos, são como coisas testemunhadas no estado de Meditação ou Sonho; para tudo o que é Finito, porém, o Universo deve ser tratado como Real, e a vida, a ação e o pensamento devem ser baseados nele, de modo a concordar com um entendimento da Verdade Superior, cada qual de acordo com seu próprio Plano e Leis. Se o TODO fosse imaginar que o Universo fosse, de fato, real, então pobre do Universo, pois ele não teria nenhuma rota de fuga do inferior para o superior, em direção ao divino – e desse modo o Universo se tornaria fixo e o progresso passaria a ser uma impossibilidade.

E se o Homem, devido a uma falsa sabedoria, considerar as ações, as vidas e os pensamentos do Universo como um mero sonho (semelhante aos seus próprios sonhos finitos), esse Universo se tornaria verdadeiramente assim para ele e, como um sonâmbulo que gira em falso e tropeça num círculo vicioso, sem fazer nenhum progresso e vendo-se forçado, ao final, a despertar ferido e vertendo sangue em resultado das Leis Naturais que havia ignorado. Conservem sua mente sempre voltada para a Estrela, mas permaneçam atentos aos vossos passos, para não caírem no lodaçal, em razão de vosso olhar permanentemente voltado para o alto. Não se esqueçam do Paradoxo Divino segundo o qual o Universo é e NÃO É. Lembrem-se sempre dos Dois Polos da Verdade – o Absoluto e o Relativo. E muito cuidado com as Meias Verdades.

Aquilo que os Hermetistas conhecem como "a Lei do Paradoxo" é um aspecto do Princípio da Polaridade. Os escritos Herméticos estão cheios de referências ao aparecimento do Paradoxo na consideração dos problemas da Vida e da Existência. Os Instrutores previnem constantemente os seus discípulos contra o erro de omitir o "outro lado" de cada questão. E as suas admoestações se referem particularmente aos problemas do Absoluto e do Relativo, que deixam perplexos todos os estudantes de Filosofia, e que levam tantos a pensar e agir contrariamente ao que em geral se conhece como "senso comum". E precavemos todos os discípulos, advertindo-os a adquirir uma compreensão profunda do Paradoxo Divino do Absoluto e do Relativo, para não se deixarem atolar no lodaçal da Meia Verdade. Esta lição particular foi escrita com esse objetivo. É preciso aprendê-la bem!

A primeira ideia que ocorre ao bom pensador, depois de ele ter compreendido bem a verdade que o Universo é uma Criação Mental do TODO, é que o Universo, e tudo o que ele contém, é mera ilusão, irrealidade; ideia contra a qual os seus instintos se rebelam. Contudo, esta e todas as outras grandes verdades podem ser consideradas a partir dos pontos de vista Absoluto e Relativo. Do ponto de vista Absoluto, quando comparado com o TODO em si, o Universo tem a natureza de uma ilusão, um sonho, uma fantasmagoria. Reconhecemos esse fato, inclusive, do nosso ponto de vista ordinário, porque falamos do mundo como "um espetáculo transitório" que vai e vem, nasce e morre, pois o elemento de impermanência e mudança, limitação e insubstancialidade, deve estar sempre associado à ideia de um Universo criado, quando ele se opõe à ideia do TODO, sejam quais forem nossas crenças a respeito de ambos. Filósofos, metafísicos, cientistas e teólogos estão, todos, de acordo com essa ideia, e a reencontramos em todas as formas de pensamentos filosóficos e concepções religiosas, assim como nas teorias das respectivas escolas de metafísica e teologia.

Assim, os Preceitos Herméticos não pregam a insubstancialidade do Universo com palavras mais altissonantes do que aqueles com as quais estamos familiarizados, ainda que seu modo de apresentar o tema possa parecer uma coisa mais assustadora. Em certo sentido, qualquer coisa que tenha um começo e um fim pode ser irreal e não verdadeira, e o Universo está sujeito à regra em todas as escolas de pensamento. Do ponto de vista Absoluto, nada há de Real a não ser o TODO, sejam quais forem os termos que usemos em nossas reflexões ou discussões sobre o tema. Quer o Universo seja criado de Matéria, quer seja uma Criação Mental na Mente do TODO, ele é insubstancial, impermanente, uma coisa de tempo, espaço e mudança. O leitor deve compreender esse fato em sua totalidade antes de emitir qualquer juízo de valor sobre a concepção Hermética da natureza Mental do Universo. Deve também examinar cada uma das outras concepções, para ver se o que sobre elas afirmamos não é verdadeiro.

Contudo, o ponto de vista Absoluto nos mostra um só lado da imagem; o outro lado é o Relativo. A Verdade Absoluta foi definida como "as Coisas como a mente de Deus as conhece", ao passo que a Verdade Relativa são "as Coisas como a mais elevada razão do Homem as compreende". Assim, enquanto para o TODO o Universo é irreal e ilusório, um mero sonho ou o resultado de uma meditação, para as mentes finitas que fazem parte desse mesmo Universo e o observam através das suas faculdades mortais, ele é verdadeiramente real e assim deve ser considerado. Ao reconhecer o ponto de vista Absoluto, não devemos cometer o erro de negar ou ignorar os fatos e fenômenos do Universo tal como se apresentam às nossas faculdades mortais: lembremo-nos de que não somos o TODO.

Para dar exemplos bem conhecidos, todos admitimos que a Matéria "existe" para os nossos sentidos, e estaríamos errados se não o fizéssemos. E, inclusive, até nossa mente finita compreende o postulado científico de que a Matéria não existe do ponto de vista científico; o que chamamos de Matéria deve ser considerado como uma agregação de átomos que constituem, em si mesmos, nada além de um agrupamento de unidades de força chamadas elétrons e íons, que estão em constante vibração e movimento circular. Golpeamos uma pedra com o pé e sentimos o impacto – parece ser real, mas é simplesmente o que dissemos acima. Mas não nos esqueçamos de que nosso pé, que sente o impacto por meio do nosso cérebro, é igualmente Matéria, constituído, portanto, de elétrons e, nesse sentido, o mesmo se pode dizer do nosso cérebro. E, no melhor dos casos, não fosse por nossa Mente, não teríamos a menor condição de reconhecer o pé ou a pedra.

Assim, o ideal do artista ou escultor, que ele tanto se empenha em reproduzir na tela ou no mármore, parece-lhe verdadeiramente real. Assim se produzem os personagens na mente do autor ou dramaturgo, o qual procura expressá-los de modo que os outros possam reconhecê-los. E se isto é verdade no caso da nossa mente finita, qual não será o grau de Realidade nas Imagens Mentais criadas na Mente do Infinito? Ah, meus amigos, para os mortais esse Universo de Mentalidade é verdadeiramente real; é o único a que jamais teremos acesso, ainda que nos elevemos por toda uma sucessão de planos, de um grau superior a outro ainda mais superior. Para conhecê-lo de outro modo, como o prova nossa experiência atual, teríamos de ser o TODO mesmo. É verdade que, quanto mais nos elevarmos na escala – quanto mais nos aproximarmos da "mente do Pai" –, mais evidente se tornará a natureza ilusória das coisas finitas, mas, enquanto o TODO não nos absorver finalmente em si, a visão atual não irá desaparecer.

Portanto, não precisamos nos deter sobre a natureza da ilusão. Agora que reconhecemos a natureza real do Universo, procuremos compreender suas leis mentais e nos esforcemos em empregá-las para obter o melhor resultado para nosso progresso na vida, ao caminharmos de um plano de existência a outro plano. As Leis do Universo não são menos férreas devido a sua natureza mental. Tudo, exceto o TODO, é regido por elas. Aquilo que está NA MENTE INFINITA DO TODO é REAL em grau relativo somente a essa Realidade em si, que faz parte absoluta da natureza do TODO, sem qualquer contingência.

Assim, não vos sintais inseguros ou temerosos — somos todos PARTES INTEGRANTES DA MENTE INFINITA DO TODO e nada nos pode prejudicar ou intimidar. Fora do TODO, não há força capaz de agir sobre nós. Podemos, pois, ficar calmos e tranquilos. Assim que dela nos apercebermos, veremos que há todo um mundo de conforto e tranquilidade nessa constatação. Então dormiremos em paz, "calmos e tranquilos, embalados à beira do abismo", repousando a salvo e com segurança no Oceano da Mente Infinita, que é o TODO. O TODO é, de fato, o lugar onde "vivemos e nos movemos com todo o nosso ser".

A Matéria também é Matéria para nós enquanto habitamos o plano da Matéria, apesar de sabermos que ela não passa de uma agregação de "elétrons" ou partículas de Força, que vibram rapidamente e giram umas ao redor das outras na formação de átomos: os átomos, por sua vez, vibram e giram formando moléculas que, por sua vez, formam as grandes massas de Matéria. A Matéria não se converte em Matéria inferior, quando levamos a pesquisa ainda mais longe, e aprendemos dos Preceitos Herméticos que a "Força", da qual os elétrons são unidades, é simplesmente uma manifestação da mente do TODO e, como tudo o mais no Universo, é de natureza puramente Mental. Enquanto estivermos no Plano da

Matéria, devemos reconhecer seus fenômenos – podemos controlá-la (com fazem todos os Mestres de maior ou menor grau), mas devemos fazê-lo aplicando as forças superiores. Cometemos uma loucura quando tentamos negar a existência da Matéria em seu aspecto relativo. Podemos negar o seu domínio sobre nós – e estaremos agindo corretamente ao assim proceder –, mas não devemos ignorá-la em seu aspecto relativo, pelo menos enquanto estivermos em seu plano.

As Leis da Natureza não se tornam menos constantes ou efetivas quando as conhecemos, igualmente, como meras criações mentais. Elas estão em pleno efeito nos diversos planos. Nós superamos as leis inferiores aplicando leis superiores – e exclusivamente dessa maneira. Contudo, não podemos fugir à Lei, nem nos elevarmos totalmente por sobre elas. Nada, a não ser o TODO, pode fugir à lei – e isso porque o TODO é a LEI em si, de onde derivam todas as outras Leis. Os Mestres mais avançados podem adquirir os poderes geralmente atribuídos aos deuses dos homens; e há incontáveis categorias de ser, na grande hierarquia da vida, cuja existência e poder transcendem os dos mais elevados Mestres entre os homens num grau impensável para os mortais; contudo, o mais elevado Mestre e o mais elevado Ser devem curvar-se à Lei e ser como Nada aos olhos do TODO. Portanto, se mesmo esses Seres mais elevados, cujos poderes excedem até aqueles atribuídos pelos homens a seus deuses – se até esses Seres mais elevados estão subordinados à Lei, imaginai a presunção do homem mortal, da nossa raça e do nosso grau, quando ousa considerar as Leis da Natureza como "irreais", visionárias e ilusórias, porque chegou a compreender a verdade de que as Leis são de natureza mental e simples Criações Mentais do TODO. Essas Leis, às quais o TODO atribuiu a função de governar, não podem ser desafiadas nem questionadas. Elas durarão enquanto o Universo durar – porque o Universo só existe em virtude dessas Leis, que formam o seu arcabouço e o mantêm unido.

 Embora explique a verdadeira natureza do Universo mediante o princípio de que tudo é mental, o Princípio Hermético do Mentalismo não muda as concepções científicas do Universo, da Vida ou da Evolução. Com efeito, a ciência simplesmente corrobora os Preceitos Herméticos. Esses preceitos ensinam que a natureza do Universo é "Mental", conquanto a ciência moderna ensine que é "Material"; ou (nos últimos tempos) que é Energia, em última análise. Os Preceitos Herméticos não incorrem no erro de refutar os princípios básicos de Herbert Spencer, que afirmam a existência de uma "Energia Infinita e Eterna da qual todas as coisas procedem". Com efeito, os Hermetistas reconhecem na filosofia de Spencer a mais elevada exposição das operações das Leis Naturais que foram promulgadas até hoje, e eles acreditam que Spencer foi uma reencarnação de um antigo filósofo que viveu no Egito, milhares de anos antes, e que posteriormente encarnou como Heráclito, filósofo grego que viveu em 500 a.C. E eles consideram que sua afirmação da "Energia Infinita e Eterna" está perfeitamente de acordo com os Preceitos Herméticos, sempre com o acréscimo de sua própria doutrina, segundo a qual essa "Energia" (de Spencer) é a Energia da Mente do TODO. Com a Chave Mestra da Filosofia Hermética, o seguidor de Spencer poderá abrir várias portas das concepções filosóficas internas do grande filósofo inglês, cuja obra apresenta os resultados da preparação das suas encarnações precedentes. Seus preceitos sobre a Evolução e o Ritmo estão em consonância quase perfeita com os Preceitos Herméticos que remetem ao Princípio do Ritmo.

Assim, o estudante do Hermetismo não deve desprezar nenhum de seus pontos de vista científicos favoritos a respeito do Universo. Tudo que se lhe pede que faça consiste em apreender o princípio subjacente de que "o TODO é Mente; o Universo é Mental – está contido na Mente do TODO". Ele se dará conta de que os outros seis dos Sete Princípios irão "ajustar-se" a seus conhecimentos científicos e servirão para trazer à luz pontos obscuros.

Nada nos deve parecer estranho ao encontrarmos a influência do pensamento Hermetista nos primitivos filósofos gregos, em cujas ideias fundamentais se baseiam, em grande parte, as teorias da ciência moderna. A aceitação do Primeiro Princípio Hermético (o do Mentalismo) é o único grande ponto de diferença entre a Ciência Moderna e os estudantes Hermetistas, e a Ciência vem se aproximando aos poucos das posições herméticas na marcha cega que ela empreende para encontrar um caminho que a tire do Labirinto em que tem vagado em sua busca pela Realidade.

O objetivo desta lição é gravar na mente dos nossos estudantes o fato de que, para todos os intentos e propósitos, o Universo e suas leis, assim como seus fenômenos, são exatamente tão REAIS, naquilo que diz respeito ao Homem, como o seriam na hipótese do Materialismo ou do Energismo. Sob qualquer hipótese o Universo, no seu aspecto exterior, é mutável, sempre cambiante e transitório – e, por esse motivo, privado de substancialidade e realidade. Mas (estejam atentos ao outro polo da verdade), sob qualquer das mesmas hipóteses, somos compelidos a AGIR E VIVER como se as coisas transitórias fossem reais e substanciais. Sempre com a diferença, entre as diversas hipóteses – que, para os antigos pontos de vista, o Poder Mental era ignorado como Força Natural, ao passo que, do ponto de vista do Mentalismo, ele se torna a Maior Força Natural. E essa diferença revoluciona a Vida daqueles que compreendem o Princípio, as leis e as práticas que dele procedem.

E assim, finalmente, todos os discípulos devem compreender as vantagens do Mentalismo e aprender a conhecer, usar e aplicar as leis que dele resultam. Não devem, porém, ceder à tentação que, como afirma O *Caibalion*, domina os falsos sábios e faz com que se deixem hipnotizar pela aparente irrealidade das coisas, tendo como consequência o fato de vagarem pelas sombras, vivendo num mundo de sonhos, ignorando o trabalho prático e a vida do homem até que, no fim das contas "sejam lançados de encontro às rochas e despedaçados pelos elementos, por conta da sua loucura". Melhor é seguir o exemplo do sábio, como recomenda a mesma autoridade (O *Caibalion*): "Use a Lei contra as Leis"; o superior contra o inferior; e, pela Arte da Alquimia, transforme as coisas abjetas em valiosas, e será assim que alcançarás o triunfo". Seguindo a autoridade, combatamos também a falsa sabedoria (que não passa de loucura) que ignora a verdade segundo a qual: "A Mestria não se manifesta por meio de sonhos anormais, visões ou ideias fabulosas, mas recorre às forças superiores contra as inferiores – evitando os sofrimentos dos planos inferiores mediante vibrações nos planos superiores". Tenham sempre em mente, discípulos, que a "Transmutação, e não a negação presunçosa, é a arma do Mestre". As citações acima foram extraídas de O *Caibalion*, e seriam de extrema importância para todos os adeptos que as conseguissem fixar na memória.

Não vivemos num mundo de sonhos, mas sim num Universo que, embora relativo, é real na medida em que diz respeito a nossa vida e nossas ações. A nossa razão de ser no Universo não é negar sua existência, mas sim VIVER, usando as Leis para nos elevar dos graus inferiores aos graus superiores, dando o melhor de nós nas circunstâncias que surgem a cada dia e vivendo – na medida do possível – conforme nossas ideias e ideais mais elevados. O verdadeiro Sentido da Vida não se dá a conhecer ao homem nesse plano – as maiores autoridades e a nossa própria intuição nos dizem que não cometeríamos erro ao viver da melhor maneira e realizando a tendência Universal na mesma direção, em que pesem as aparentes evidências em contrário. Todos estamos no Caminho – e a estrada conduz sempre para cima, com frequentes locais de repouso.

Leiam a Mensagem de *O Caibalion* – e sigam o exemplo do "sábio", evitando os erros do "falso sábio", que perece por conta de sua loucura.

Capítulo 7

✶ ✶ ✶

"O TODO" EM TUDO

"Enquanto Tudo está no TODO, *também é verdade que o* TODO *está em Tudo. Aquele que compreende realmente essa verdade alcançou o grande conhecimento."*
— O CAIBALION

Quantas vezes a maioria das pessoas ouviu repetir a declaração que a sua Divindade (chamada por muitos nomes) era "Todo em Tudo", e com que frequência e intensidade não desconfiaram elas da verdade oculta, encoberta por essas palavras tão descuidadamente pronunciadas? A expressão comumente usada é uma lembrança da antiga Máxima Hermética acima citada. Como diz *O Caibalion*: "Aquele que compreende realmente esta verdade alcançou o grande conhecimento". E, sendo assim, examinemos agora essa verdade, cuja compreensão é tão plena de significado. Nessa exposição da verdade – essa Máxima Hermética – oculta-se uma das maiores verdades filosóficas, científicas e religiosas.

Explicamos ao leitor o Preceito Hermético acerca da Natureza Mental do Universo – a verdade segundo a qual "o Universo é Mental – está dentro da Mente do TODO". Diz *O Caibalion* na passagem citada acima: "Tudo está no TODO". Mas atente-se também para a declaração correlata em que se afirma: "Também é verdade que o TODO está em TUDO". Essa declaração aparentemente contraditória é reconciliável pela Lei do Paradoxo. Trata-se, aliás, de uma exata Declaração Hermética das relações que existem entre o TODO e o seu Universo Mental. Vimos que "Tudo está no TODO", vejamos agora o outro aspecto da questão.

Segundo os Preceitos Herméticos, o TODO é Imanente ("tem permanência intrínseca; é inerente; habita") no seu Universo, assim como em cada parte, partícula, unidade ou combinação dentro do Universo. Essa afirmação é geralmente explicada pelos Professores por meio de uma alusão ao Princípio da Correspondência. O Professor ensina o discípulo a formar uma Imagem Mental de uma coisa, uma pessoa ou uma ideia, alguma coisa que tenha uma forma mental; o exemplo favorito é o do autor ou do dramaturgo que forma para si uma ideia de seus personagens, ou o do pintor ou escultor no processo de criação da imagem de um ideal que ele procura exprimir em sua arte. Em cada caso, o discípulo descobrirá que, enquanto a imagem tem sua existência e seu ser unicamente dentro de sua própria mente, ainda assim ele – o estudante, o autor, o dramaturgo, o pintor ou o escultor, é também, em certo sentido, imanente à imagem mental em que permanece e habita. Em outras palavras, toda a virtude, vida, espírito e realidade da imagem mental é derivada da "mente imanente" do pensador. Aquele que refletir sobre isto por um momento não demorará a apreender a ideia aí contida.

Para tomarmos um exemplo moderno, digamos que Otelo, Iago, Hamlet, Lear e Ricardo III, existiram somente na mente de Shakespeare, no tempo da sua concepção ou criação. E ainda, Shakespeare também existiu em cada um desses personagens, dando-lhes seu espírito, sua vitalidade e ação. Qual é o "espírito" dos personagens que conhecemos como Wilkins Micawber, Oliver Twist, Uriah Heep; será Dickens, ou cada um desses personagens terá um espírito pessoal, independente do seu criador? Têm a Vênus de Médici, a Madona Sistina, o Apolo de Belvedere, espírito e realidade próprios, ou são representantes do poder espiritual e mental de seus criadores? A Lei do Paradoxo demonstra que as duas proposições são verdadeiras, consideradas a partir de dois pontos de vista apropriados. Micawber é ao mesmo tempo Micawber e Dickens. E, de novo, conquanto se possa dizer que Micawber é Dickens, não há identidade entre Dickens e Micawber. O homem, como Micawber, pode exclamar: "O Espírito do meu Criador é inerente em mim – e, no entanto, eu não sou ELE!" Como isso é diferente da meia verdade tão clamorosamente apregoada pelos falsos sábios, que varre os ares com gritos estridentes do tipo "Eu sou Deus!". Imaginai o pobre Micawber ou o sorrateiro Uriah Heep, gritando: "Eu sou Dickens"; ou, em algumas peças de Shakespeare, um bufão que anuncia, com grandiloquência, que "Eu sou Shakespeare!". O TODO está no verme, mas este está longe de ser o TODO. E, ainda assim, persiste a maravilha de que, embora o verme exista unicamente como uma coisa inferior, criada e existente no interior da Mente do TODO – ele, o TODO, é imanente à minhoca e às partículas que a constituem. Haverá algum mistério maior do que este do "Tudo no TODO, e o TODO em Tudo?

O estudante certamente perceberá que os exemplos dados acima são necessariamente imperfeitos e inadequados, uma vez que representam a criação de imagens mentais em mentes finitas, ao passo que o Universo é uma criação da Mente Infinita – e a diferença entre os dois polos as separa. E, no entanto, tudo é simplesmente uma questão de grau – o mesmo Princípio está em operação – o Princípio da Correspondência se manifesta de um lado e do outro – "Assim em Cima como Embaixo"; Assim Embaixo como em Cima".

E, na medida em que o Homem se dê conta da existência do Espírito Inerente, imanente dentro de seu ser, ele subirá na escala espiritual da vida. Esse é o significado de "desenvolvimento espiritual" – o reconhecimento, a realização e a manifestação do Espírito dentro de nós. Procure não se esquecer nunca desta última definição. Ela contém a Verdade da Verdadeira Religião.

Existem muitos planos de Existência, muitos subplanos de Vida, muitos graus de existência no Universo. E tudo depende do avanço dos seres na escala, que em sua extremidade inferior é a matéria mais grosseira, e a superior só é separada pela divisão mais sutil do ESPÍRITO do TODO. E, para cima e adiante, no transcurso dessa escala da vida, tudo está em movimento. Tudo está no caminho, cujo fim é o TODO. Todo progresso é uma Volta à Morada. Tudo vai para cima e adiante, apesar de todas as aparências enganosamente contraditórias. Essa é a mensagem dos Iluminados.

Os Preceitos Herméticos relativos ao processo da Criação Mental do Universo ensinam que, no começo do Ciclo de Criação, o TODO, em seu aspecto de "Ser", projeta a sua Vontade sobre seu aspecto de "Vir a Ser", e inicia-se o processo de criação. Ensina-se que o processo consiste no rebaixamento da Vibração até que se alcance um grau muito baixo de energia vibratória, quando então se manifesta a forma mais grosseira de Matéria possível. Esse processo é chamado de "estágio de Involução", em que o TODO se torna "implicado" ou "envolvido" em sua criação. Os Hermetistas acreditam que esse processo tem uma Correspondência com o processo mental de um artista, escritor ou inventor, que se envolve tão estreitamente com sua própria criação mental que quase se esquece de sua própria existência e que, durante esse período provisório, quase "vive em sua criação". Se, em vez de "envolvido", usarmos a palavra "extasiado", talvez possamos dar uma melhor ideia do que pretendemos dizer.

Esse estágio Involuntário da Criação é às vezes chamado de "Efusão" da Energia Divina, assim como o estado Evolutivo é às vezes chamado de "Infusão". Considera-se que o polo extremo do processo Criativo seja o mais distanciado do TODO, enquanto o início do estágio Evolutivo é tido como o princípio da oscilação de retorno de pêndulo do Ritmo – uma ideia de "volta à casa" que se encontra em todos os Preceitos Herméticos.

Os Preceitos ensinam que, durante a "Efusão", as vibrações tornam-se cada vez mais baixas até que, finalmente, o impulso cessa e a oscilação de retorno tem início. Mas há uma diferença: enquanto na "Efusão" as forças criadoras se manifestam compactamente e como um TODO, desde o início do estágio Evolutivo ou de "Absorção" manifesta-se a Lei da Individualização – isto é, a tendência a separar em Unidades de Força, até que finalmente aquilo que se separou do TODO como energia não individualizada retorne à sua origem como incontáveis Unidades de Força poderosamente desenvolvidas, depois de ter alcançado os mais altos graus da escala por meio da Evolução Física, Mental e Espiritual.

Os antigos Hermetistas usam a palavra "Meditação" para descrever o processo da criação mental do Universo na Mente do TODO; também empregam frequentemente a palavra "Contemplação". Contudo, a ideia pretendida parece ter sido aquela do uso da

Atenção Divina. A palavra "Atenção" provém de uma raiz latina que significa "estender-se, desdobrar-se", portanto, o ato de Atenção é realmente um "desdobramento, uma extensão" da energia mental, de modo que a ideia subjacente é prontamente entendida quando examinamos o significado real da "Atenção".

Os Preceitos Herméticos acerca do processo de Evolução são os que apresentamos a seguir: o TODO, tendo refletido sobre o princípio da Criação — tendo, assim, estabelecido os fundamentos materiais do Universo, tendo-o trazido à existência por meio de sua formulação mental, gradualmente desperta da sua Meditação e, assim, começa a manifestar o processo de Evolução nos planos material, mental e espiritual, sucessivamente e em ordem. É assim que começa o movimento de ascensão — e tudo passa a mover-se em direção ao espiritual. A Matéria torna-se menos grosseira; as Unidades passam a existir; as combinações começam a se formar; a Vida aparece e manifesta-se em formas cada vez mais elevadas, e a Mente entra em processo de evidência cada vez maior; as vibrações aumentam cada vez mais rapidamente. Em suma, todo o processo da Evolução, em todas as suas fases, tem início e realiza-se de acordo com as Leis estabelecidas do processo de "Infusão". Tudo isso ocupa imensuráveis éons do tempo do Homem, cada um dos quais contém incontáveis milhões de anos. Ainda assim, porém, os Iluminados nos ensinam que a criação completa de um Universo, aí incluídas a Involução e a Evolução, mal chega a ser "um piscar de olhos" para o TODO. No fim dos inúmeros ciclos de *éons* de tempo, o TODO afasta sua Atenção, sua Contemplação e Meditação do Universo, pois a Grande Obra está terminada — e Tudo se retira para o TODO, de onde proveio. Contudo, ó Mistério dos Mistérios! — o Espírito de cada alma não é aniquilado, mas sim infinitamente expandido; confundem-se a Criatura e o Criador. Tal é o relato do Iluminado!

O exemplo acima apresentado da "meditação", e do subsequente "despertar da meditação" do TODO, é sem dúvida apenas uma tentativa, da parte dos Mestres, para descrever o processo Infinito por um exemplo finito. E, ainda: "Assim em Cima como Embaixo". Existe apenas uma diferença de grau. E, assim como o TODO abandona sua meditação sobre o Universo, com o tempo o Homem também deixa de manifestar-se no Plano Material e aprofunda-se cada vez mais no Espírito inerente, que é, na verdade, "O Ego Divino".

Há outra questão sobre a qual desejamos vos informar nesta lição, e por pouco ela não invade o terreno especulativo da Metafísica, embora nosso objetivo seja tão somente mostrar a futilidade dessa especulação. Aludimos à questão que inevitavelmente vem à mente de todos os pensadores que se aventuraram a investigar a Verdade. A pergunta é: "POR QUE O TODO cria os Universos?" A pergunta pode ser feita de diferentes maneiras, mas a que vai acima é o ponto fundamental da indagação.

Os homens empenharam-se em responder a essa pergunta, mas ainda não há resposta digna do nome. Alguns imaginaram que o TODO tinha algo a ganhar com isso, o que é absurdo, pois o que poderia ganhar o TODO que já não possuísse? Outros buscaram a resposta na ideia de que o TODO "queria ter alguma coisa para amar", e outros responderam que ele o havia criado por prazer ou divertimento, ou porque "estava solitário", ou para manifestar seu poder. Todas essas explicações e respostas são pueris, pertencentes ao período infantil do pensamento.

Outros procuraram explicar o mistério com base no pressuposto de que o TODO se vira "obrigado" a criar, em virtude de sua própria "natureza interna" – seu "instinto criador". Essa ideia é mais avançada que as demais, mas seu ponto fraco está no fato de que o TODO possa ser "obrigado" por qualquer coisa, quer interna, quer externa. Se sua "natureza interior" ou seu "instinto criador" o obrigou a fazer qualquer coisa, então a "natureza interna" ou o "instinto criador" seria o Absoluto, em vez do TODO; desta perspectiva, porém, uma parte da proposição cai por terra. E, no entanto, o TODO cria e manifesta, e parece encontrar algum tipo de satisfação em fazê-lo. E é difícil fugir à conclusão de que, em algum grau infinito, deve haver no homem alguma coisa que corresponda a uma "natureza interior" ou a um "instinto criador", com um desejo e uma vontade correspondentemente infinitos. Não poderia Agir, a menos que Quisesse Agir, e não poderia Querer Agir a menos que Desejasse Agir; e não Desejaria Agir a menos que isso lhe desse alguma Satisfação. E todas essas coisas pertenceriam a uma "Natureza Interior", e poderiam ser postuladas como se estivessem de acordo com a Lei de Correspondência. Ainda assim, porém, preferimos pensar no TODO como se sua atuação fosse totalmente LIVRE de qualquer influência, tanto interna como externa. Esse é o problema que se encontra na raiz da dificuldade – e a dificuldade que se encontra na raiz do problema.

Estritamente falando, é impossível dizer que o TODO tenha uma razão qualquer para agir, pois uma "razão" implica uma "causa", e o TODO está acima de toda Causa e Efeito, a não ser quando Quer tornar-se Causa, momento em que o Princípio se põe em movimento. Assim, torna-se muito clara ao leitor a constatação de que a matéria é Impenetrável, do mesmo modo como o TODO é Incognoscível. Assim como dizemos que o TODO simplesmente "é" –, também somos obrigados a dizer que "O TODO AGE PORQUE AGE". Enfim, o TODO é toda Razão em si mesma; toda Lei em si mesma; toda Ação em si mesma – e podemos dizer, sem medo de errar, que o TODO é a sua Própria Razão; a sua própria Lei; a sua própria Ação; ou que o TODO, a sua Razão, a sua Ação, a sua Lei, são UM, e que todos esses nomes designam a mesma coisa. Na opinião daqueles que lhes estão ministrando essas lições, é preciso procurar a resposta no EU INTERIOR do TODO, junto com seu Segredo da Existência.

Em nossa opinião, a Lei da Correspondência compreende somente esse aspecto do TODO, ao qual podemos nos referir como "O Aspecto do DEVIR". Por trás desse Aspecto encontra-se "O Aspecto de SER", em que todas as Leis se perdem na LEI; todos os Princípios imergem no PRINCÍPIO – e o TODO, o PRINCÍPIO, o SER, são IDÊNTICOS, UM E O MESMO. Nesse ponto, portanto, a especulação metafísica é fútil. Abordamos o assunto aqui simplesmente para mostrar que reconhecemos a pergunta, e também o absurdo das respostas costumeiras da metafísica e da teologia.

Por último, talvez interesse aos nossos estudantes aprender que, enquanto alguns dos antigos e modernos Professores Herméticos tenderam mais a aplicar o Princípio da Correspondência à questão, o que os levou à conclusão da "Natureza Interior", as lendas nos dizem que HERMES, o Grande, ao ser inquirido por seus discípulos mais avançados sobre essa questão, respondia-lhes PRESSIONANDO FORTEMENTE UM LÁBIO CONTRA O OUTRO e não dizia nenhuma palavra, indicando que NÃO HAVIA RESPOSTA. Contudo, ele talvez tenha pretendido aplicar o axioma de sua filosofia, segundo o qual "Os lábios da Sabedoria estão cerrados, a não ser para os ouvidos do Entendimento", acreditando que nem mesmo seus discípulos mais avançados não possuíam o Entendimento que os habilitava à aquisição daquele Conhecimento. Seja como for, se Hermes possuía o Segredo, ele deixou de compartilhá-lo e, no que diz respeito ao mundo, os LÁBIOS DE HERMES ESTÃO FECHADOS a este respeito. E, onde o Grande Hermes hesitou em falar, que mortal ousaria ensinar?

Contudo, não se esqueçam de que, qualquer que seja a resposta a essa questão – se é que tal resposta existe –, permanece a verdade de que "Enquanto Tudo está no TODO, é igualmente verdadeiro que o TODO está em Tudo". O Ensinamento é enfático neste ponto. E podemos acrescentar as palavras finais da citação: "Aquele que realmente compreender essa verdade terá alcançado um grande conhecimento".

Capítulo 8

✶ ✶ ✶

OS PLANOS DA CORRESPONDÊNCIA

*"Assim em cima como embaixo;
assim embaixo, como em cima."*
— O CAIBALION

O segundo Grande Princípio Hermético implica a verdade de que há uma harmonia, uma afinidade e correspondência entre os diferentes planos de Manifestação, Vida e Existência. Esta afirmação é uma verdade porque tudo que o Universo contém, as mesmas leis, os mesmos princípios e as mesmas características se aplicam a cada unidade, ou combinação de unidades de atividade, conforme cada uma manifesta seus fenômenos em seu próprio plano.

Para fins de conveniência de pensamento e estudo, a Filosofia Hermética considera que o Universo pode ser dividido em três grandes classes de fenômenos, conhecidos como os Três Grandes Planos, a saber:

I. O GRANDE PLANO FÍSICO
II. O GRANDE PLANO MENTAL
III. O GRANDE PLANO ESPIRITUAL

Essas divisões são mais ou menos artificiais e arbitrárias, pois a verdade é que todas elas não são senão graus ascendentes da grande escala da Vida, cujo ponto mais baixo é a Matéria indiferenciada, e o ponto mais elevado o do Espírito. E, além disso, os diversos Planos se interpenetram, tornando impossível fazer uma distinção clara e segura entre os fenômenos superiores do Plano Físico e dos fenômenos inferiores do Plano Mental – ou entre os fenômenos superiores do Plano Mental e os fenômenos inferiores do Plano Físico.

Enfim, os Três Grandes Planos podem ser considerados como três grandes grupos de graus de Manifestação da Vida. Embora os objetivos deste pequeno livro não nos permitam entrar numa discussão pormenorizada, ou de uma explicação do tema desses diferentes planos, a essa altura parece-nos apropriado fazer uma descrição geral do mesmo.

A princípio, podemos examinar a pergunta tantas vezes feita pelo neófito que deseja ser informado sobre o significado da palavra "Plano", termo que tem sido usado com muita frequência, porém muito mal explicado, em muitas obras recentes sobre o Ocultismo. A pergunta é geralmente feita mais ou menos desta maneira: "Um plano é um lugar que tem dimensões, ou é simplesmente uma condição ou estado?" E a ela respondemos: "Não; não é um lugar, nem uma dimensão ordinária do espaço; ainda assim, porém, é mais que um estado ou uma condição. Pode ser considerado como um estado ou condição e, apesar disso, um estado ou condição é um grau de dimensão, em escala sujeita a mensurações". Um tanto paradoxal, não é verdade? Todavia, examinemos a questão. Uma "dimensão", como sabemos, é "uma medição em linha reta, algo que se reporta a uma mensuração etc.". As dimensões ordinárias do espaço são comprimento, largura e altura, ou talvez comprimento, largura, altura, espessura ou circunferência. Mas há outra dimensão de "coisas criadas", ou de "medida em linha reta", conhecida tanto pelos ocultistas como pelos cientistas, embora estes ainda não a tenham designado pela palavra "dimensão" – e essa nova dimensão que, a propósito, é a tão especulada "Quarta Dimensão", é a norma usada para determinar os diferentes graus ou "planos".

Esta Quarta Dimensão pode ser chamada de "a Dimensão da Vibração". Este fato é bem conhecido pela ciência moderna, bem como pelos Hermetistas, que incorporaram, em seu "Terceiro Princípio Hermético", a verdade segundo a qual "tudo se move, tudo vibra, nada está em repouso". Desde as manifestações mais elevadas até as mais baixas, tudo e todas as coisas Vibram. Não apenas vibram em diferentes coeficientes de movimento, mas também em direções diferentes e de maneiras distintas. Os graus de "frequência" das vibrações constituem os graus de medição na Escala de Vibrações – em outras palavras, os graus da Quarta Dimensão. E esses graus formam aquilo que os ocultistas chamam de "Planos". Quanto mais elevado o grau de frequência vibratória, mais elevado será o plano, e mais elevada a manifestação da Vida que ocupa esse plano. Assim, apesar de um plano não ser um "lugar", nem ainda *um* "estado ou condição", possui qualidades comuns a ambos. Teremos mais a dizer sobre o assunto da Escala de

Vibrações em nossas próximas lições, nas quais examinaremos o Princípio Hermético da Vibração.

Contudo, não se esqueçam agora que os Três Grandes Planos não são divisões reais dos fenômenos do Universo, mas simplesmente termos arbitrários usados pelos Hermetistas para facilitar o pensamento e o estudo dos diferentes graus e formas da atividade e da vida universal. O átomo de matéria, a unidade de força, a mente do homem e a existência do arcanjo são graus de uma escala, todos fundamentalmente iguais, com a diferença circunscrita a uma mera questão de grau e frequência de vibração – todas são criações do TODO, e têm sua existência na Infinita Mente do TODO.

Os Hermetistas subdividem cada um desses Três Grandes Planos em Sete Planos Menores, e cada um é, por sua vez, também subdividido em sete subplanos; todas as divisões sendo mais ou menos arbitrárias interpenetrando-se com frequência umas nas outras, e adotadas somente para facilitar o estudo e o pensamento científicos.

O Grande Plano Físico, com seus Sete Planos Menores, é a divisão dos fenômenos do Universo que inclui tudo que diz respeito às coisas, às forças e às manifestações físicas e materiais. Inclui todas as formas do que chamamos de Matéria e todas as formas do que chamamos de Energia ou Força. Devemos saber, porém, que a Filosofia Hermética não reconhece a Matéria como uma "coisa em si", ou como categoria dotada de uma existência à parte, mesmo na Mente do TODO. Os preceitos ensinam que a Matéria não é senão uma forma de Energia – isto é, uma Energia numa baixa frequência de determinado tipo de vibrações. E, por consequência, os Hermetistas colocam a Matéria na categoria da Energia e lhe atribuem três dos Sete Planos Inferiores do Grande Plano Físico.

Esses Sete Planos Físicos Inferiores são os seguintes:

I. O PLANO DA MATÉRIA (A)
II. O PLANO DA MATÉRIA (B)
III. O PLANO DA MATÉRIA (C)
IV. O PLANO DA SUBSTÂNCIA ETÉREA (D)
V. O PLANO DA ENERGIA (A)
VI. O PLANO DA ENERGIA (B)
VII. O PLANO DA ENERGIA (C)

O Plano da Matéria (A) compreende as formas da Matéria em seus estados sólido, líquido e gasoso, como geralmente encontramos nos livros de física. O Plano da Matéria (B) compreende certas formas mais elevadas e sutis de Matéria, cuja existência a ciência moderna só agora começa a reconhecer. Os fenômenos da Matéria Radiante, em suas fases energia radiante etc., pertencem à subdivisão inferior desse Plano Menor. O Plano da Matéria (C) compreende as formas da matéria mais sutil e tênue, de cuja existência os cientistas comuns não suspeitam. O Plano da Substância Etérea compreende o que a ciência chama de "Éter", uma substância de extrema tenuidade e elasticidade, que impregna todo o Espaço do Universo e age como meio para a transmissão de ondas de energia, como a luz, o calor, a eletricidade etc. Essa Substância Etérea forma uma relação conectora entre a Matéria (assim chamada) e a Energia, e participa da natureza de ambas. Os Preceitos Herméticos, contudo, ensinam que esse plano tem sete subdivisões (como as têm todos os Planos Menores), e que, na verdade, existem sete éteres, e não apenas um.

Imediatamente acima do Plano da Substância Etérea está o Plano da Energia (A), que compreende as formas comuns da

Energia conhecida pela ciência, tendo como subplanos, respectivamente, o Calor, a Luz, o Magnetismo, a Eletricidade e a Atração (incluindo a Gravitação, a Coesão, a Afinidade Química etc.) e várias outras formas de energia indicadas pelas experiências científicas, mas ainda não nomeadas ou classificadas. O Plano da Energia (B) compreende sete subplanos de formas elevadas da energia ainda não descobertas pela ciência, mas que a elas se refere como "As Forças Mais Sutis da Natureza"; são chamadas a se manifestar em certas formas de fenômenos mentais graças aos quais esses fenômenos se tornam possíveis. O Plano da Energia (C) compreende sete subplanos de energia tão altamente organizada que apresenta muitas das características da "vida", não sendo, porém, reconhecida pela mente humana no plano ordinário de desenvolvimento, só estando disponível aos seres do Plano Espiritual. Essa energia é impensável para uso do homem comum, e pode ser quase considerada como "o poder divino". Os seres que a empregam são como "deuses", mesmo quando comparados com os tipos humanos mais elevados de que temos conhecimento.

O Grande Plano Mental compreende as formas de "coisas viventes" que encontramos o tempo todo em nosso cotidiano, bem como certas outras formas nem tão bem conhecidas, a não ser pelos ocultistas. A classificação dos Sete Planos Mentais Inferiores é mais ou menos satisfatória e arbitrária (a menos que acompanhada de explicações detalhadas que são alheias aos objetivos deste pequeno livro), mas podemos muito bem mencioná-las. São elas:

I. O PLANO DA MENTE MINERAL
II. O PLANO DA MENTE ELEMENTAL (A)
III. O PLANO DA MENTE VEGETAL
IV. O PLANO DA MENTE ELEMENTAL (B)

V. O PLANO DA MENTE ANIMAL
VI. O PLANO DA MENTE ELEMENTAL (C)
VII. O PLANO DA MENTE HOMINAL

O Plano da Mente Mineral compreende os "estados ou condições" das unidades, entidades, ou grupos e combinações das mesmas, que vitalizam as formas conhecidas por nós como "minerais, substâncias químicas" etc. Essas entidades não devem ser confundidas com moléculas, átomos e corpúsculos, que são simplesmente os corpos ou as formas materiais dessas entidades, assim como o corpo de um homem é a sua forma material, e não "ele mesmo". Em certo sentido, essas entidades podem ser chamadas de "espíritos", e são seres viventes de um grau inferior de desenvolvimento, vida e mente – apenas um pouco mais que as unidades de "energia vivente" que abrangem as mais elevadas subdivisões do mais elevado Plano Físico. Em geral, o pensamento corrente não atribui a posse de mente, alma ou vida ao reino Mineral, mas todos os ocultistas admitem sua existência, e a ciência moderna evolui rapidamente e está muito perto de aceitar o ponto de vista do Hermetismo no que diz respeito a esse assunto. As moléculas, os átomos e os corpúsculos têm seus "amores e ódios", "seus gostos e aversões", suas "atrações e repulsões", "afinidades e discordâncias" etc., e muitas das mais ousadas dentre as mentes científicas modernas já expuseram sua opinião de que o desejo e a vontade, as emoções e os dos átomos só diferem em grau no que diz respeito aos dos homens. Não temos aqui tempo ou espaço para tratar dessas questões. Todos os cientistas sabem que esse é um fato,* e outros buscam

---

* No sentido de "um dado real da experiência", não de "acontecimento" ou "fenômeno". (N.T.)

confirmação externa em obras científicas mais recentes. Estas são as sete subdivisões usuais deste plano.

O Plano da Mente Elemental (A) compreende o estado, a condição e o grau de desenvolvimento mental e vital de uma classe de entidades desconhecidas ao homem comum, mas com as quais os ocultistas estão familiarizados. São invisíveis aos sentidos ordinários do homem, mas não obstante existem e têm sua parte do Drama do Universo. Por um lado, seu grau de inteligência está entre o das entidades minerais e químicas; e, por outro, entre o das entidades do reino vegetal. Também há sete subdivisões nesse plano.

O Plano da Mente Vegetal, em suas sete subdivisões, compreende os estados ou as condições das entidades pertencentes aos reinos do Mundo Vegetal, cujos fenômenos vitais e mentais são muito bem compreendidos pelas pessoas de inteligência mediana. Muitas obras científicas novas e interessantes foram publicadas na última década sobre "A Mente e a Vida das Plantas". As plantas têm vida, mente e "alma", assim como os animais, o homem e o super-homem.

O Plano da Mente Elemental (B), nas suas sete subdivisões, compreende os estados e as condições de uma forma mais elevada das entidades "elementais" ou invisíveis, tendo a sua parte na obra geral do Universo, cuja mente e vida formam uma parte da escala entre o Plano da Mente Vegetal e o Plano da Mente Animal, com as entidades participando da natureza de ambos.

O Plano da Mente Animal, nas suas sete subdivisões, compreende os estados e as condições das entidades, seres ou almas que animam as formas de vida animal, que nos são familiares a todos. Não é preciso entrar em detalhes sobre esse reino ou plano de vida, porque o mundo animal nos é tão familiar como o nosso próprio mundo.

O Plano da Mente Elemental (C), nas suas sete subdivisões, compreende as entidades ou seres invisíveis, como são todas as formas elementais, que participam da natureza da vida animal e da vida humana em certo grau e certas combinações. As formas mais elevadas possuem inteligência semi-humana.

O Plano da Mente Humana, nas suas sete subdivisões, compreende as manifestações da vida e da mentalidade que são comuns ao Homem nos seus diferentes graus, gradações e divisões. A esse respeito, queremos salientar o fato de que o homem comum atual não ocupa mais que a quarta subdivisão do Plano da Mente Humana, e somente os mais inteligentes transpuseram os limites da Quinta Subdivisão. A raça levou milhões de anos para alcançar essa posição, e ainda levará muito tempo para que ela consiga chegar à sexta e sétima subdivisões e, inclusive, que ultrapasse seus limites. Não devemos nos esquecer, porém, de que antes de nós existiram raças que passaram por esses graus e no fim chegaram a planos mais elevados. Nossa própria raça é a quinta (com retardatários da quarta) que pôs os pés no Caminho. Contudo, há algumas almas avançadas da nossa própria raça que ultrapassaram as massas, e passaram para a sexta e a sétima subdivisões, e um pequeno número de outras que foi ainda mais além. O homem da Sexta Subdivisão será "O Super-Homem"; o da Sétima, "O Sobre-Humano".

No nosso estudo dos Sete Planos Mentais Inferiores, simplesmente fizemos alusão, em sentido geral, aos Três Planos Elementais. Nesta obra, não queremos entrar em detalhes sobre este assunto, uma vez que nosso objetivo limita-se a tratar da filosofia e dos Preceitos em geral. Mas podemos dizer algo mais ao leitor, com o fim de oferecer-lhe uma ideia um pouco mais clara das relações entre esses planos e aqueles com que ele está mais familiarizado – os Planos Elementais guardam, com os planos da Mentalidade e da Vida Mineral, Vegetal, Animal e Humana, a mesma relação existente entre as teclas pretas e brancas do piano. As teclas brancas são suficientes para produzir música, mas há certas escalas, melodias e harmonias em que as teclas pretas têm um papel a desempenhar, e em que sua presença é necessária.

Os Planos Elementais também são necessários como "elos de ligação" das condições da alma, dos estados de entidades etc., entre os vários outros planos em que certas formas de desenvolvimento são alcançadas. Este último fato oferece ao leitor que sabe "ler nas entrelinhas" uma nova luz sobre os processos da Evolução e uma nova chave da porta secreta dos "saltos de vida" entre os diferentes reinos. Os grandes reinos dos Elementais são plenamente reconhecidos pelos ocultistas, e suas citações nos textos esotéricos são abundantes. Os leitores de *Zanoni*, de Bulwer Lytton e outras obras semelhantes poderão reconhecer as entidades que habitam esses planos de vida.

Passando do Grande Plano Mental para o Grande Plano Espiritual, que poderemos dizer? Como poderemos explicar esses estados mais elevados do Ser, da Vida e da Mente, às mentes ainda incapazes de compreender e entender as subdivisões mais elevadas do Plano da Mente Hominal? A tarefa é impossível. Só podemos falar nos termos mais gerais. Como seria possível descrever a Luz a um homem que nasceu cego? O açúcar, a alguém que nunca saboreou algo doce? E a harmonia, a uma pessoa surda de nascença?

Tudo que podemos dizer é que os Sete Planos Inferiores do Grande Plano Espiritual – com cada Plano Inferior tendo suas sete subdivisões – compreende Seres que possuem Vida, Mente e Forma tão superiores às do Homem atual quanto este se encontra em relação aos vermes, aos minerais, ou mesmo a certas formas de Energia ou Matéria. A Vida desses Seres transcende a nossa em tão alto grau que nem mesmo podemos pensar em seus detalhes; suas Mentes transcendem as nossas a tal ponto que, para elas, mal parecemos "pensar", e nossos processos mentais parecem quase análogos aos processos materiais; a Matéria de que suas formas são compostas provém dos Planos Mais Elevados da Matéria, e não somente isso, mas também se afirma que alguns são "revestidos de Energia Pura". Que se poderá dizer de tais Seres?

Nos Sete Planos Inferiores do Grande Plano Espiritual existem Seres que podemos chamar de Anjos, Arcanjos, Semideuses. Nos mais baixos dos Planos Inferiores vivem aquelas grandes almas que chamamos de Mestres e Adeptos. Acima deles vêm as Grandes Hierarquias das Hostes Angelicais, inconcebíveis ao homem; e, acima delas, estão aqueles que podemos, sem irreverência, chamar de "Os Deuses", tão elevada é a posição que ocupam na escala do Ser; seu ser, sua inteligência e seu poder são semelhantes àqueles atribuídos pelas raças humanas às suas concepções da Deidade. Esses Seres encontram-se, inclusive, muito além dos maiores voos da imaginação humana; somente a palavra "Divino" é passível de aplicação a eles. Muitos desses Seres, assim como as Hostes Angelicais, têm grande interesse pelos assuntos do Universo, nos quais desempenham um importante papel. Essas Divindades Invisíveis e Anjos Auxiliares aumentam sua influência livre e poderosamente, no processo da Evolução e do Progresso Cósmico. Sua eventual ajuda e intervenção nas questões humanas levaram ao surgimento de muitas lendas, crenças, religiões e tradições da raça, passadas e presentes. Sem um instante de descanso, elas sobrepuseram seu conhecimento e poder ao mundo – tudo, sem dúvida, sob o domínio da Lei do TODO.

Contudo, até os mais notáveis dentre esses Seres avançados existem simplesmente como criações da Mente do TODO, e são sujeitos aos Processos Cósmicos e às Leis Universais. Ainda são mortais. Se quisermos, podemos chamá-los de "deuses", mas ainda não são nada mais que os Irmãos Mais Velhos da Raça – as almas avançadas que sobrepujaram seus irmãos, e que renunciaram ao êxtase da Absorção pelo TODO, com o fim de ajudar a raça na sua jornada ascendente ao longo do Caminho. Contudo, eles pertencem ao Universo e estão sujeitos às suas condições – são mortais, e seu Plano situa-se abaixo daquele do Espírito Absoluto.

Somente os Hermetistas mais avançados são capazes de entender os Preceitos Ocultos acerca do estado de existência e os poderes manifestados nos Planos Espirituais. Os fenômenos são tão superiores aos dos Planos Mentais que, se tentássemos descrevê-los, nossa tentativa resultaria fatalmente num emaranhado de ideias. Somente aqueles cujas mentes foram muito instruídas nas linhas da Filosofia Hermética por muitos anos – sim, aqueles que trouxeram consigo, de outras encarnações, o conhecimento previamente adquirido – são suscetíveis de compreender exatamente o significado do Ensinamento relativo aos Planos Espirituais. E boa parte desses Ensinamentos Secretos é considerada pelos Hermetistas como demasiado sagrada, importante e, até mesmo, perigosa para ser divulgada ao grande público. O aluno inteligente pode reconhecer o que queremos dizer quando afirmamos que o significado de "Espírito", tal como o usam os Hermetistas, é semelhante ao de "Poder Vivente", "Força Animada", "Essência Oculta", "Essência da Vida" etc., significado que não deve ser confundido com o termo usual e comumente empregado em relação com os termos, isto é, religioso, eclesiástico, espiritual, etéreo, sagrado" etc. Para os ocultistas, a palavra "Espírito" se emprega no sentido de "Princípio Animador", trazendo consigo a ideia de Poder, Energia Viva, Força

Mística etc. E os ocultistas sabem que aquilo que conhecem como "Poder Espiritual" pode ser empregado tanto para o bem como para o mal (de acordo com o Princípio de Polaridade), um fato que foi reconhecido pela maioria das religiões em suas concepções de Satã, Belzebu, o Diabo, Lúcifer, Anjos Caídos etc. E foi assim que os conhecimentos a respeito desses Planos foram conservados no Santo dos Santos, na Câmara Secreta do Templo, em todas as Fraternidades Esotéricas e Ordens Ocultas. Contudo, podemos dizer aqui que a história reserva um destino terrível àqueles que adquiriram poderes espirituais extraordinários e não souberam usá-los bem, e a oscilação do pêndulo de Ritmo os fará recuar ao extremo mais recôndito da existência Material, a partir de onde deverão voltar sobre seus passos, elevando-se em direção ao Espírito, mas sempre com a tortura adicional de levar com eles a lembrança permanente das alturas das quais caíram graças a suas más ações. As lendas dos Anjos Caídos têm uma base em fatos reais, como sabem todos os ocultistas avançados. A luta pelo poder egoísta nos Planos Espirituais sempre tem, como consequência inevitável, o fato de a alma egoísta perder seu equilíbrio espiritual e retroceder tanto quanto se havia elevado anteriormente. Contudo, mesmo para uma alma desse tipo, existe uma oportunidade de retorno – e essas almas tomam o caminho de volta, pagando um preço extremamente alto de acordo com a Lei invariável.

Para concluir, gostaríamos de lembrar novamente que, segundo o Princípio da Correspondência, que incorpora uma conhecida verdade ("Assim em Cima como Embaixo; Assim Embaixo como em cima"), todos os Sete Princípios Herméticos estão em plena atuação em todos os diversos planos, Físico, Mental e Espiritual. O Princípio da Substância Mental certamente se aplica a todos os planos, pois todos são mantidos na mente do TODO. O Princípio da Correspondência manifesta-se em tudo, uma vez que existe correspondência, harmonia e afinidade entre os diversos planos. O Princípio da Vibração manifesta-se em todos os planos; na verdade, as diferenças mesmas que contribuem para a criação dos "planos" procedem da vibração, como explicamos. O Princípio da Polaridade manifesta-se em cada plano, sendo os extremos dos Polos aparentemente opostos e contraditórios. O Princípio do Ritmo manifesta-se em cada Plano, e o movimento dos fenômenos tem seu fluxo e refluxo, seu ponto máximo e mínimo. O Princípio de Causa e Efeito manifesta-se em cada Plano; todo Efeito tem sua Causa e toda Causa tem seu efeito. O Princípio de Gênero manifesta-se em cada Plano, sendo a Energia Criadora sempre manifestada e operando ela pela linha dos Aspectos Masculinos e Femininos.

"Assim em Cima como Embaixo; Assim Embaixo como em Cima." Este axioma Hermético (que vem atravessando os séculos) incorpora um dos grandes Princípios dos Fenômenos Universais. Na sequência do nosso exame dos Princípios remanescentes, veremos ainda mais claramente a verdade da natureza universal deste grande Princípio da Correspondência.

Capítulo 9

✯ ✯ ✯

A VIBRAÇÃO

"Nada está parado; tudo se move; tudo vibra."
— O CAIBALION

O Terceiro Grande Princípio Hermético – o Princípio da Vibração – incorpora a verdade que o Movimento é manifestado em tudo no Universo, que nada está em estado de repouso, que tudo se move, vibra e circula. Esse Princípio Hermético foi reconhecido por muitos dos primeiros grandes filósofos gregos, que o introduziam em seus sistemas. Depois, durante séculos, foi perdido de vista pelos pensadores que não pertenciam às fileiras Herméticas. No século XIX, porém, a ciência física redescobriu a verdade e as descobertas científicas do século XX acrescentaram provas adicionais da exatidão e verdade dessa doutrina Hermética secular.

Os Preceitos Herméticos reiteram que não somente tudo está em movimento e vibração constante; mas também que as "diferenças" entre as diversas manifestações do poder universal se devem inteiramente à variação da escala e do modo das vibrações. E não apenas isso, mas também que, em si mesmo, o TODO manifesta uma constante vibração de um grau tão infinito de intensidade e movimento rápido que praticamente pode ser considerado como em estado de repouso. Os instrutores dirigem a atenção do estudante para o fato de que, ainda no plano físico, um objeto que se move rapidamente (como uma roda giratória) parece estar parado. Os Ensinamentos preconizam que, com efeito, o Espírito está num lado do Polo de Vibração, sendo o outro Polo formado por certas modalidades extremamente grosseiras da Matéria. Entre esses dois polos encontram-se milhões de milhões de graus e modos de vibração.

A Ciência Moderna provou que o que chamamos de Matéria e Energia nada mais é que um "modo de movimento vibratório", e alguns dos cientistas mais avançados estão adotando rapidamente a opinião dos ocultistas, para os quais os fenômenos da Mente são igualmente modos de vibração e movimento. Vejamos o que a ciência tem a dizer sobre a questão das vibrações na matéria e na energia.

Em primeiro lugar, a ciência ensina que toda a matéria manifesta, em algum grau, as vibrações procedentes da temperatura ou do calor. Seja um objeto quente ou frio – não sendo essas condições nada além de graus diferentes da mesma coisa –, ele manifesta certas vibrações de calor e, nesse sentido, está em movimento e vibração. Logo todas as partículas da Matéria estão em movimento circular, desde o corpúsculo até os sóis. Os planetas giram em torno dos sóis, e muitos deles giram sobre seus eixos. Os sóis movem-se ao redor de grandes pontos centrais, e acredita-se que estes se movam ao redor de outros ainda maiores, e assim por diante, *ad infinitum*. As moléculas de que as espécies particulares da Matéria são compostas se acham num estado de constante vibração e movimento, umas ao redor das outras e umas contra as outras. As moléculas são compostas de Átomos, que, da mesma maneira, encontram-se em estado de constante movimento e vibração. Os átomos são compostos de Corpúsculos, muitas vezes chamados de "elétrons", *"íons"* etc., que também estão em estado de movimento rápido, girando um ao redor do outro, e que manifestam um estado e um modo de vibração muito rápidos. Portanto, vemos que todas as formas da Matéria manifestam a Vibração, de acordo com o Princípio Hermético da Vibração.

E o mesmo acontece com as diversas formas de Energia. A Ciência ensina que a Luz, o Calor, o Magnetismo e a Eletricidade são simplesmente formas de movimento vibratório, conectadas de algum modo com o éter e, provavelmente, dele emanadas. Até o momento, a Ciência não procurou explicar a natureza dos fenômenos conhecidos como Coesão, que é o princípio da Atração Molecular, nem a Afinidade Química, que é o princípio da Atração Atômica; nem a Gravitação (o maior desses três mistérios) que é o princípio da atração pelo qual cada partícula ou massa de Matéria liga-se estreitamente a cada outra partícula ou massa. Essas três formas de Energia não são ainda compreendidas pela ciência, embora os escritores inclinem-se a crer que elas também sejam manifestações da mesma forma de energia vibratória, fato que os Hermetistas conheciam e ensinaram em tempos que já se perdem ao longe.

O Éter Universal, que é postulado pela ciência sem que sua natureza seja compreendida claramente, é considerado pelos Hermetistas como uma manifestação superior daquilo que se chama erroneamente de Matéria – isto é, Matéria num grau superior de vibração – e é chamada por eles de "A Substância Etérea". Os

Hermetistas preconizam que essa Substância Etérea é de extrema tenuidade e elasticidade, e que impregna o espaço universal, servindo como meio de transmissão das ondas de energia vibratória, como o calor, a luz, a eletricidade, o magnetismo etc. Os Ensinamentos preconizam que a Substância Etérea é um elo entre as formas de energia vibratória conhecidas, por um lado, como "Matéria", e, por outro, como "Energia ou Força"; e também que, em termos de grau e modo, ela manifesta um grau de vibração inteiramente próprio.

Para mostrar os efeitos das escalas crescentes de vibração, os cientistas ofereceram o exemplo de uma roda, pião ou cilindro movendo-se rapidamente. A ilustração pressupõe uma roda, pião ou cilindro rotativo girando em baixa velocidade – para facilitar a exposição do que virá a seguir, chamaremos essa coisa que gira de "objeto". Suponhamos que o objeto se move lentamente. Pode ser visto facilmente, mas nenhum som do seu movimento nos chega ao ouvido. A velocidade é aumentada gradualmente. Em pouco tempo, seu movimento torna-se tão rápido que se pode ouvir um grunhido surdo ou uma nota grave. Então, quando se aumenta ainda mais a velocidade do movimento, pode-se distinguir a nota imediatamente superior. Assim, uma depois da outra, todas as notas da escala musical aparecem, tornando-se cada vez mais altas à medida que aumenta o movimento. Finalmente, quando a rotação tiver atingido certa velocidade, a última nota perceptível aos ouvidos humanos, a última nota, aguda e estridente, se desvanece e sobrevém o silêncio. Não se ouve nenhum som proveniente do objeto giratório, e a velocidade do movimento é tão grande que o ouvido humano se torna incapaz de registrar as vibrações. Então começa a percepção dos graus ascendentes de Calor, e depois de algum tempo o olho tem um vislumbre de que o objeto começou a adquirir uma cor avermelhada, opaca e sem brilho. À medida que a velocidade aumenta, o vermelho adquire maior brilho; depois, com velocidade ainda maior, o objeto adquire uma cor intermediária entre o vermelho e o amarelo. Em seguida, esse alaranjado torna-se amarelo. E então, sucessivamente, seguem-se os tons de verde, azul, azul-violeta e, finalmente, violeta, à medida que a velocidade se tornar ainda maior. Finalmente, o violeta se desvanece, tornando-se impossível de ser registrado pelo olho humano. Mas existem raios invisíveis que emanam do objeto giratório, os que se usam para fotografar, e outros raios sutis de luz. É quando começam a se manifestar os raios especificamente conhecidos como "raios X" etc., quando a constituição do objeto começa a se modificar. A Eletricidade e o Magnetismo são emitidos quando o grau apropriado de vibração for alcançado.

Quando o objeto atinge certo grau de vibração, suas moléculas se desintegram e se decompõem nos elementos ou átomos originais. Os átomos, por sua vez – seguindo o Princípio da Vibração –, separam-se nos incontáveis corpúsculos de que são compostos. Finalmente, até os corpúsculos desaparecem, e pode-se dizer que o objeto é composto de Substância Etérea. A Ciência não ousa levar ainda mais longe a ilustração, mas os Hermetistas ensinam que, se as vibrações fossem aumentando continuamente, o objeto remontaria aos sucessivos estados e manifestaria, por sua vez, os diversos estágios mentais. Depois, seguiria seu caminho em direção ao Espírito – até finalmente reintegrar-se ao TODO, que é o Espírito Absoluto. O "objeto", contudo, teria deixado de ser um objeto muito antes de alcançar o estágio de Substância Etérea; por outro lado, porém, a ilustração é correta na medida em que mostra que efeito seria obtido se os graus e modos de vibração fossem constantemente aumentados. Não se deve perder de vista, no exemplo acima, que nos estágios em que o "objeto" emite vibrações de luz, calor etc., ele não se decompõe nessas formas de energia (que ocupam uma posição bem mais alta na escala), mas que simplesmente alcança um grau de vibração no qual essas formas de energia são liberadas, até certo ponto, da influência confinante de suas moléculas, átomos e corpúsculos, conforme o caso que se apresenta. Apesar de muito mais elevadas, na escala, do que a matéria, essas formas de energia estão aprisionadas e circunscritas às combinações materiais em razão de as energias se manifestarem através de formas materiais, e de as usarem, ainda que isso as deixe enredadas e confinadas em suas criações de formas materiais – o que, em certa medida, é uma verdade inerente a todas as criações, uma vez que a força criadora se envolve em tudo aquilo que cria.

Contudo, os Preceitos Herméticos vão muito mais longe do que os que provêm da ciência moderna. Eles ensinam que toda manifestação do pensamento, emoção, raciocínio, vontade ou desejo, ou de qualquer condição ou estado mental, são acompanhados por vibrações, uma parte das quais é descartada e tende a afetar a mente de outras pessoas por "indução". Esse é o princípio que produz os fenômenos de "telepatia", influência mental e outras formas da ação e do poder de uma mente sobre outra mente, com as quais o grande público vem se familiarizando rapidamente graças à grande disseminação do conhecimento oculto por parte de diversas escolas, cultos e professores que, em nossa época, vêm atuando em domínios do pensamento.

Todo pensamento, toda emoção ou estado mental têm seu grau e modo de vibração. E, por um esforço da vontade da pessoa, ou de outras pessoas, esses estados mentais podem ser reproduzidos, do mesmo modo que é possível reproduzir um som musical fazendo vibrar um instrumento com certa frequência – e assim como a cor pode ser reproduzida da mesma maneira. Pelo conhecimento do Princípio da Vibração, aplicado aos Fenômenos Mentais, uma pessoa pode polarizar sua mente no grau desejado, adquirindo, assim, um perfeito domínio sobre seus estados mentais, suas disposições de ânimo etc. Do mesmo modo, pode afetar as mentes dos outros, produzindo nelas os estados mentais desejados. Em suma, pode produzir no Plano Mental o que a ciência produz no Plano Físico, isto é, "Vibrações *à* Vontade". Sem dúvida, esse poder só pode ser adquirido por meio de instrução, de exercícios e de uma prática apropriada à ciência da Transmutação Mental, um dos ramos da Arte Hermética.

Uma pequena reflexão sobre o que até aqui dissemos mostrará ao estudante que o Princípio da Vibração subjaz aos admiráveis fenômenos do poder manifestado pelos Mestres e Adeptos, que aparentemente são capazes de revogar as Leis da Natureza, mas que, na verdade, estão simplesmente usando uma lei contra outra, um princípio contra outros; e que obtêm seus resultados mudando as vibrações dos objetos materiais, ou formas de energia, e assim realizam os comumente chamados "milagres".

Como disse, com razão, um dos antigos escritores Hermetistas: "Aquele que compreende o Princípio da Vibração está de posse do cetro do Poder".

Capítulo 10

✦ ✦ ✦

A POLARIDADE

"Tudo é duplo; tudo tem dois polos; tudo tem seu par de opostos; o semelhante e o dessemelhante são uma só coisa; os opostos são idênticos em natureza, mas diferentes em grau; os extremos se tocam; todas as verdades são meias verdades; todos os paradoxos podem ser reconciliados."
— O CAIBALION

O Quarto Grande Princípio Hermético – o Princípio da Polaridade – contém a verdade que todas as coisas manifestadas têm "dois lados", "dois aspectos", "dois polos", "um par de opostos", separados por uma multiplicidade de graus entre os dois extremos. Os velhos paradoxos, que sempre deixaram perplexa a mente dos homens, são explicados por esse Princípio. O homem também reconheceu alguma coisa semelhante a esse Princípio e empenhou-se em explicá-lo por ditos, máximas e aforismos como os seguintes: "tudo existe e não existe ao mesmo tempo", "todas as verdades são meias verdades", "todas as verdades são meio falsas", "há dois lados para cada coisa", "todo verso tem seu reverso" etc.

Os Preceitos Herméticos afirmam, com efeito, que a diferença entre coisas que parecem ser diametralmente opostas é apenas uma questão de grau. Os Mestres ensinam que "os pares de opostos podem ser reconciliados", que "tese e antítese são idênticas em natureza, mas diferentes em graus" e que a "reconciliação universal dos opostos" é efetuada por um conhecimento desse Princípio da Polaridade. Eles dizem que os exemplos desse Princípio podem resultar de um exame da verdadeira natureza de todas as coisas. Começam por mostrar que o Espírito e a Matéria são simplesmente dois polos da mesma coisa, e que os planos intermediários nada mais são que graus de vibração. Eles mostram que o TODO e Os Muitos são a mesma coisa, a diferença sendo simplesmente uma questão de grau de Manifestação Mental. Assim, a LEI e as Leis são os dois polos opostos de uma só coisa. O mesmo se pode dizer sobre o PRINCÍPIO e os Princípios, a Mente Infinita e as mentes finitas.

Então, passando ao Plano Físico, eles demonstram o Princípio dizendo que o Calor e o Frio são de natureza idêntica, e que as diferenças nada mais são que uma questão de graus. O termômetro marca muitos graus de temperatura, chamando-se o polo mais baixo "frio", e o mais elevado "calor". Entre esses dois polos há muitos graus de "calor" ou "frio"; podemos dar-lhes qualquer desses nomes sem incorrer em nenhum erro. O grau mais elevado é sempre o "mais quente", enquanto o mais baixo é sempre o "mais frio". Não há demarcação absoluta; tudo é questão de grau. No termômetro não há lugar em que o calor cessa e começa o frio. Tudo isso é uma questão de vibrações superiores ou inferiores. Mesmo os termos "alto" e "baixo", que somos obrigados a usar, são unicamente polos da mesma coisa – os termos são relativos. O mesmo se pode dizer de "Leste/Oriente e Oeste/Ocidente" – viajai ao redor do mundo em direção Leste e chegareis ao ponto chamado Oeste em relação ao vosso ponto de partida. Viajai para o Norte e, em dado momento, parecer-vos-á estar em direção ao Sul, ou vice-versa.

A Luz e a Escuridão são polos da mesma coisa, com muitos graus entre elas. O mesmo acontece com a escala musical – começando com "Dó" e aumentando a frequência vibratória dos sons, chegareis a outro "Dó", e assim sucessivamente, a diferença entre as duas extremidades do quadro sendo a mesma, com muitos graus entre os dois extremos. A escala das cores é a mesma – as vibrações altas e baixas são a única diferença entre o ultravioleta e o infravermelho. O Grande e o Pequeno são relativos. Assim também o Ruído e o Silêncio. O Duro e o Flexível seguem a regra. E assim também o Agudo e o Grave. O Positivo e o Negativo são dois polos da mesma coisa, separados por uma infinidade de graus.

O Bem e o Mal não são absolutos – chamamos uma extremidade da escala de Bem e a outra de Mal, ou uma de Mal e a outra de Bem, conforme o uso dos termos. Uma coisa é "menos boa", de que a coisa mais elevada na escala, mas essa coisa "menos boa", por sua vez, é "mais boa (melhor)" que a coisa imediatamente inferior a ela – e assim por diante, sendo o "mais ou menos" regulado pela posição na escala.

E assim é no Plano Mental. O "Amor e o Ódio" são geralmente considerados como coisas diametralmente opostas entre si, inteiramente diferentes, irreconciliáveis. Mas aplicamos o Princípio da Polaridade e constatamos que não há nada que se possa chamar de Amor Absoluto ou Ódio Absoluto, como sentimentos distintos entre si. Ambos são simplesmente termos aplicados aos dois polos da mesma coisa. Se partirmos de um ponto da escala, encontramos "mais amor" ou "menos ódio" à medida que nos pomos a subi-la; e "mais ódio" e "menos amor", conforme descemos: o que é verdadeiro seja qual for o ponto, superior ou inferior, de onde tivermos partido. Há graus de Amor e de Ódio, e há um ponto médio em que o "Semelhante" e o "Dessemelhante" tornam-se tão insignificantes que é difícil distinguir entre eles. A Coragem e o Medo seguem a mesma regra. Os pares de opostos existem em toda parte. Onde encontrarmos uma coisa, encontraremos seu oposto: os dois polos.

E esse é o fato que permite ao Hermetista transmutar um estado mental em outro, conforme os ditames da Polarização. As coisas pertencentes a diferentes classes não podem ser transmutadas entre si, mas as de uma mesma classe podem sê-lo, isto é, sua polaridade é passível de modificação. Assim, o Amor nunca se transformará em Leste ou Oeste, tampouco em Vermelho ou Violeta –, mas pode se transformar em Ódio, e frequentemente o faz – do mesmo modo que o Ódio pode ser transformado em Amor, bastando-lhe, para tanto, mudar de polaridade. A Coragem pode tornar-se Medo, e vice-versa. As coisas Duras podem ficar Moles. As coisas Agudas podem ficar Graves. As coisas Frias podem ficar Quentes. E assim por diante, a transmutação sendo sempre entre coisas da mesma natureza, porém de graus diferentes. Tomemos o caso de um homem Medroso. Elevando suas vibrações mentais na escala Medo-Coragem, ele pode adquirir um grau superior de Coragem e Destemor. E, da mesma maneira, um homem Preguiçoso pode tornar-se um indivíduo Ativo, Enérgico, simplesmente pela polarização na direção da qualidade desejada.

O estudante que está familiarizado com os processos pelos quais as diversas escolas de Ciência Mental – e ciências afins – produzem mudanças nos estados mentais dos que seguem seus ensinamentos, poderá não compreender o princípio que subjaz a todas essas mudanças. Contudo, quando o Princípio da Polaridade for bem compreendido – e se perceber que as mudanças mentais são ocasionadas por uma mudança de polaridade, por um simples deslocamento na mesma escala –, a questão será mais facilmente entendida. A mudança não é da natureza de uma transmutação de uma coisa em outra, totalmente distinta – trata-se apenas de uma mudança de graus nas mesmas coisas, uma diferença da maior importância. Por exemplo, se fizermos uma analogia com o Plano Físico, veremos que é impossível mudar o Calor em Agudeza, Ruído, Altura etc., mas o Calor pode ser transmutado em Frio, simplesmente pela diminuição das vibrações. Da mesma forma, o Ódio e o Amor são mutuamente transmutáveis, e o mesmo se pode dizer do Medo e da Coragem. O Medo, porém, não pode ser transformado em Amor, nem a Coragem em Ódio. Os estados mentais pertencem a inúmeras classes, e cada uma tem seus polos opostos entre os quais uma transmutação é possível.

O estudante reconhecerá facilmente que, nos estados mentais, bem como nos fenômenos do Plano Físico, os dois polos podem ser respectivamente classificados como Positivo e Negativo. Assim, o Amor é Positivo para o Ódio, a Coragem para o Medo, a Atividade para a Indolência etc. E também se pode dizer, aos que não estão familiarizados com o Princípio da Vibração, o polo Positivo parece ser de um grau superior ao polo Negativo, dominando-o facilmente. A tendência da Natureza é conceder a atividade ao polo Positivo.

Além da mudança de polos dos próprios estados mentais por parte da arte da Polarização, os fenômenos da Influência Mental, em suas múltiplas fases, nos mostram que o princípio pode estender-se de modo a abranger os fenômenos da influência de uma mente sobre outra, fenômenos sobre os quais tanto se tem escrito e ensinado nos últimos anos. Quando se compreende que a Indução Mental é possível, isto é, que esses estados mentais podem ser produzidos pela "indução" de outros, então se pode ver imediatamente como um certo grau de vibração, ou polarização de determinado estado mental, pode ser comunicado a outra pessoa, e sua polaridade nesta classe de estados mentais pode ser alterada. É no contexto desse princípio que os resultados de muitos "tratamentos mentais" são obtidos. Por exemplo, uma pessoa é "taciturna", melancólica e cheia de medo. Um cientista que trabalha com saúde mental e que – contando com uma vontade muito bem treinada – consegue dar à sua mente as vibrações que desejar e, por conseguinte, obter a polarização desejada em seu próprio caso, produz um estado mental semelhante em outra pessoa, por meio da indução; o resultado é que as vibrações aumentam de intensidade, e que a pessoa se polariza em direção à extremidade Positiva da escala, e não à extremidade Negativa, e seu Medo e outras emoções negativas são transmutadas em Coragem e em outros estados mentais igualmente positivos. Um pequeno estudo vos mostrará que a grande maioria dessas mudanças mentais ocorre de conformidade com a linha de Polarização; a mudança é uma variação de grau, e não de espécie.

    O conhecimento da existência desse grande Princípio Hermético habilitará o estudante a compreender melhor seus próprios estados mentais e os de outras pessoas. Ele verá que todos esses estados são questões de grau, motivo pelo qual será capaz de elevar ou abaixar suas vibrações à vontade – mudar seus polos mentais e, desse modo, tornar-se Mestre de seus estados mentais, em vez de ser seu servo e escravo. E, por meio desse conhecimento, poderá auxiliar inteligentemente seus semelhantes e mudar sua polaridade pelos métodos apropriados, sempre que essa mudança se mostrar conveniente ou desejável. Nosso conselho a todos os estudantes é que se familiarizem com esse Princípio da Polaridade, pois seu correto entendimento lançará luz sobre muitas questões de difícil solução.

Capítulo 11

✯ ✯ ✯

O RITMO

"Tudo tem fluxo e refluxo; tudo tem suas marés; todas as coisas sobem e descem; o movimento do pêndulo manifesta-se em tudo; a medida de sua oscilação para a direita é a medida da oscilação para a esquerda; o ritmo ajusta e equilibra."

— O CAIBALION

O Quinto Grande Princípio Hermético – o Princípio do Ritmo – implica a verdade que em tudo se manifesta um movimento proporcional, um movimento de um lado para o outro; um fluxo e um refluxo; um movimento para a frente e para trás; um movimento semelhante ao do pêndulo; um movimento comparável ao das marés, que se manifesta entre os dois polos existentes nos planos físico, mental e espiritual. O Princípio do Ritmo é estreitamente ligado ao Princípio da Polaridade descrito no capítulo anterior. O Ritmo se manifesta entre os dois polos estabelecidos pelo Princípio da Polaridade. Isso não significa, porém, que o pêndulo do Ritmo oscile até os polos extremos, porque isto raramente acontece; com efeito, na maioria dos casos é muito difícil estabelecer os extremos polares opostos. Mas a oscilação ocorre primeiro em direção a um polo e, em seguida, ao outro.

Há sempre uma ação e uma reação; uma marcha e uma retirada, uma elevação e um rebaixamento, em todos os fenômenos do Universo. Os sóis, os mundos, os homens, os animais, as plantas, os minerais, as forças, a energia, a mente, a matéria, e mesmo o Espírito, manifestam esse Princípio. O Princípio se manifesta na criação e destruição dos mundos, na ascensão e queda das nações, na vida histórica de todas as coisas e, por último, nos estados mentais do Homem.

Começando com as manifestações do Espírito – do TODO –, pode-se dizer que existem a Efusão e a Infusão; a "Expiração e a Inspiração de Brahman", como dizem os Brâmanes. Os Universos são criados; atingem seu ponto mais baixo de materialidade e, em seguida, começam sua oscilação para o alto. Os sóis são formados, e então, atingido o ponto máximo de seu poder, inicia-se seu processo de regressão; depois, transformam-se em massas de matéria morta, à espera de outro impulso que fará renascer suas energias interiores e provocará o nascimento de um novo ciclo de vida solar. E o mesmo acontece com todos os mundos: nascem, desenvolvem-se e morrem, só para voltarem a nascer. O mesmo se pode dizer de todas as coisas que têm estrutura e forma; elas oscilam da ação à reação, do nascimento à morte, da atividade à inatividade – e depois voltam a refazer esse percurso. Assim é com todas as coisas viventes; nascem, crescem e morrem. Assim é com todos os grandes movimentos, as filosofias, os credos, os costumes, as modas, os governos, as nações e todas as outras coisas – nascimento, desenvolvimento, maturidade, decadência, morte. A oscilação do pêndulo está sempre em evidência.

A noite segue o dia, e o dia segue a noite. O pêndulo oscila do Outono ao Inverno, e depois refaz o mesmo caminho. Os corpúsculos, os átomos, as moléculas e todas as massas de matéria oscilam ao redor do círculo que lhes é natural. Não existe nada que se possa chamar de repouso absoluto ou cessação de movimento, e todo movimento participa do Ritmo. O princípio é de aplicação universal. Pode adaptar-se a qualquer questão ou fenômeno de qualquer dos diversos planos de vida. Pode ser aplicado a qualquer fase da atividade humana. Sempre existe a oscilação Rítmica de um polo a outro. O Pêndulo Universal está sempre em movimento. As Marés da Vida sobem e descem de acordo com a Lei.

A ciência moderna compreende bem o Princípio do Ritmo, considerado como uma lei universal quando aplicado às coisas materiais. Mas os Hermetistas levam o princípio muito além, e sabem que suas manifestações e influências se estendem às atividades mentais do Homem, e que explica a desconcertante sucessão de estados de espírito, sentimentos e outras mudanças desagradáveis e desconcertantes que observamos em nós mesmos. Mas os Hermetistas, estudando as operações desse Princípio, aprenderam a evitar, por meio da Transmutação, algumas de suas atividades.

Os Mestres Hermetistas há muito tempo descobriram que, conquanto o Princípio do Ritmo fosse invariável e estivesse sempre em evidência nos fenômenos mentais, ainda havia dois planos de sua manifestação no que diz respeito aos fenômenos mentais. Descobriram que havia dois planos gerais de Consciência, o Inferior e o Superior; o conhecimento desse fato permitiu-lhes ascender ao plano superior e, desse modo, escapar da vibração do pêndulo Rítmico que se manifestava no plano inferior. Em outras palavras, a oscilação do pêndulo ocorria no Plano Inconsciente, e a Consciência não era afetada. A isso chamavam de Lei da Neutralização. Suas operações consistem na elevação do Ego acima das vibrações do Plano Inconsciente da atividade mental, de modo que a oscilação negativa do pêndulo não se manifesta na consciência, razão pela qual não são afetados. É semelhante a elevar-se acima de uma coisa, deixando-a passar debaixo de vós. O Mestre Hermetista ou o estudante avançado polariza-se em seu polo desejado e, por um processo semelhante à "recusa" a participar da oscilação de retorno, ou, se preferir, uma "negação" de sua influência sobre ele, mantém-se firme em sua posição polarizada, permitindo que o pêndulo mental execute sua oscilação de retorno no plano inconsciente. Todas as pessoas que atingiram qualquer grau de mestria pessoal realizam isso mais ou menos inconscientemente e, ao não permitirem que seus humores e estados mentais negativos as afetem, aplicam a Lei da Neutralização. O Mestre, porém, leva essa lei a um grau ainda bem mais elevado de progresso e, pelo uso da sua Vontade, atinge um grau de Equilíbrio e Firmeza Mental quase inacreditável para aqueles que se permitem deixar levar para trás e para diante pelo pêndulo mental dos humores e sentimentos.

A importância disso pode ser constatada por qualquer pessoa de natureza reflexiva que compreenda como a maioria dos seus semelhantes constitui um conjunto de criaturas dotadas de humores, sentimentos e emoções, e quão insignificante é o domínio que elas têm sobre si mesmas. Se quiserdes parar para fazer uma breve reflexão, vereis quantas oscilações de Ritmo afetaram vossa vida – como um período de Entusiasmo foi invariavelmente seguido por sentimentos e estados de Depressão. Do mesmo modo, vossas condições e períodos de Coragem foram seguidos por iguais sensações de Medo. E assim as coisas sempre se passaram com a maioria das pessoas – altos e baixos sucedendo-se uns aos outros sem que elas jamais suspeitassem do motivo ou da razão desses fenômenos mentais. A compreensão das operações desse Princípio dará às pessoas a chave do Domínio dessas oscilações rítmicas dos sentimentos, permitindo-lhes conhecer-se melhor e evitar ser arrastadas por esses fluxos e refluxos. A Vontade é superior à manifestação consciente desse Princípio, embora o Princípio em si nunca possa ser destruído. Podemos escapar dos seus efeitos, mas ainda assim o Princípio estará em operação. O pêndulo sempre oscila, embora possamos impedir que ele nos arraste consigo.

Há outros tipos de operação desse Princípio do Ritmo sobre os quais gostaríamos de falar agora. De suas operações faz parte aquilo que se conhece como Lei da Compensação. Uma das definições ou significados do verbo "Compensar" é "contrabalançar", que é o sentido em que os Hermetistas empregam o termo. É a essa Lei da Compensação que *O Caibalion* se refere quando diz: "A medida da oscilação para a direita é a medida da oscilação para a esquerda; o ritmo compensa".

A Lei da Compensação é a que nos diz que o movimento numa direção determina o movimento na direção oposta, ou para o polo oposto; um balança ou contrabalança o outro. No Plano Físico, vemos muitos exemplos desta Lei. O pêndulo do relógio percorre uma certa distância à direita, e depois uma distância igual à esquerda. As estações se contrabalançam umas às outras da mesma forma. As marés seguem a mesma Lei. E a mesma Lei manifesta-se em todos os fenômenos do Ritmo. O pêndulo, com uma oscilação breve numa direção, tem uma oscilação igualmente breve na outra, enquanto uma oscilação longa à direita significa, invariavelmente, a mesma coisa no que diz respeito à esquerda. Um objeto atirado para cima a uma determinada altura tem a mesma distância a percorrer em seu caminho de volta. A força com que um projétil é lançado à altura de dois quilômetros será a mesma quando ele retornar à terra. Essa Lei é constante no Plano Físico, como vos mostrará uma consulta às obras das mais qualificadas autoridades que já abordaram esse tema.

Os Hermetistas, porém, vão muito mais longe. Eles ensinam que os estados mentais de um homem estão sujeitos à mesma Lei. O homem que tem prazeres intensos está sujeito a sofrimentos desmedidos; ao passo que aquele que sente apenas um sofrimento ligeiro não é capaz de sentir nada além de um prazer inexpressivo. O porco sofre, mas seu sofrimento mental é mínimo – portanto, é compensado. E, por outro lado, há outros animais sobre os quais podemos dizer que são "profundamente felizes", mas cujo sistema nervoso e temperamento levam-nos a passar por grandes sofrimentos. E assim é com o Homem. Existem temperamentos que permitem um grau de prazer quase insignificante, e graus de sofrimento igualmente baixos; ao contrário, há outros que são capazes de prazeres intensos, mas também de grandes sofrimentos. A regra é que a capacidade de sofrimento ou prazer é contrabalançada em cada indivíduo. A Lei da Compensação está aí em constante atuação.

Contudo, os Hermetistas ainda vão mais além nesse assunto. Eles ensinam que, antes que uma pessoa possa desfrutar de um certo grau de prazer, deverá ter oscilado, proporcionalmente, até o polo oposto desse sentimento. Dizem eles, porém, que o Negativo antecede o Positivo nesse aspecto da questão, ou seja, que do fato de ter vivenciado certo grau de prazer não se segue que a pessoa deverá "pagar por isto" com um grau correspondente de sofrimento; ao contrário, o prazer é a oscilação Rítmica, segundo a Lei da Compensação, para um grau de sofrimento anteriormente vivenciado, seja na vida presente ou numa encarnação anterior. Isso lança uma nova luz sobre o Problema do Sofrimento.

Os Hermetistas consideram a cadeia de vidas como algo contínuo, como se fizesse parte de uma vida da pessoa, de modo que, em consequência, a oscilação rítmica fosse entendida dessa maneira, ainda que não tivesse nenhum significado – a não ser que se admitisse a verdade da reencarnação.

Contudo, os Hermetistas sustentam que tanto o Mestre como o estudante avançado são capazes de evitar a oscilação para o lado do Sofrimento graças ao processo de Neutralização já aqui mencionado. Quando alçados ao plano superior do Ego, muitas das experiências às quais se submetem os que habitam o plano inferior podem ser eludidas e evitadas.

A Lei da Compensação tem um papel importante na vida dos homens e das mulheres. Ver-se-á que geralmente uma pessoa "paga o preço" de tudo que possui ou que lhe falta. Se tem alguma coisa, carece de outra – a balança está em equilíbrio. Ninguém consegue "atirar pedra em casa de marimbondo" e sair de mansinho. Tudo tem seus lados agradáveis e desagradáveis. As coisas que se ganham são sempre pagas pelas coisas que se perdem. O rico tem muito do que falta ao pobre, ao mesmo tempo que o pobre também tem coisas que estão fora do alcance dos ricos. O milionário pode ser obcecado por dar grandes festas e ter a riqueza necessária para sustentar todos os luxos e delícias que põe à mesa, mas é possível que lhe falte o apetite para desfrutá-los; ele inveja o apetite e a digestão do operário, que carece da opulência e das inclinações do milionário, e que tem mais prazer com seu simples alimento do que o milionário poderia ter, caso seu apetite não estivesse enfastiado – nem sua digestão arruinada –, porque as necessidades, os hábitos e as inclinações diferem. E assim são as coisas em nossa vida. A Lei da Compensação está sempre em ação, empenhando-se em equilibrar e contrabalançar, e sempre alcançando seu objetivo com o tempo, ainda que muitas vidas possam ser necessárias para que a oscilação do Pêndulo do Ritmo efetue seu movimento de retorno.

Capítulo 12

★ ★ ★

A CAUSALIDADE

*"Toda Causa tem seu Efeito; todo Efeito tem sua Causa;
todas as coisas acontecem de acordo com a Lei;
o Acaso é simplesmente um nome dado a uma Lei não
reconhecida; existem muitos planos de causalidade,
mas nada escapa à Lei."*

— O CAIBALION

O Sexto Grande Princípio Hermético – o Princípio de Causa e Efeito – implica a verdade de que a Lei permeia o Universo; que nada acontece por Acaso; que Acaso é simplesmente uma palavra para indicar uma causa existente, porém não reconhecida ou percebida; que os fenômenos são contínuos, sem interrupção ou exceção.

O Princípio de Causa e Efeito subjaz a todo pensamento científico, antigo e moderno, e foi enunciado pelos Instrutores Herméticos em tempos remotos. Embora tenham surgido muitas e variadas disputas entre as diversas escolas de pensamento, essas polêmicas giravam, sobretudo, em torno dos detalhes das operações do Princípio, e, ainda mais frequentemente, tratavam do significado de determinadas palavras. O Princípio subjacente de Causa e Efeito foi considerado correto por praticamente quase todos os pensadores do mundo dignos desse nome. Pensar de outro modo seria subtrair os fenômenos do universo ao domínio da Lei e da Ordem, e relegá-los ao domínio de algo imaginário a que os homens deram o nome de "Acaso".

Um pouco de atenção mostrará a todos que, na verdade, não existe nada que se possa chamar de puro Acaso. O *Webster's Dictionary* define a palavra "Acaso" da seguinte maneira: "Um suposto agente ou modo de atividade diferente de uma força, uma lei ou um propósito; a operação ou atividade de tal agente; o suposto efeito de tal agente; um acontecimento; contingência; casualidade etc." Contudo, uma breve reflexão vos mostrará que não pode haver um agente como o "Acaso", no sentido de alguma coisa extrínseca à Lei – alguma coisa exterior à Causa e Efeito. Como poderia existir algo que estivesse em ação no universo fenomênico, ignorando por completo as leis, a ordem e a continuidade deste último? Um "algo assim" dependeria por completo da orientação ordenada do universo e seria, portanto, superior a ela. Não podemos imaginar nada fora do TODO que esteja fora da Lei, e isso simplesmente porque o TODO é a própria LEI. Não há lugar no universo para uma coisa fora e independente da Lei. A existência de tal Coisa tornaria sem efeito todas as Leis Naturais, e mergulharia o universo em anarquia e falta de leis.

Um exame cuidadoso mostrará que aquilo que chamamos de "Acaso" nada mais é que um termo destinado a exprimir as causas obscuras; causas que não conseguimos perceber; causas que não conseguimos compreender. Em inglês, "Acaso" (*chance*) deriva de *fall*, que significa "cair" e, como substantivo, "queda" (como em "a 'queda' dos dados"),* dando a ideia de que tal queda (e as de muitos jogos de azar) é simplesmente um "acontecimento fortuito, episódico, eventual" que não tem relação com nenhuma causa. E é esse o sentido em que geralmente se emprega o termo. Todavia, quando a questão é examinada de perto, vê-se que não há nenhum acaso na queda dos dados. Toda vez que, ao ser lançado, um dado mostra um número qualquer, obedece a uma lei tão infalível como a que rege a revolução dos planetas ao redor do Sol. Por trás da queda do dado há causas, ou cadeia de causas, que vão muito além do que a mente pode alcançar. A posição do dado nas mãos, a quantidade de energia muscular despendida no lançamento, a condição da mesa etc., são causas cujo efeito pode ser visto. Contudo, por trás dessas causas observáveis existem cadeias de causas invisíveis, cada uma das quais exerce uma influência sobre o número do dado que se lança para cima.

Se um dado for lançado um grande número de vezes, ver-se-á que os números mostrados serão mais ou menos iguais, isto é, haverá um número razoavelmente igual de um ponto, dois pontos etc., proveniente da posição mais alta. Lançai uma moeda ao ar, e ela poderá cair tanto como "cara" quanto como "coroa"; contudo,

---

* Falta aqui uma explicação mais detalhada. *Chance* vem do Inglês-Médio (*Middle-English, ME*), o inglês de c. 1150 a 1500, o qual, por sua vez, origina-se do Anglo-Francês (*Anglo-French, AF*), ou Anglo-Normando (*Anglo-Norman, AN*), que prevaleceu desde a Conquista Normanda (1066) até o fim da Idade Média. Em ambos os casos, a grafia era *ch(e)aunce*, e sua origem primeira estava no Anglo-Francês (*Anglo-French, AF*), que predominou na Inglaterra depois da Conquista Normanda. A sequência, portanto, será: *ch(e)aunce, chëance, chëoir, cadere*. O último termo, do latim, resultou no verbo "cair" em português. O que se lê no original inglês é: *The word Chance is derived from a word meaning "to fall"*, o que torna praticamente impossível ao leitor brasileiro entender por que razão *chance*, no sentido de "acaso", provém do verbo *fall* ("cair"). (N.R.)

fazei um bom número de arremessos e o número de caras ou coroas ficará praticamente nivelado. Esta é a operação da "lei do termo médio". Contudo, tanto o lançamento mediano como o simples são regidos pela Lei de Causa e Efeito e, se conseguíssemos examinar as causas precedentes, veríamos claramente a impossibilidade de o dado cair de maneira diferente do que o fez, nas mesmas circunstâncias e ao mesmo tempo. Dadas as mesmas causas, os mesmos resultados serão obtidos. Sempre há uma "causa" e um "porquê" para todos os acontecimentos. Nada "acontece" sem uma causa ou, melhor dizendo, sem uma cadeia de causas.

Alguma confusão surgiu na mente de pessoas que consideraram esse Princípio, porque não conseguiram explicar como uma coisa podia ser a causa de outra coisa, isto é, ser a "criadora" da segunda coisa. Na verdade, nenhuma "coisa" pode "causar" ou "criar" outra "coisa". Causa e Efeito lidam apenas com "acontecimentos". Um "acontecimento" *é* "aquilo que advém, chega ou acontece como resultado ou consequência de algum acontecimento precedente". Nenhum evento "cria" outro evento, mas é simplesmente um elo precedente na grande cadeia ordenada de acontecimentos procedentes da Energia Criadora do TODO. Há uma continuidade entre todos os acontecimentos precedentes, consequentes e subsequentes. Há uma relação entre tudo o que veio antes, e tudo o que vem agora. Uma pedra é deslocada de um lugar montanhoso e quebra o teto de uma cabana lá embaixo, no vale. À primeira vista, consideramos isto como um acontecimento aleatório; porém, quando aprofundamos nosso exame da questão, encontramos uma grande cadeia de causas por trás desse acontecimento. Em primeiro lugar, houve a chuva que amoleceu a terra que sustentava a pedra e que a deixou cair; por trás disso, houve a influência do sol, de outras chuvas etc., que gradualmente desintegraram o pedaço de rocha de um pedaço maior; depois, houve as causas que levaram à formação da montanha e seu surgimento do solo graças às convulsões da natureza, e assim por diante, *ad infinitum*. Depois, poderíamos procurar as causas que produziram a chuva. Em seguida, poderíamos examinar as causas da existência do telhado. Em suma, logo nos veríamos envolvidos numa profusão de causas e efeitos, de cujas malhas intrincadas logo desejaríamos nos desenredar.

Assim como um homem tem dois pais, quatro avós, oito bisavós, dezesseis trisavós e assim por diante, até que em quarenta gerações se calcule que o número dos avós remonte a muitos milhões – o mesmo acontece com o número de causas que se oculta sob o mais trivial dos acontecimentos ou fenômenos, como a entrada de um pequeno cisco em vossos olhos. Não é fácil fazer a partícula de fuligem remontar ao período primitivo da história do mundo, quando ela fazia parte de um tronco maciço de árvore que mais tarde foi transformado em carvão, até que finalmente passou diante de vossos olhos em seu caminho rumo a outras aventuras. E uma poderosa cadeia de acontecimentos, causas e efeitos trouxe-o à sua condição atual, e o último desses acontecimentos é apenas uma cadeia de eventos que produzirão ainda outros nos próximos séculos. Uma das séries de acontecimentos decorrentes da minúscula partícula de fuligem foi a escrita destas linhas, que fez com que o tipógrafo e o revisor executassem determinado trabalho, e que produzirá certos pensamentos em vossa mente, o que, por sua vez, influenciará outras mentes, e assim por diante, para além da capacidade de o homem pensar mais longe – e tudo isso a partir da passagem de um minúsculo grão de fuligem! Tudo isso que dissemos mostra a relatividade e associação das coisas, e o fato mais profundo de que "não há coisas grandes nem pequenas na mente que tudo cria".

Detenhamo-nos aqui para refletir por um instante. Se certo homem não tivesse encontrado certa mulher, no obscuro período da Idade da Pedra, o leitor, que agora se debruça sobre estas linhas, não estaria aqui neste momento. E, talvez, se o mesmo casal não tivesse se encontrado, nós, que escrevemos estas linhas, tampouco estaríamos aqui. E o ato mesmo de escrever, de nossa parte, e o ato de ler, da parte do leitor, poderá não só afetar nossas vidas respectivas, mas também poderá exercer uma influência direta ou indireta sobre muitas outras pessoas que agora vivem e que viverão nos tempos vindouros. Toda ideia que nos ocorre, todo ato que praticamos, tem seus resultados diretos ou indiretos que têm seu lugar na grande cadeia de Causa e Efeito.

Por várias razões, nesta obra não queremos entrar em considerações sobre o Livre-Arbítrio, ou o Determinismo. Entre essas diversas razões, a principal é que nenhum lado da controvérsia é totalmente exato – com efeito, ambos os lados são parcialmente verdadeiros, de acordo com os Preceitos Herméticos. O Princípio da Polaridade mostra que ambos são Meias Verdades: os polos opostos da Verdade. Os Preceitos ensinam que o homem pode ser Livre e, ao mesmo tempo, limitado pela Necessidade, dependendo do significado dos termos e da elevação da Verdade a partir da qual a questão é examinada. Os escritores antigos a expressam da seguinte maneira: "Quanto mais distante a criação estiver do Centro, mais limitada estará; quanto mais dele se aproximar, mais Livre será".

A maioria das pessoas é mais ou menos escrava da hereditariedade, do meio ambiente etc., e manifesta muito pouca Liberdade. São guiadas pelas opiniões, costumes e ideias do mundo exterior, e também por suas emoções, sensações e condições etc. Não manifestam nenhum Domínio digno desse nome. Repudiam essa afirmação com desprezo, dizendo: "Ora, claro que sou livre para agir e proceder como bem me apraz – só faço o que quero fazer". Mas não conseguem explicar direito de onde provêm o "quero" e o "como bem me apraz". O que as faz "querer" fazer uma coisa de preferência a outra; por que lhes "apraz" fazer isto e não aquilo? Não há um "porquê" associado a seu "prazer" e "querer"? O Mestre pode transformar esses "prazeres" e "quereres" em outros, na extremidade oposta do polo mental. Ele é capaz de "Querer por querer", em vez de querer porque algum sentimento, estado de espírito, emoção ou sugestão ambiental provoca nele uma tendência ou um desejo de fazer alguma coisa de um jeito, e não de outro.

A maioria das pessoas é arrastada como a pedra que cai, submissa ao meio ambiente, às influências exteriores e às condições e desejos internos, para não falar dos desejos e das vontades de outros mais fortes que elas, da hereditariedade, do ambiente e da sugestão, empurrando-as sem nenhuma resistência, nenhum exercício da Vontade de sua parte. Movidas, como os peões no tabuleiro de xadrez da vida, elas desempenham seus papéis e são postas de lado assim que a partida termina. Os Mestres, porém, conhecendo as regras do jogo, elevam-se acima do plano da vida material e, colocando-se em contato com as forças superiores de sua natureza, dominam seus humores, temperamento, qualidades e polaridade, assim como o meio em que vivem, e deste modo tornam-se Motores em vez de Peões – Causas em vez de Efeitos. Os Mestres não escapam da Causalidade dos planos superiores, mas se ajustam às leis superiores, e assim dominam as circunstâncias no plano inferior. Eles formam uma parte consciente da Lei, sem serem meros instrumentos aleatórios. Enquanto Servem nos Planos Superiores, eles Regem no Plano Material.

Porém, tanto nos planos superiores como nos inferiores, a Lei está sempre em ação. O Acaso não existe. A deusa cega foi abolida pela Razão. Agora podemos ver, com olhos esclarecidos pelo conhecimento, que tudo é regido pela Lei Universal – que o número infinito de leis nada mais é que uma manifestação da Única Grande Lei – a LEI que é o TODO. É uma verdade inconteste que nem mesmo um pardal deixa de ser percebido pela Mente do TODO, assim como todos os nossos fios de cabelo são contados, como disseram as Escrituras. Nada há fora da Lei; nada do que acontece é contrário a ela. Contudo, não cometais o erro de supor que o Homem é simplesmente um cego autômato. Longe disso. Os Preceitos Herméticos ensinam que o Homem pode usar a Lei para superar as leis, e que a vontade superior sempre prevalecerá contra a vontade inferior, até que por fim chegará à etapa em que buscará refúgio na própria LEI, e zombará das leis fenomênicas. Será o leitor capaz de apreender o significado intrínseco de tudo isso?

Capítulo 13

✶ ✶ ✶

O GÊNERO

> *"O Gênero está em tudo; tudo tem*
> *os seus princípios Masculino e Feminino;*
> *o Gênero se manifesta em todos os planos."*
> — O CAIBALION

O Sétimo Grande Princípio Hermético – o Princípio de Gênero – contém a verdade de que há Gênero manifestado em tudo – que os Princípios Masculino e Feminino estão sempre presentes e ativos em todas as fases dos fenômenos e em todos os planos da vida. Neste ponto, julgamos conveniente chamar vossa atenção para o fato de que o Gênero, em seu sentido Hermético, e o Sexo, no uso corrente do termo, não são a mesma coisa.

A palavra "Gênero" deriva da raiz latina que significa "gerar", "criar", "produzir". Uma breve consideração irá mostrar que a palavra tem um significado muito mais amplo e geral que o termo "Sexo", este último referindo-se às distinções físicas entre os seres viventes, machos e fêmeas. O sexo é simplesmente uma manifestação do

Gênero em determinado plano do Grande Plano Físico – o plano da vida orgânica. Queremos inscrever essa distinção em vossas mente porque certos escritores, que adquiriram um conhecimento superficial da Filosofia Hermética, procuraram identificar esse Sétimo Princípio Hermético com as disparatadas, fantásticas e muitas vezes condenáveis teorias e ensinamentos a respeito do Sexo.

O ofício do Gênero consiste unicamente em criar, produzir, gerar etc., e suas manifestações são visíveis em todos os planos dos fenômenos. É um tanto difícil dar provas disto em moldes científicos, pela razão de que a ciência ainda não reconheceu a aplicação universal desse Princípio. Ainda assim, porém, várias provas têm surgido de fontes científicas. Em primeiro lugar, encontramos uma distinta manifestação do Princípio de Gênero entre os corpúsculos, íons ou elétrons, que constituem a base da Matéria como a ciência a conhece atualmente e que, ao idealizarem certas combinações, formam o Átomo, que até bem pouco tempo era considerado como definitivo e indivisível.

A última palavra da ciência é que o átomo é composto de uma infinidade de corpúsculos, elétrons ou *íons* (os diversos nomes são aplicados por diferentes autoridades), que giram uns ao redor dos outros e vibram num elevado grau de intensidade. Contudo, faz-se a afirmação concomitante de que a formação do átomo deve-se realmente ao aglomerado de corpúsculos negativos ao redor de um positivo – os corpúsculos positivos parecem exercer certa influência sobre os corpúsculos negativos, levando estes últimos a formar certas combinações e, assim, a "criar" ou "gerar" um átomo. Isto está em consonância com os mais antigos Preceitos Herméticos que sempre identificaram o princípio masculino de Gênero com o polo "Positivo", e o Feminino com o polo "Negativo" da Eletricidade (assim chamada).

Agora, uma palavra sobre esse ponto relativo a essa identificação. A mente do público formou uma impressão totalmente equivocada sobre as qualidades do chamado polo "Negativo" da matéria eletrificada ou magnetizada. Os termos Positivo e Negativo são muito erroneamente aplicados a este fenômeno pela ciência. O termo Positivo significa algo real e forte, quando se a compara com uma irrealidade ou fragilidade Negativa. Nada está mais longe dos fatos reais dos fenômenos elétricos. O chamado polo Negativo da bateria é realmente o polo no qual e pelo qual se manifesta a geração ou produção de novas formas de energia. Nada há nada de "negativo" que lhe diga respeito. Em vez de "Negativo", as maiores autoridades científicas atuais usam "Cátodo".* Do polo Catódico procede a imensidade de elétrons ou corpúsculos; do mesmo polo emergem esses maravilhosos "raios" que revolucionaram as concepções científicas nos últimos dez anos. O polo Catódico é a Mãe de todos os estranhos fenômenos que tornaram inúteis os velhos livros-texto, e que fizeram muitas teorias aceitas ser proscritas ao amontoado de inutilidades dos programas de especulação científica. O Cátodo, ou Polo Negativo, é o Princípio Materno dos Fenômenos Elétricos e das formas mais sutis da matéria até hoje conhecidas pela ciência. Pode ver, assim, que estamos certos quando nos recusamos a usar o termo "Negativo" em nossas considerações sobre o assunto, e ao insistirmos na substituição do termo antigo pela palavra "Feminino". Os fatos em causa nos levam a isso, sem levar os Preceitos Herméticos em consideração. Portanto,

---

* Os dicionários *Aurélio* e *Melhoramentos* trazem *cátodo*, e não *catodo*, como forma preferencial; diz o *Houaiss* que *catodo* é a forma geral, não preferencial e mais usada. O termo provém do grego *káthodos* ("descida", formado por *katá-* ["para baixo"] e *odós* ["caminho"]. (N.R.)

usaremos a palavra "Feminino" em lugar de "Negativo" sempre que nos referirmos a esse polo de atividade.

Os últimos preceitos científicos nos dizem que os corpúsculos criadores ou elétrons são Femininos (a ciência diz que "eles são compostos de eletricidade negativa" – nós dizemos que são compostos de energia Feminina). Um corpúsculo Feminino se desprende de um corpúsculo Masculino ou, mais precisamente, abandona-o e toma uma nova direção, dando início a uma nova carreira. Busca ativamente uma união com um corpúsculo Masculino, sendo instado a isso pelo impulso natural de criar novas formas de Matéria ou Energia. Um autor chega mesmo a afirmar que, "por sua própria vontade, ele busca imediatamente uma união" etc. Esse desprendimento e essa união formam a base da maior parte das atividades do mundo químico. Quando o corpúsculo Feminino se une com um corpúsculo Masculino, tem início um certo processo. As partículas Femininas vibram rapidamente sob a influência da Energia masculina, e giram rapidamente ao redor desta. O resultado é o nascimento de um novo átomo. Esse novo átomo é realmente composto da união dos elétrons ou corpúsculos Masculinos e Femininos, mas, quando a união se realiza, o átomo torna-se uma coisa separada que tem certas propriedades, mas deixa de manifestar a propriedade da eletricidade livre. O processo de desprendimento ou separação dos elétrons Femininos é chamado "ionização". Esses elétrons ou corpúsculos são os mais ativos "trabalhadores" no campo da Natureza. Provenientes de suas uniões ou combinações, manifestam-se os diversos fenômenos de luz, calor, eletricidade, magnetismo, atração, repulsão, afinidade química e seu contrário, e todos os outros fenômenos de natureza semelhante. E tudo isso provém da operação do Princípio de Gênero no plano da Energia.

O papel do princípio Masculino parece ser o de dirigir uma certa energia inerente para o princípio Feminino e, assim, pôr em atividade os processos criativos. O princípio Feminino, porém, é sempre o único que realiza o trabalho ativo criador – e isso é assim em todos os planos. E, no entanto, cada princípio é incapaz de criar sem a energia do outro. Em algumas formas de vida, os dois princípios estão combinados em um só organismo. Por essa razão, tudo no mundo orgânico manifesta os dois gêneros – o Masculino está sempre presente na forma Feminina, e o Feminino na forma Masculina. Os Preceitos Herméticos contêm muita coisa a respeito da ação dos dois princípios de Gênero na produção e manifestação de diferentes formas de energia etc., mas não nos parece apropriado entrar em detalhes a esse respeito, porque somos incapazes de confirmar essas verdades com provas científicas, pela razão de que a ciência ainda não fez progressos suficientes nesse campo. Contudo, o exemplo que demos dos fenômenos dos elétrons ou corpúsculos mostrará ao leitor que a ciência está no caminho certo, e também poderia lhe dar uma ideia geral dos princípios subjacentes.

Alguns dos mais renomados pesquisadores científicos anunciaram sua opinião de que, na formação dos cristais, seria necessário encontrar alguma coisa correspondente à "atividade sexual", outro indício revelador da direção em que estão soprando os ventos da ciência. E cada ano traz outros fatos para corroborar a exatidão do Princípio Hermético de Gênero. Logo se perceberá que o Gênero está em ação e manifestação constante no campo da matéria inorgânica e no campo da Energia ou da Força. Hoje, a eletricidade é geralmente considerada como "Alguma coisa" em que todas as outras formas de energia parecem fundir-se e dissolver-se. A "Teoria Elétrica do Universo" é a doutrina científica mais avançada, e vem crescendo rapidamente em popularidade e aceitação geral. E assim segue-se que, se pudermos descobrir nos fenômenos da eletricidade – inclusive na fonte mesma de suas manifestações – uma clara e inequívoca evidência da presença do Gênero e suas atividades, estaremos no caminho certo ao levar o leitor a crer que a ciência finalmente apresentou provas da existência, em todos os fenômenos universais, desse grande Princípio Hermético – o Princípio de Gênero.

Não é necessário ocupar nosso tempo com os fenômenos bem conhecidos da "atração e repulsão" dos átomos, a afinidade química, os "amores e ódios" das partículas atômicas, a atração e coesão entre as moléculas de matéria. Esses fatos são demasiado conhecidos para necessitar que façamos comentários mais profundos sobre eles. Porém, o leitor já pensou alguma vez que todas essas coisas são manifestações do Princípio de Gênero? Não terá percebido que os fenômenos estão "em plena sintonia" com os dos corpúsculos ou elétrons? E, mais que isto, terá deixado de notar a racionalidade dos Preceitos Herméticos, que afirmam que a própria Lei da Gravitação – essa estranha atração devido à qual todas as partículas e corpos de matéria no universo tendem uns aos outros – é também outra manifestação do Princípio de Gênero, que opera no sentido de atrair a energia Masculina para a Feminina, e vice-versa? Por ora, não temos provas científicas a oferecer sobre o assunto, mas examinemos os fenômenos à luz dos Preceitos Herméticos sobre ele – pois esse exame talvez nos faça encontrar uma melhor hipótese operacional do que as oferecidas pela ciência física. Submetamos todos os fenômenos físicos à prova, e encontraremos o Princípio de Gênero sempre em evidência.

Passemos agora a um estudo da operação do Princípio no Plano Mental. Muitos fatos interessantes estão à espera de um exame desses.

Capítulo 14

★ ★ ★

O GÊNERO MENTAL

Os estudantes de psicologia que seguiram a tendência moderna do pensamento sobre os fenômenos mentais ficaram surpreendidos pela persistência da mente dual que se tem manifestado tão fortemente nos dez ou quinze últimos anos e que tem dado origem a diversas teorias plausíveis acerca da natureza e constituição dessas "duas mentes". O falecido Thompson J. Hudson adquiriu grande popularidade em 1893, quando propôs sua bem conhecida teoria das "mentes objetiva e subjetiva", que ele afirmou existir em cada indivíduo. Outros escritores atraíram praticamente a mesma atenção com as teorias sobre as "mentes consciente e subconsciente", "mentes voluntária e involuntária", "mentes ativa e passiva" etc. etc. As teorias dos diversos escritores diferem entre si, mas permanece o princípio subjacente da "dualidade da mente".

O estudante de Filosofia Hermética se vê forçado a rir quando lê e ouve qualquer coisa sobre todas essas "novas teorias" acerca da dualidade da mente, cada escola aderindo incisivamente à sua própria teoria favorita e reivindicando ter "descoberto a verdade". O estudante se reporta às páginas da história oculta e, nas origens longínquas dos preceitos ocultos, encontra referências à antiga doutrina Hermética do Princípio de Gênero no Plano Mental – a manifestação do Gênero Mental. E, aprofundando seu exame, ele conclui que a antiga filosofia tinha conhecimento do fenômeno da "mente dual", e dele deu conta pela teoria do Gênero Mental. Essa ideia de Gênero Mental pode ser explicada em poucas palavras aos estudantes que estão familiarizados com as modernas teorias há pouco aludidas. O Princípio Masculino da Mente corresponde à chamada Mente Objetiva, Mente Consciente, Mente Voluntária, Mente Ativa etc. E o Princípio Feminino da Mente corresponde à chamada Mente Subjetiva, Mente Subconsciente, Mente Involuntária, Mente Passiva etc. Sem dúvida, os Preceitos Herméticos não concordam com as diversas teorias modernas sobre a natureza das duas fases da mente, nem admitem muitos fatos atribuídos a seus dois aspectos respectivos –, porque muitas teorias e afirmações são bastante improváveis e incapazes de resistir ao teste da experiência e da demonstração. Assinalamos as fases de concordância simplesmente com o objetivo de ajudar o estudante a assimilar seus conhecimentos já adquiridos com os Preceitos da Filosofia Hermética. Os estudantes de Hudson encontrarão, no princípio do seu segundo capítulo sobre "A Lei dos Fenômenos Psíquicos", a proposição de que "O jargão místico da Filosofia Hermética expõe a mesma ideia geral" – isto é, a dualidade da mente.

Se o dr. Hudson tivesse empenhado mais tempo e energia para decifrar um pouco do "jargão místico da Filosofia Hermética", é possível que tivesse recebido muita luz sobre o tema da "mente dual" – mas então, talvez, sua obra mais interessante poderia não ter sido escrita. Vejamos agora o que os Preceitos Herméticos nos têm a dizer sobre o Gênero Mental.

Para instruir seus discípulos sobre esse tema, os Mestres Herméticos fazem-nos examinar a conexão entre sua consciência e seu Ego.* Eles aprendem a dirigir sua atenção para a morada do Eu, situada no interior de cada ser. Cada estudante é levado a ver que sua consciência lhe faz, primeiro, uma apresentação da existência

---

* No *Caibalion*, particularmente neste capítulo, há muitas referências a *I*, *Me*, *Ego* e *Self*. São palavras de difícil tradução, tendo em vista que, neste livro, não poucas vezes uma delas "invade" o campo semântico de outra. Um maior esclarecimento demandaria um espaço muito maior, sem contar que o tradutor não tem formação nessa área. Tal esclarecimento, portanto, continuaria a ser irrisório. Ficam aqui, então, algumas informações muito básicas sobre esses termos. *I e Me*: Os termos referem-se à psicologia do indivíduo, na qual o "mim" é o aspecto socializado da pessoa, e o "eu" é seu aspecto ativo. O "eu" possibilita a adaptação à realidade. Aqui, foram traduzidos como "eu" e "mim". *Ego*: Para a teoria freudiana, a parte da estrutura da personalidade que lida com a realidade externa e controla as energias do *id* (ainda segundo Freud, o *id* é a parte primitiva da personalidade inconsciente, caracterizada por reações emocionais extremas e demandas por gratificações imediatas). Literalmente, Ego significa "eu", e seu emprego mais geral remete ao senso de identidade, ou *self*. Em pesquisa empírica, o *self* é hoje entendido sobretudo como imagem de si mesmo, isto é, com a percepção que um sujeito tem de si mesmo. Aqui, quando traduzido, não houve unicidade de tradução. *Self*: O ser total, essencial ou particular de uma pessoa ou um indivíduo; o ego; aquilo que sabe, que se lembra, deseja, sofre etc., em contraste com o que é conhecido, lembrado etc. O *self* pode ser definido como o princípio unificador, que subjaz a toda experiência subjetiva. Nos dicionários de inglês, a palavra *self* tem três valores possíveis como classe de palavra: substantivo, forma pronominal e prefixo. Como substantivo, que é a que nos interessa aqui, tem um valor equivalente a "identidade", "natureza" ou "forma de ser". O comentário acima, sobre a tradução (ou não) de Ego, aplica-se igualmente aqui. (N.T.)

de seu Ser – o que se manifesta na afirmação "Eu sou". A princípio, isso parece ser a última palavra da consciência, mas um exame um pouco mais profundo descobre que esse "Eu sou" pode ser separado ou dividido em duas partes distintas, dois aspectos, os quais, apesar de agirem em uníssono e em conjunção, podem ser separados na consciência.

Ainda que à primeira vista só pareça existir um "Eu", um exame mais cuidadoso e profundo mostra que existe um "Eu" e um "Mim". Esses gêmeos mentais diferem em suas características e sua natureza, e um exame desta e dos fenômenos que dela procedem poderá lançar luz sobre muitos dos problemas da influência mental.

Permita-nos o leitor considerar inicialmente o "Mim", que em geral será confundido com o "Eu" pelo estudante enquanto ele não levar sua pesquisa às profundezas de sua consciência. Um homem pensa em seu Eu (em seu aspecto de "Mim") como algo formado por certos sentimentos, preferências, aversões, hábitos, ligações peculiares, características etc., que contribuem para a formação de sua personalidade, ou o "Eu" conhecido a si próprio e aos demais.

Ele sabe que esses sentimentos e emoções mudam, nascem e morrem e estão sujeitos aos Princípios do Ritmo e da Polaridade, que o levam de um sentimento extremo a outro. Ele também pensa que o "Eu" nada mais é que certo conhecimento reunido em sua mente e que, desse modo, é parte dele mesmo. Tal é o "Eu" de um homem.

Porém, estamos expondo nossas ideias com muita pressa. Podemos dizer que o "Mim" de muitos homens consiste de sua consciência corporal, eles praticamente "habitam esses domínios". Muitos homens chegam ao ponto de considerar seu vestuário como parte do seu "Mim" e, na verdade, parecem considerá-lo como uma extensão de si mesmos. Um autor dotado de viés humorístico afirmou que os "homens se compõem de três partes – alma, corpo e indumentária".

Essas "pessoas demasiado apegadas à indumentária" perderiam sua personalidade se fossem desnudadas por selvagens depois de um naufrágio. Porém, mesmo aqueles que não são tão fortemente apegados à ideia do vestuário pessoal afirmam, sem relutar, que a consciência de seu corpo é seu "Mim". Não concebem um "mim" independente do corpo. Sua mente lhes parece ser praticamente "algo que pertence a" seu corpo – o que é verdadeiro em muitos casos.

Porém, à medida que o homem sobe na escala da consciência, ele consegue desenredar seu "Mim" de sua ideia do corpo, sobre o qual é capaz de pensar como "pertencente à" sua parte mental. Contudo, mesmo nesse momento ele estará muito apto a identificar totalmente o "Mim" com os estados mentais, as emoções etc., que ele sente existir dentro de si. É capaz de considerar esses estados internos como idênticos a ele mesmo, em vez deles serem simplesmente "coisas" produzidas por uma parte de sua mentalidade e existindo dentro dele – sendo suas, estando nele, mas não sendo ainda "ele mesmo". Compreende que pode mudar esses estados de estados interiores de sentimentos por um esforço da vontade, e que pode, do mesmo modo, produzir sentimentos ou estados de uma natureza totalmente contrária, e, contudo, dar-se-á conta de que o que existe é o mesmo "Mim". E assim, passado algum tempo, ele será capaz de deixar de lado esses vários estados mentais, as emoções, os hábitos, as qualidades, as características e outras coisas mentais que lhe pertencem – é capaz de deixá-las de lado em sua coleção de curiosidades, embaraços e estorvos bem como de pertences de valor. Isto requer muita concentração mental e poderes de análise mental da parte do estudante. Porém, mesmo assim a tarefa é possível para os estudantes avançados, e mesmo os que não atingiram esse nível podem ver, em imaginação, como o processo pode ser realizado.

Depois que o processo de deixar de lado foi executado, o estudante terá o domínio consciente de um "Ser" que pode ser considerado em seus dois aspectos de "Eu" e de "Mim": O "Mim" será percebido como uma coisa mental em que pensamentos, ideias, emoções, sensações e outros estados mentais são produzidos. Pode ser considerado como o "núcleo mental", como o chamavam os antigos – capaz de gerar rebentos mentais. Manifesta-se à consciência como um "Mim" dotado de poderes latentes de criação e geração de progênies mentais das mais diversas naturezas. Sente-se que suas forças de Energia Criadora são enormes; contudo, parece ser consciente de que deve receber alguma forma de energia, quer de seu "Eu" acompanhante, quer de algum outro "Eu", antes de conseguir trazer à existência suas criações mentais. Essa consciência traz consigo a consciência de uma enorme capacidade para a operação mental e habilidade criativa.

O estudante, porém, não demora a descobrir que isso não é tudo o que ele encontra em sua consciência interior. Percebe que existe ali um Algo mental que é capaz de Querer que o "Mim" atue em consonância em certas linhas criativas, e que também é capaz de colocar-se à parte e testemunhar a criação mental. Ensinam-lhe a chamar essa parte de si próprio como seu "Eu". Ele não encontra aí a consciência de uma capacidade de gerar e criar ativamente, no sentido do processo gradual comum às operações mentais, mas o sentido e a consciência da capacidade de projetar uma energia que vai do "Eu" para o "Mim" – um processo de "querer" que a criação mental comece e continue. Ele também percebe que o "Eu" é capaz de colocar-se à parte e testemunhar a criação e a geração mental do "Mim". Esse aspecto duplo existe na mente de cada pessoa. O "Eu" representa o Princípio Masculino do Gênero Mental – o "Mim" representa o Princípio Feminino. O "Eu" representa o Aspecto de Ser; o "Mim", o Aspecto de Vir a Ser.

Devemos saber que o Princípio da Correspondência opera neste plano do mesmo modo que o faz no grande plano em que é feita a criação dos Universos. Ambos são semelhantes, porém muito diferentes em grau. "Assim em Cima como Embaixo, Assim Embaixo como em Cima".

Esses aspectos da mente – os Princípios Masculino e Feminino – o "Eu" e o "Mim" –, considerados em relação com os famosos fenômenos mentais e psíquicos, dão a chave mestra que nos permite adentrar essas regiões desconhecidas e extremamente obscuras de operação e manifestação mental. O Princípio de Gênero Mental manifesta a verdade subjacente ao vasto campo dos fenômenos de influência mental etc.

A tendência do Princípio Feminino consiste sempre em receber impressões, ao passo que a tendência do Princípio Masculino consiste sempre em dá-las ou exprimi-las. O Princípio Feminino tem um campo de operação muito mais variado que o Princípio Masculino. O Princípio Feminino conduz o trabalho da geração de novos pensamentos, conceitos, ideias, inclusive as obras da imaginação. O Princípio Masculino contenta-se com o trabalho da "Vontade", em suas diversas fases. E assim, sem o auxílio ativo da vontade do Princípio Masculino, o Princípio Feminino pode contentar-se com a geração de imagens mentais que são o resultado de impressões recebidas de fora, em vez de produzir criações mentais originais.

As pessoas que conseguem prestar atenção ininterrupta a um determinado assunto, empregam ativamente os dois Princípios

Mentais – o Feminino, para o trabalho ativo de geração mental, e a Vontade Masculina para estimular e energizar a porção criativa da mente. A maioria das pessoas realmente emprega o Princípio Masculino com parcimônia, e dão-se por satisfeitas em viver de acordo com os pensamentos e as ideias instiladas em seu "Mim" a partir do "Eu" de outras mentes. Não nos move aqui, porém, a intenção de insistir nessa fase do tema, que pode ser estudada em qualquer bom manual de psicologia, com a chave que demos ao leitor no que diz respeito ao Gênero Mental.

O estudante dos Fenômenos Psíquicos está ciente dos admiráveis fenômenos classificados sob o título de Telepatia, Transmissão de Pensamento, Influência Mental, Sugestão, Hipnotismo etc. Muitos buscaram uma explicação dessas várias fases de fenômenos nas teorias dos diversos mestres que preconizam a "mente dual". Em certa medida estão certos, porque há claramente uma manifestação de duas fases distintas da atividade mental. Porém, se esses estudantes considerarem essas mentes duplas à luz dos Preceitos Herméticos a respeito das Vibrações e do Gênero Mental, entenderão que têm em mãos a chave que com tanto esforço haviam buscado.

Nos fenômenos de Telepatia vê-se como a Energia Vibratória do Princípio Masculino é projetada para o Princípio Feminino de outra pessoa, e como esta toma o pensamento embrionário e o desenvolve até a maturidade. A Sugestão e o Hipnotismo operam da mesma maneira. O Princípio Masculino da pessoa que dá as sugestões dirige um fluxo de Energia Vibratória ou uma Força de Vontade para o Princípio Feminino da outra pessoa; e esta, ao aceitá-la, recebe-a em si mesma e age e pensa de conformidade com ela. Uma ideia assim alojada na mente de uma pessoa cresce e se desenvolve e, com o tempo, é vista como a melhor produção mental do indivíduo, embora seja, na verdade, como o ovo do cuco colocado no ninho do pardal, onde destrói a verdadeira progênie e se põe no ninho. O método normal é fazer com que, na mente de uma pessoa, os Princípios Masculino e Feminino se coordenem e atuem em estreita ligação uma com a outra. Infelizmente, porém, na pessoa comum o Princípio Masculino é demasiado lento para agir – a demonstração de boa vontade é muito incipiente –, e a consequência é que essas pessoas são controladas quase que totalmente pela mente e pela vontade de outras pessoas, às quais elas permitem pensar e querer em seu lugar. Em que medida os pensamentos ou as ações originais nascem da mente de uma pessoa comum? Em sua maioria, as pessoas comuns não são meras sombras ou ecos de outras, que têm vontades ou mentes mais fortes que as delas? Isto acontece porque a pessoa comum vive quase totalmente em sua consciência do "Mim", sem se dar conta de que possui algo como um "Eu". Está polarizada no seu Princípio Feminino da Mente, e permite-se que o Princípio Masculino, em que se aloja a Vontade, permaneça inativo e sem uso.

Os homens e as mulheres fortes do mundo manifestam invariavelmente o Princípio Masculino da Vontade, e a sua força depende materialmente desse fato. Em vez de viver das impressões dadas às suas mentes pelos outros, dominam sua própria mente por sua Vontade, obtendo a espécie desejada de imagens mentais, e além disso dominam do mesmo modo a mente dos outros. Observem como as pessoas fortes implantam seus pensamentos embrionários na mente das massas, levando-as, assim, a pensar de acordo com seus desejos e vontades. É por isso que as massas são formadas por pessoas de índole tão passiva, incapazes de ter ideias próprias ou de usar sua própria capacidade de atividade mental.

A manifestação do Gênero Mental pode ser observada ao nosso redor todos os dias da vida. As pessoas magnéticas são as que podem empregar o Princípio Masculino com o fim de incutir suas ideias nos outros. O ator que faz o público chorar ou rir a seu bel-prazer, está usando esse princípio. E sucessivamente o mesmo acontece com outras pessoas bem-sucedidas: o orador, o estadista, o pregador, o escritor ou qualquer pessoa que conte com a admiração do público. A influência particular exercida por algumas pessoas sobre outras se deve à manifestação do Gênero Mental, nos moldes da linha Vibratória acima indicada. Neste princípio encontra-se o segredo do magnetismo pessoal, da influência pessoal, da fascinação etc., assim como os fenômenos geralmente agrupados sob o nome de Hipnotismo.

 O estudante que se familiarizou com os fenômenos geralmente chamados de "psíquicos" terá descoberto o importante papel desempenhado nos ditos fenômenos por essa força que a ciência chamou de "Sugestão", com que se quer dar a entender o processo ou método pelo qual uma ideia é transferida à mente de outro, ou sobre ela "impressionada", levando a segunda mente a atuar em consonância com ela. Um perfeito entendimento da Sugestão é necessário para se compreender, com inteligência, os variados fenômenos psíquicos que estão na base da Sugestão. Contudo, ainda mais necessário é um conhecimento da Vibração e do Gênero Mental para o estudante da Sugestão. Porque o Princípio da Sugestão como um todo depende do princípio de Gênero Mental e da Vibração.

 Os escritores e mestres da Sugestão têm o hábito de explicar que a mente "objetiva ou voluntária" é o que cria a impressão mental, ou a sugestão, na mente "subjetiva ou involuntária". Porém, não descrevem o processo nem nos oferecem, na natureza, qualquer analogia que nos ajude a entender melhor a ideia. Contudo, se o leitor quiser refletir sobre a questão à luz dos Preceitos Herméticos, não lhe será difícil constatar que o fortalecimento do Princípio

Feminino pela Energia Vibratória do Princípio Masculino está em concordância com as leis universais da natureza, e que o mundo natural oferece incontáveis analogias por meio das quais o princípio pode ser compreendido. Com efeito, os Preceitos Herméticos mostram que a própria criação do Universo segue a mesma lei, e que em todas as manifestações criativas, nos planos espiritual, mental e psíquico, está sempre em operação o princípio de Gênero – essa manifestação dos Princípios Masculino e Feminino. "Assim em cima como embaixo, assim embaixo como em cima." E, mais ainda, quando se assimila e compreende o princípio de Gênero Mental, os diferentes fenômenos da psicologia tornam-se imediatamente suscetíveis de classificação e estudo inteligentes, em vez de permanecerem obscuros. O princípio se "concretiza" na prática, uma vez que tem por base as leis universais e imutáveis da vida.

Não faremos uma descrição ou discussão pormenorizada e exaustiva dos diferentes fenômenos da influência mental ou da atividade psíquica. Há um grande número de livros, muitos dos quais muito bons, que foram escritos e publicados sobre esse assunto nos últimos anos. Os principais fatos apresentados nesses livros são corretos, apesar do fato de cada autor ter tentado explicar os fenômenos por diferentes teorias de sua própria lavra. O estudante pode familiarizar-se com essas questões e, usando a teoria do Gênero Mental, conseguirá pôr ordem nesse caos de teorias e ensinamentos conflitantes; além do mais, se estiver propenso a fazê-lo, poderá facilmente tornar-se mestre no assunto. O objetivo do presente trabalho não é fazer um relato abrangente dos fenômenos psíquicos, mas dar ao estudante uma chave mestra por meio da qual ele possa abrir as inúmeras portas que levam às partes do Templo do Conhecimento que ele talvez queira explorar. Esperamos que, nesse exame dos ensinamentos de O Caibalion, os interessados possam encontrar uma explicação que os ajude a esclarecer muitas dificuldades aparentemente impenetráveis – uma chave que lhes abrirá muitas portas.

Qual a utilidade de aprofundar a busca de detalhes sobre todas as várias características dos fenômenos psíquicos e da ciência mental, se não for para colocarmos ao alcance do estudante as ideias pelas quais ele pode receber um alto grau de instrução a respeito de cada aspecto do assunto de seu interesse? Com o auxílio de O *Caibalion*, ele pode refazer o percurso que o levará novamente a qualquer biblioteca oculta, com a velha Luz do Egito iluminando muitas páginas sombrias e assuntos obscuros. Esse é o objetivo deste livro. Não viemos expor nenhuma nova filosofia, mas, antes, apresentar as linhas gerais de um grandioso ensinamento do mundo antigo, destinadas a tornar mais claros os ensinamentos de outros sistemas filosóficos – elas servirão como um Grande Reconciliador de diferentes teorias e doutrinas opostas.

Capítulo 15

✶ ✶ ✶

AXIOMAS HERMÉTICOS

"Quando não acompanhada por uma manifestação e uma expressão em ação, a posse do Conhecimento em nada difere do acúmulo de metais preciosos – uma coisa inútil e tola. O Conhecimento, como a Riqueza, a posse do Conhecimento sem ser acompanhada de uma manifestação ou expressão em Ação é como o acúmulo de metais preciosos, uma coisa vã e tola. Como a riqueza, o Conhecimento é destinado ao Uso. A Lei do Uso é Universal, e aquele que a viola sofre em razão de seu conflito com as forças naturais."

— O CAIBALION

Os Preceitos Herméticos, conquanto sempre tenham sido bem guardados na mente dos seus afortunados possuidores, por razões que já expusemos aqui, nunca foram destinados a ser simplesmente acumulados e ocultados. A Lei do Uso está contida nos Preceitos, se pode ver na referência ao *Caibalion* da citação acima, que a estabelece categoricamente. O Conhecimento sem o Uso e a Expressão é uma coisa vã, que não traz nenhum bem a seu possuidor ou à raça. Guarde-se o leitor contra a Avareza Mental e expresse em Ação aquilo que tiver aprendido. Estude os Axiomas e Aforismos, mas não deixe de praticá-los.

Apresentamos a seguir alguns dos mais importantes Axiomas Herméticos extraídos do *Caibalion*, com alguns comentários explicativos acrescentados a cada um. O leitor deve fazer o mesmo, praticando-os e usando-os, porque eles nunca lhe pertencerão, de fato, enquanto não tiverem sido Usados.

> *"Para mudar a vossa disposição de espírito ou vosso estado mental, mudai vossa vibração."*
> — O CAIBALION

Todos podem mudar suas vibrações mentais por um esforço da Vontade na direção determinada, fixando deliberadamente a Atenção num estado mais desejável. A Vontade dirige a Atenção, e esta muda a Vibração. Cultivem a Arte da Atenção por meio da Vontade e, desse modo, encontrarão o segredo do Domínio dos Humores e dos Estados Mentais.

> *"Para destruir um índice desagradável de vibração mental, colocai em operação o Princípio da Polaridade e concentrai-vos no polo oposto ao que desejais suprimir. Destruí o desagradável mudando sua polaridade."*
> — O CAIBALION

Esta é uma das Fórmulas Herméticas mais importantes. Baseia-se em verdadeiros princípios científicos. Mostramos-lhes que um estado mental e o seu oposto nada mais são que os dois polos de uma só coisa, e que a polaridade pode ser invertida pela Transmutação Mental. Esse princípio é conhecido pelos psicólogos modernos, que o aplicam para a eliminação de hábitos desagradáveis, pedindo a seus discípulos que se concentrem na qualidade oposta. Se forem acometidos pelo medo, não percam tempo tentando "destruir" esse medo, mas cultivem a qualidade da Coragem e verão que o Medo desaparecerá. Muitos escritores exprimiram essa ideia de modo muito incisivo, usando o exemplo do quarto escuro. Uma pessoa não precisa "matar" a Escuridão, basta abrir as janelas e deixar a Luz entrar, fazendo com que a Escuridão desapareça. Para destruir uma qualidade Negativa, ela deve concentrar-se no Polo Positivo dessa mesma qualidade, e as vibrações passarão gradualmente do Negativo ao Positivo até que, finalmente, tal pessoa ficará polarizada no polo Positivo, e não no Negativo. O contrário também é verdade, como muitos tiveram a má sorte de descobrir quando se permitiram vibrar com demasiada constância no polo Negativo das coisas. Pela mudança de polaridade, podemos dominar nossos defeitos, mudar nossos estados mentais, refazer nossas disposições de espírito e levar à edificação de um caráter. Grande parte do Domínio Mental dos Hermetistas avançados deve-se a essa aplicação de Polaridade, que é um dos aspectos mais importantes da Transmutação Mental. Tenham em mente o Axioma Hermético (já aqui citado), que diz:

> "A Mente (assim como os metais e os elementos) pode ser transmutada de estado em estado; de grau em grau; de condição em condição; de polo em polo; de vibração em vibração."
> — O CAIBALION

O domínio da Polarização é o domínio dos princípios fundamentais da Transmutação Mental ou da Alquimia Mental, porque, a não ser que adquira a arte de mudar sua própria polaridade, ninguém poderá vivem em seu entorno. A compreensão perfeita desse princípio tornará a pessoa apta a mudar sua própria Polaridade, bem como a dos outros, caso se disponha a dedicar parte do seu tempo ao estudo e à prática necessários para possuir tal arte. O princípio é verdadeiro, mas os resultados obtidos dependem da paciência e da prática persistente do estudante.

> *"O Ritmo pode ser neutralizado pela aplicação da Arte da Polarização."*
> — O CAIBALION

Como explicamos em capítulos anteriores, os Hermetistas ensinam que o Princípio de Ritmo se manifesta tanto no Plano Mental como no Plano Físico, e que a extraordinária sucessão de humores, sensações, emoções e outros estados mentais, deve-se à oscilação para trás e para a frente do pêndulo mental que nos leva de um extremo de sensação a outro. Os Hermetistas também ensinam que a Lei da Neutralização habilita a pessoa a superar, em grande parte, a ação de Ritmo na consciência. Como explicamos, há um Plano Superior de Consciência, do mesmo modo que um Plano Inferior intermediário, e o Mestre, ao elevar-se gradualmente ao Plano Superior, obriga a oscilação do pêndulo mental a se manifestar no Plano Inferior; durante esse tempo, ele, que alcançou o Plano Superior, fica livre da consciência da oscilação de retorno do pêndulo. Isto acontece mediante a polarização no Ser Superior, elevando-se, assim, as vibrações mentais do Ego acima daquelas do plano ordinário de consciência. Isso é semelhante a elevar-se acima de uma coisa, deixando-a passar por baixo de vós. O Hermetista avançado polariza-se no Polo Positivo do seu Ser: o polo do "Eu sou", e não do polo da personalidade, e, pela "recusa" e "negação" da ação de Ritmo, eleva-se sobre seu próprio plano de consciência; e, permanecendo firme em sua Manifestação do Ser, permite que o pêndulo oscile para trás, no Plano Inferior, sua Polaridade. Isso pode ser realizado por todas as pessoas que atingiram qualquer grau de autodomínio, quer compreendam a lei, quer não. Tais pessoas simplesmente se "recusam" a deixar-se mover pelo pêndulo dos humores ou emoções, e, afirmando categoricamente sua superioridade, permanecem polarizadas no polo Positivo. O Mestre, sem dúvida, obtém um grau de eficiência muito maior, pois entende a lei que está dominando por uma lei muito superior e, pelo emprego de sua Vontade, alcança um grau de Equilíbrio e Tenacidade Mental quase impossível de crer pelos que se deixam oscilar para a frente e para trás pelo pêndulo mental dos humores e emoções.

Contudo, não se esqueça de que, na verdade, você não destruirá o Princípio do Ritmo, pois ele é indestrutível. Você pode simplesmente sobrepujar uma lei contrabalançando-a com outra e, desse modo, assim manter-se em equilíbrio. As leis de equilíbrio e contrapeso estão em ação tanto nos planos mentais como nos físicos, e a compreensão dessas leis habilita o homem aparentemente a destruir as leis quando, na verdade, ele nada mais faz além de contrabalançá-las.

> *"Nada escapa ao Princípio de Causa e Efeito, mas existem muitos Planos da Causalidade, e é possível usar as leis do plano superior para sobrepujar aquelas do plano inferior."*
> — O CAIBALION

Graças à compreensão das práticas de Polarização, os Hermetistas elevam-se a um plano superior da Causalidade e, assim, contrabalançam as leis dos planos inferiores da Causalidade. Elevando-se sobre o plano das Causas ordinárias, tornam-se, eles mesmos – até certo ponto –, "Causas", em vez de meras "coisas Causadas". Por serem capazes de dominar seus próprios humores e sentimentos, e por conseguirem neutralizar o Ritmo, como já explicamos, eles podem escapar de grande parte das operações de Causa e Efeito do plano ordinário. As massas populares deixam-se conduzir, obedientes a seus guias, às vontades e desejos das pessoas mais fortes que elas, aos efeitos das tendências hereditárias, às sugestões dos que as rodeiam, e a outras causas exteriores, que tendem a movê-las no tabuleiro de xadrez da vida como simples peões. Elevando-se sobre essas causas passíveis de influenciá-los, os Hermetistas avançados alcançam um plano elevado de ação mental e, dominando seus humores, seus impulsos e sentimentos, criam para si próprios novos caracteres, qualidades e poderes que lhes permitem, desse modo, dominar seu entorno habitual e se transformar em, assim, praticamente jogadores em vez de simples peões. Essas pessoas ajudam a jogar o jogo da vida de maneira consciente, sem que nada as mova nem as leve para lá e para cá por meio de influências, poderes e vontades superiores. Usam o Princípio de Causa e Efeito, em vez de serem por ele usadas, seguindo em frente com mais força e vontade. Sem dúvida, até os maiores Mestres estão sujeitos ao Princípio, tal como se manifesta nos planos superiores; nos planos inferiores de atividade, porém, são Mestres, em vez de Escravos. Como diz O *Caibalion*:

> *"Os Sábios servem no plano superior, mas governam no inferior. Obedecem às leis que vêm de cima, mas, no seu próprio plano e nos que lhes são inferiores, governam e dão*

ordens. E, assim fazendo, formam uma parte do Princípio, sem se oporem a ele. O sábio concorda com a Lei e, compreendendo seu movimento, ele o executa, em vez de ser seu escravo cego. Do mesmo modo que o hábil nadador faz seu caminho neste e naquele sentido, conforme a sua vontade, sem ser como o pedaço de madeira que, sem condições de escolher, é levado ao sabor das ondas – assim é o sábio em comparação com o homem comum – e, contudo, tanto o nadador e a madeira como o sábio e o ignorante estão sujeitos à Lei. Aquele que compreende isso está, sem dúvida nenhuma, no caminho que leva à Mestria."

— O CAIBALION

Em conclusão, permiti-nos chamar vossa atenção para o Axioma Hermético:

"A verdadeira Transmutação Hermética
é uma Arte Mental."

— O CAIBALION

No axioma acima, os Hermetistas ensinam que a grande obra de influenciar o próprio entorno é realizada pelo Poder Mental. Sendo o Universo totalmente mental, é evidente que só pode ser regido pela Mentalidade. E nessa verdade contém a explicação de todos os fenômenos e a manifestação de todos os diversos poderes mentais que vêm atraindo tanta atenção e têm sido tão estudados nesses primeiros anos do século XX. Por baixo e por trás dos ensinamentos dos diversos cultos e escolas permanece, sempre constante, o princípio da Substância Mental do Universo. Se o Universo é Mental em sua natureza substancial, segue-se que a Transmutação

Mental pode mudar as condições e os fenômenos do Universo. Se o Universo é Mental, segue-se que a Mente será o poder mais elevado que influencia seus fenômenos. Se essa verdade for bem compreendida, então se conhecerá a verdadeira natureza de tudo aquilo que se costuma chamar de "milagres" e "prodígios".

> "O TODO É MENTE; o *Universo é Mental.*"
> — O CAIBALION

FINIS

AS SETE LEIS CÓSMICAS

★ ★ ★

WILLIAM WALKER ATKINSON

Sumário

✷ ✷ ✷

Prefácio
As sete Leis Cósmicas   203

Capítulo I
Introdução   205

Capítulo II
Lei Cósmica e Leis Cósmicas   209

Capítulo III
As Sete Leis Cósmicas   215

Capítulo IV
A Lei Cósmica da Unidade na Diversidade   221

Capítulo V
A Lei Cósmica da Atividade   239

Capítulo VI
A Lei Cósmica da Mudança   255

Capítulo VII
A Lei Cósmica da Causalidade   269

Capítulo VIII
A Lei Cósmica do Ritmo ou Periodicidade   283

Capítulo IX
A Lei Cósmica da Polaridade   299

Capítulo X
A Lei Cósmica do Equilíbrio ou Compensação   313

Prefácio
AS SETE LEIS CÓSMICAS

✶ ✶ ✶

Philip Deslippe

William Walker Atkinson manteve a visão de mundo de sua carreira inicial, a de advogado, durante toda sua vida como escritor, tentando constantemente descrever o funcionamento oculto e esotérico do Universo em termos de uma série de leis ou princípios cósmicos.

As Setes Leis Cósmicas não é apenas o último manuscrito deixado por Atkinson, concluído em março de 1931; é também seu último empenho em criar um conjunto de leis fundamentais, um trabalho contínuo que começou com *O Caibalion* (1908), foi revisado nos primeiros dois volumes do livro *Arcane Thinking* (1909), sem identificação do autor, e de *The Secret Doctrine of the Rosicrucians* (1918), escrito com o pseudônimo de Magus Incognito.

Entre essas grandes obras e as numerosas menções irrelevantes aos princípios cósmicos e a leis atemporais em seus outros escritos, fica claro que Atkinson reformulou e modificou essas ideias durante a maior parte de três décadas. Em *As Sete Leis Cósmicas*, ficamos com um Universo descrito por William Walker Atkinson não apenas em termos de seu funcionamento e sua mecânica, como ele fez em sua obra anterior, mas com um Universo que é intrínseca e essencialmente ordenado, equilibrado e harmonioso.

Atkinson acreditava que as ciências mentais cuja causa ele defendia, como *New Thought* e *Suggestion*, tinham suas raízes em preceitos filosóficos e ocultos muito mais antigos, e que vinham sendo constantemente validados pelos avanços tecnológicos e conquistas científicas de sua própria época. Em ocasiões distintas, ele referia-se ao "New Thought" como "Old Thought" e "The New Psychology". O elevado número de passagens citadas que compõem grande parte de *As Sete Leis Cósmicas* ajuda a oferecer-nos um panorama não apenas para os títulos específicos que Atkinson estava lendo, mas também para suas influências e afinidades. De modo significativo, os autores e pensadores cujas ideias ele acata reiteradamente são aqueles que tentaram conciliar mundos diferentes em sua obra: natureza e religião, Oriente e Ocidente, ciência física e metafísica. Depois da leitura de *As Sete Leis Cósmicas*, fica claro que William Walker Atkinson via a si próprio e ao conjunto de sua obra sob uma mesma luz, uma exploração de 31 anos de preceitos antigos e ocultos, do funcionamento da mente humana e da natureza do Universo que, em última análise, permitia ver esses fenômenos como aspectos diferentes de uma única Verdade.

As citações internas entre parênteses são do autor original, do modo como ele as incluiu no manuscrito; as notas de rodapé foram inseridas pelo editor, com o objetivo de dar mais clareza e contexto à obra.

Capítulo I

✶ ✶ ✶

INTRODUÇÃO

No decorrer de certo trabalho de pesquisa que demorou vários anos para ser concluído, o autor foi convidado a investigar e descrever muitas formas de pensamento e especulação filosóficos que atraíram e chamaram a atenção da mente de indivíduos de todas as idades e nações. Sem dúvida, isso o colocou em estreito contato com tal pensamento, tanto aquele dos tempos mais remotos quanto os do presente imediato; tanto em suas formas exotéricas ou exteriores, mais populares, como em suas formas esotéricas ou interiores, que sempre estão presentes nos antigos sistemas de pensamento filosófico.

No decurso dessa obra, e agora, quando o autor volta os olhos para o passado e se depara com um caminho tão trilhado, ele estava, e ainda está, impressionado pelo importante fato de que, em quase todos esses sistemas de pensamento, ainda está por encontrar ou a declaração expressa ou, pelo menos, a admissão tácita da aceitação tácita de certas leis fundamentais que regem o comportamento das coisas e dos eventos do mundo fenomênico em geral e em particular. Isso é verdade não só no que diz respeito aos sistemas filosóficos de tempos remotos, como os da Índia ou Grécia antiga, e centros semelhantes das culturas do passado, mas até mesmo aos sistemas mais avançados do pensamento filosófico e científico de nossa época e nossos países. A esse respeito, em muitos casos é inquestionável que o pensamento científico do moderno Ocidente serve para corroborar robustamente os preceitos do Oriente.

Essas leis que regem o *modus operandi* das coisas naturais, tanto psíquicas como físicas, parecem ter sido consideradas no passado, mas também em nossos dias, como evidentes por si mesmas, axiomáticas, sem precisar de argumentos ou provas essenciais, dotadas de validade suficiente por sua própria racionalidade e pelos relatos de experiências inteligentes, em vez de serem meras teorias ou hipóteses especulativas, com reservas mentais. Em outras palavras, elas parecem ter sido aceitas, mesmo no passado distante, como se já estivessem em consonância com as exigências para submeter a testes o critério fundamental de crença e Verdade que, muito tempo depois, seria anunciado por Herbert Spencer em sua célebre afirmação de que "em última análise, devemos aceitar como verdadeira uma proposição cuja negação seja inconcebível".[1]

Embora as "leis" acima mencionadas sejam encontradas com grande frequência nos vários escritos das diferentes escolas de pensamento filosófico, exotérico e esotérico, oriental e ocidental, antigo e moderno, como já dissemos, o fato é que, até onde nos foi

---

[1] O grande filósofo inglês Herbert Spencer (1820-1903) é frequentemente mencionado em várias outras obras de Atkinson, e há também uma referência direta a ele no Capítulo 6 de *O Caibalion*.

possível constatar, nunca houve empenho semelhante para sistematizar as mesmas coisas na enumeração e classificação formais. Daí decorre o presente empenho em fazê-lo. Deve-se entender, por certo, que o que se faz aqui não é nenhuma tentativa de limitar o número das "leis" em questão àquelas incluídas na presente enumeração – porque é provável que seu número seja muito superior aos que aqui mencionamos. O que se tenta fazer aqui é simplesmente uma classificação das leis mais em evidência nas fontes às quais recorremos; o trabalho de adição fica a cargo de outros. Da mesma maneira, a terminologia, descrição e classificação ficam sujeitas à mudança, aperfeiçoamento e esclarecimento de outros que chamem a si esse trabalho.

Nesta apresentação do tema, depois de um breve exame da questão da Lei Cósmica e das Leis Cósmicas em geral, o autor vai diretamente à questão das Leis Gerais da Manifestação Cósmica – as Sete Leis Cósmicas, como lhe pareceu apropriado chamá-las –, citando as características gerais de cada uma por vez, e ilustrando-as (ainda que, na verdade, abra mão da tentativa de *comprovação*) por meio de referências e citações dos escritos de alguns filósofos do passado e presente. Contudo, a existência dessas referências e citações não nos deve induzir à crença de que o autor subscreve necessariamente todo o *corpus* dos preceitos, especulações ou conclusões gerais desses autores tão mencionados ou citados – trata-se de questões muito diferentes, como o leitor poderá ver e compreender.

Por último, não se faz aqui nenhuma tentativa de apresentar qualquer concepção finita da natureza última do Infinito, o Absoluto. Isso pelas razões muito boas apresentadas no capítulo seguinte. Também não se busca aqui nenhuma explicação exata da "razão" da existência do Cosmos em si – o "Porquê" da Manifestação

Cósmica. A presente indagação ocupa-se unicamente do aspecto "Como" das atividades cósmicas, e das regras que as regem.

Com a explicação e o entendimento acima apresentados, o autor pede permissão para seguir em frente.

> – *William Walker Atkinson*
> Março de 1931

Capítulo II

✯ ✯ ✯

LEI CÓSMICA E LEIS CÓSMICAS

"O Universo é regido pela Lei."

No uso filosófico corrente, o termo "Cosmos" tem o sentido (*sense*) e o significado (*meaning*) de "Natureza, ou a universalidade das coisas naturais, concebidas como um sistema existente e desenvolvendo-se nos termos da lei e da ordem". O termo em si deriva do radical grego indicativo de ordem e harmonia, e tem sido aplicado, num sentido especial, ao mundo natural, uma vez que se considera que esse mundo opera, em combinações metódicas e harmoniosas, como um sistema. Portanto, foi empregado de modo a contrapor-se ao termo contrário, "Caos", que indicava o conceito de "vazio e disforme; um estado de coisas confuso e desorganizado que não conta com a presença de poder e ordem; a natureza concebida como não submetida a lei ou leis, e na qual a mudança pura tem supremacia".

A palavra "Natureza", assim identificada com o Cosmos, é empregada no sentido geral de "A soma total das forças, físicas ou psíquicas, que energizam o mundo manifestado; ou o agregado de acontecimentos físicos e psíquicos e as coisas mutáveis que compõem o Mundo Manifesto; ou as duas coisas em combinação". John Stuart Hill afirmou que "Em abstrato, a Natureza é o conjunto dos poderes e da proporção de todas as coisas. Natureza significa a soma total de todos os fenômenos, juntamente com as causas que os produzem; inclusive não apenas tudo que acontece, mas também tudo que é capaz de acontecer; as capacidades não usadas das causas são, ao mesmo tempo, uma parte da ideia de Natureza e aquelas que se concretizam".[1]

No pensamento filosófico, o termo "Lei" é usado no sentido de "Uma regra ou princípio de existência, operação ou mudança, tão incontestável que se deve concebê-la (a) como imanente à natureza essencial ou ao caráter da coisa que opera nos termos de tal regra ou princípio, ou (b) como instância que foi sobreposta a tal natureza ou caráter por alguma autoridade externa superior". Num sentido ainda mais estrito, o termo "Lei" significa simplesmente "A invariável exata e a regra estabelecida de procedimentos sistemáticos sob os quais alguma coisa opera, comporta-se ou manifesta-se".

Estando presente e operante na Natureza, o conceito fundamental de Lei encontra-se incorporado no próprio termo "Cosmos", em contraste com "Caos", como vimos há pouco. Está expresso ou implícito em todo pensamento filosófico dentro desses parâmetros, o postulado de uma eterna ordem de operação segundo a qual todas as coisas naturais, animadas ou inanimadas, agem e têm sua existência. Um dos aforismos fundamentais do pensamento filosófico, científico e religioso, antigo e moderno, exotérico e esotérico,

---

[1] Extraído de *Three Essays on Religion*, de John Stuart Mill (1806-1873), filósofo inglês que escreveu sobre liberdade e utilitarismo.

é que "O Universo é regido pela Lei". A negação disso é inconcebível. Portanto, estritamente falando, poderíamos considerar que a Lei das Leis, de absoluta abrangência, é simplesmente "O Cosmos é regido pela Lei".[2]

A essa Lei Cósmica original e de absoluta abrangência foram atribuídos muitos nomes – dentre os quais, simplesmente "LEI", ou "A Grande Lei". Em geral, considera-se que essa Grande Lei é incognoscível em sua essência última; contudo, por meio de seus efeitos é possível percebê-la como uma norma de procedimento universalmente operativa. É a Lei Última do Cosmos; a fonte, origem e procedência de todas as outras leis que existem na Natureza – e há muitas delas. Em algumas das antigas filosofias esotéricas, a palavra "Lei" é sinônimo de Realidade Última; em outras, porém, considera-se que seja um atributo inalienável do Ser Supremo – o Grande Legislador. Contudo, em todas elas a palavra é vista pelo menos como a mais alta manifestação possível do Poder d'AQUILO--QUE-É. Isso posto, é nossa intenção avançar no tema.

Essa Grande Lei opera e manifesta-se por meio de muitas e variadas formas de atividade sistemática, aqui conhecidas como "As Leis Cósmicas", das quais algumas das mais importantes e gerais constituem o tema da presente reflexão e narrativa. E não há dúvida de que muitas outras existem. Todavia, é preciso compreender positivamente que aqui não se faz nenhuma tentativa de expandir a operação das Leis Cósmicas para além das limitações do Cosmos em si; elas destinam-se apenas a ser consideradas em conexão com o Mundo da Natureza. É evidente que o que considerarmos *acima* da Natureza também deve ser considerado como *transcendente* às

---

[2] Essa frase também foi mencionada em cada um dos primeiros dois volumes de *The Arcane Teachings* (1909), de Atkinson.

Leis relativas da Natureza. Todo conceito de uma Realidade Absoluta traz consigo a ideia de Ser absolutamente livre de Leis Condicionantes; essas leis são operativas unicamente nos planos inferiores de existência fenomenal relativa. Que não haja nenhum equívoco acerca disso.

Quanto à presença e operação da Lei Cósmica na Natureza – o Cosmos –, não pode haver nenhuma diferença de opinião: essa é a concepção invariável, inevitável e infalível dos sistemas Filosóficos, Científicos e Religiosos, antigos e modernos, orientais ou ocidentais, exotéricos e esotéricos. Pouco antes do período de escrita do presente texto, os jornais reproduzem palavras do professor Charles P. St. John, o eminente astrofísico, o orador principal no histórico jantar oferecido ao professor Einstein em Pasadena, nas quais ele afirma que mesmo as mais recentes e revolucionárias concepções de Einstein apresentam "uma cosmologia de total abrangência em que tudo se comporta segundo a Lei".[3] Isso faz eco à antiquíssima declaração de Gautama, o Buda, segundo a qual "O Universo evolui invariavelmente nos termos da Lei". O Tempo passou, mas, em essência, a Mensagem da LEI permanece a mesma.

* * *

Os que aqui procuram por especulações definitivas sobre o Princípio Último – o Infinito, o Absoluto –, que a filosofia em geral postula como elemento presente sob ou acima das Atividades Cósmicas, ficarão decepcionados. Contudo, isso não se deve ao fato de o presente autor estar desinformado sobre a natureza dessas

---

[3] Atkinson refere-se a um jantar oferecido a Einstein em 19 de janeiro de 1931, que foi descrito num artigo publicado no dia seguinte no *Los Angeles Times*.

especulações finitas e sua variedade quase infinita; deve-se, antes, ao fato de não fazerem parte da presente indagação e consideração. Neste livro, estamos preocupados unicamente com as atividades e as leis do Cosmos. O que for Extracósmico está além dos limites do campo do presente trabalho. Portanto, seguimos adiante e deixamos que outros tratem dessas questões fundamentais, em suas obras.

Contudo, sentimo-nos no dever de expressar nossa concordância solidária com os mestres Budistas ancestrais, que afirmaram:

> "A imaginação, o discernimento e o pensamento abstrato sempre lutarão inutilmente para representar o Infinito Eterno. Porque nenhum poder de finitude (a que pertencem o pensamento e a fala) pode expressar a Infinitude; tampouco pode o pensamento resultante da Cadeia de Causalidade apreender o infundado e o que possui Existência Independente. Portanto, ignoramos toda a frivolidade dessas especulações e polêmicas, e delas não nos ocupamos."

A mesma ideia é expressa no poema "A Luz da Ásia", de *sir* Edwin Arnold, em que o Buda é mostrado como autor do trecho abaixo:

> "Om* Amataya! Não tenteis avaliar o Incomensurável com palavras;
> Nem afundeis a cadeia do pensamento no Impenetrável.

---

* O monossílabo sagrado *Om* é o símbolo mais carregado de sentido na tradição hindu. Entre inúmeros outros atributos, representa os três deuses Brama, Vishnu e Siva, que são associados à tríplice operação de integração, manutenção e desintegração.

> *Aquele que pergunta, erra; o que responde, também;*
> *calai-vos, portanto.*
> *Existirá algum observador capaz de ver com olhos mortais?*
> *Ou algum inquiridor que possa ver com a mente mortal?*
> *Véu após véu será desvendado – mas também deverá haver*
> *Véus sobrepostos no caminho já trilhado".*[4]

Uma vez mais, nos vem à lembrança a antiga inscrição nos muros do antigo Templo de Ísis, no Egito:

> "Ísis EU SOU; Tudo que é, que Foi e Será:
> Nenhum homem jamais levantou meu Véu!"

E assim, nos damos aqui por satisfeitos ao repetir a magnífica afirmação de H. P. Blavatsky, que postula uma "Realidade Única, Absoluta, que antecede todo ser manifestado e condicionado, que ela afirma ser "Um PRINCÍPIO Onipresente, Eterno, Sem Limites e Imutável, sobre o qual toda especulação é impossível, porque transcende o poder da concepção humana e porque toda expressão ou comparação da mente humana não poderia senão diminui-lo. Está além do horizonte e do alcance do pensamento – 'inconcebível e inefável'" (*A Doutrina Secreta*, vol. I).

---

[4] Publicado pela primeira vez em 1879, "A Luz da Ásia" foi a obra mais importante do poeta inglês Edwin Arnold, além de responsável pela apresentação de um grande número de leitores ocidentais ao Budismo.

Capítulo III

✶ ✶ ✶

AS SETE LEIS CÓSMICAS

As Sete Leis Cósmicas, que constituem o tema de nosso presente exame, são apresentadas a seguir. Em cada caso, primeiro há uma afirmação concisa em termos coloquiais; a isso se segue uma afirmação mais formal e definida do mesmo princípio.

I. A LEI CÓSMICA DE A UNIDADE NA DIVERSIDADE

"O Universo é um sistema organizado."

"O cosmos é um sistema organizado de partes conexas e coordenadas que, por meio dessa combinação, formam uma verdadeira unidade."

Incluídos no campo geral dessa lei encontram-se vários princípios subordinados, formulados como se mostra a seguir:

COMPOSIÇÃO
"Tudo é constituído de partes."
"Toda e cada coisa no Cosmos é formada por elementos componentes que, em certas combinações específicas, torna cada uma dessas coisas distinta de todas as outras coisas e, desse modo, serve para determinar seu caráter particular."

CORRELAÇÃO E COORDENAÇÃO
"Tudo depende de muitas outras coisas."
"Toda e cada coisa ou acontecimento no Cosmos são conectados e coordenados com todas as outras coisas ou acontecimentos; em tal categoria não há nada absolutamente desconectado."

DIFERENCIAÇÃO
"Não existem duas coisas absolutamente iguais."
"No Cosmos, nenhuma coisa é exatamente igual a qualquer outra. O Cosmos manifesta uma variedade e diversidade infinitas."

ANALOGIA E CORRESPONDÊNCIA
"Assim em cima como embaixo; assim embaixo como em cima."
"Disso decorre que as atividades em qualquer plano particular do Cosmos têm certas analogias e correspondências em qualquer outro plano."

II. A LEI CÓSMICA DA ATIVIDADE
"Tudo está em constante movimento."
"Tudo no Cosmos é Ativo, Movente, Operacional; sempre há algo em operação no Cosmos como um todo, e em toda e cada uma de suas partes componentes, uma Atividade subjacente e que tudo permeia."

III. A LEI CÓSMICA DA MUDANÇA
"Tudo muda; nada é permanente."
"O Cosmos como um todo, e em toda e cada uma de suas partes componentes, manifesta uma Mudança constante; nada, no Cosmos, permanece imutável, até mesmo no decurso da menor unidade de tempo; o tempo, em si, nada mais é que Mudança mensurada."

Incorporado à lei geral de Mudança, encontra-se um princípio subordinado, formulado da seguinte maneira:

CONTINUIDADE OU SEQUÊNCIA ORDENADA
"Tudo flui num deslocamento constante."
"A evolução da mudança das coisas no Cosmos manifesta-se em um fluxo contínuo, associado a uma unidade progressiva que nunca deixa de manter sua sequência ordenada."

IV. A LEI CÓSMICA DA CAUSALIDADE
"Tudo acontece como resultado de uma causa."
"Todas as mudanças nas atividades do Cosmos são condicionadas e causadas; elas se manifestam devido a uma

causa condicionante; elas continuam a manifestar-se devido a uma causa condicionante; elas deixam de manifestar-se devido a uma causa condicionante."

V. A LEI CÓSMICA DO RITMO OU PERIODICIDADE

"Tudo se move em ciclos rítmicos."

"Todas as mudanças nas atividades do Cosmos avançam em ritmo calculado, ciclos calculados ou sucessão periódica."

Incluído nessa lei geral, encontra-se um princípio subordinado, formulado como se vê a seguir:

INVOLUÇÃO–EVOLUÇÃO

"A involução sempre precede a Evolução."

"Involução e Evolução são os aspectos análogos ou os polos contrastantes de um grande processo: o que evolui como um aspecto subsequente deve ter tido um movimento regressivo prévio no aspecto antecedente."

VI. A LEI CÓSMICA DA POLARIDADE

"Tudo é um de um par de opostos."

"O Cosmos manifesta o princípio da Polaridade em toda e cada uma de suas partes componentes. Toda e cada uma de suas qualidades manifestas, ou grupos de qualidades, tem seu 'outro' polo, ou seu polo oposto; e assim, cada uma dessas teses e antíteses formam um 'Par de Opostos'. Esse Par de Opostos, porém, constitui apenas os dois polos contrastantes de uma unidade maior em que ambos podem ser sintetizados."

VII. A LEI CÓSMICA DO EQUILÍBRIO OU COMPENSAÇÃO

"Todas as coisas são equilibradas."

"Todas as atividades do Cosmos são equilibradas e compensadas, e manifestam uma condição de contrapeso, equilíbrio e contraponto."

* * *

Contudo, as Sete Leis Cósmicas não devem ser vistas como absolutamente independentes entre si. Ao contrário, elas são mais ou menos interdependentes e inter-relacionadas, motivo pelo qual servem para se reforçar e manter umas às outras. Na fraseologia moderna, elas são mais ou menos "interconectadas", e agem de diferentes maneiras e graus de coordenação. Contudo, há uma unidade essencial entre elas, e cada uma tende mais ou menos a explicar as atividades das outras: é isso que verá ao longo do exame de suas respectivas características. Além disso, a classificação exata aqui observada não é definitiva; é adotada e seguida unicamente por uma questão de conveniência, e está sujeita a reordenações e aperfeiçoamentos, desde que estes sejam considerados aconselháveis. Por último, o principal consiste em lembrar que cada uma dessas leis representa simplesmente algum aspecto ou manifestação particular da Única LEI Cósmica – a Grande LEI do Cosmos – cuja presença e operação dão ao Cosmos seu nome e seu significado essencial.

Capítulo IV

✯ ✯ ✯

A LEI CÓSMICA DA UNIDADE NA DIVERSIDADE

"O Universo é um sistema organizado."[1]

A primeira lei do Cosmos é a Lei da Unidade na Diversidade, que pode ser formulada da seguinte maneira:

"O Cosmos é um sistema organizado de partes correlatas e coordenadas que, em tal combinação, formam uma verdadeira unidade."

Em linguagem filosófica, um "sistema" é definido como "Um conjunto de objetos ordenados ou existentes num contexto de subordinação, dependência e conexão regulares; considera-se

---

[1] Esta primeira Lei Cósmica da Unidade na Diversidade é semelhante ao Segundo Princípio da Lei e Ordem encontrado em *The Secret Doctrine of Rosicrucians* (1918), que descreve o Universo como uma "processão ordenada de fenômenos". Sem dúvida, tudo que Atkinson escreveu sobre leis e princípios universais foi baseado no pressuposto de que o Universo é organizado, ordenado e unificado.

também que configura um todo ou uma unidade completa". A palavra "organizado" significa "ordenado ou constituído de partes interdependentes, cada qual com uma função especial no que diz respeito ao todo".

O fato de o Cosmos ser visto como um sistema organizado está implícito no significado mesmo do termo "Cosmos", aplicado ao conceito de "natureza, ou da universalidade das coisas naturais, consideradas como um sistema existente que avança sob os ditames da lei e da ordem". O universo das coisas e atividades naturais chegou até mesmo a ser considerado como um verdadeiro sistema; todo o pensamento filosófico e científico moderno está em consonância com esse postulado da Unidade na Diversidade. De fato, todo raciocínio científico verdadeiro tem por base essa concepção fundamental, e seria impossível na ausência dela. As doutrinas esotéricas do Oriente sempre se mantiveram fiéis a essa verdade, como se pode inferir de uma afirmação de H. P. Blavatsky, a mais abrangente divulgadora desses preceitos, para quem "A primeira lei da Natureza é a uniformidade na diversidade" (*A Doutrina Secreta*, vol. II).

O professor B. P. Bowne, em um de seus vários livros, diz: "O fato de as coisas formarem um Sistema, e de esse Sistema ser uno, é a mais profunda convicção da inteligência reflexiva, e constitui o supremo pressuposto do conhecimento organizado. Dentro desse sistema, todas as coisas são determinadas em relações mútuas, de modo que cada coisa está onde está e é o que é por conta de sua relação com o todo.[2]

---

[2] Borden Parker Bowne (1847-1910) foi um pastor Metodista, professor de Filosofia na Universidade de Boston e um dos mais famosos representantes do Personalismo, uma escola filosófica que afirmava o valor e a centralidade da autonomia pessoal. Essa citação foi extraída do livro *Theism*, por ele publicado em 1902.

Esta é uma afirmação precisa do moderno pensamento científico-filosófico sobre o tema. O reconhecimento do predomínio universal da Correlação e Coordenação entre as coisas naturais torna essa conclusão inevitável. Até as informações mais recentes sobre os cálculos de Einstein a respeito do "campo unificado" do Cosmos, de um ponto de vista puramente matemático, são consideradas de pleno acordo como esse conceito geral da Unidade na Diversidade.

O consenso do moderno pensamento científico e filosófico sobre essa questão específica é habilmente formulado nas palavras de Nicholas Murray Butler, presidente da Universidade Columbia, uma das maiores autoridades no assunto. O professor Murray diz:

"A mente agora percebe que tudo está em relação com todas as outras coisas, e que as relações são de enorme importância – na verdade, percebe que elas estão no controle. O olmeiro, longe de ser uma unidade simples e única, é hoje reconhecido como uma forma orgânica de ser, uma congérie de células, de átomos de carbono, de oxigênio, de hidrogênio, nenhum dos quais pode ser visto pelo olho humano sem o uso dos mais sofisticados instrumentos, muito menos pela mente humana, totalmente despreparada para tanto. Uma maçã que cai não mais sugere simplesmente a satisfação de um apetite; sua queda ilustra as leis que ligam o universo numa unidade coerente [...]. Agora se percebe que nenhum objeto é independente. Eles são dependentes entre si, e dependência e relatividade constituem o princípio controlador do universo. Sob a orientação de Newton, reforçada pelas descobertas de um Helmholtz e um Kelvin, essa etapa ou ordenação do conhecimento agora chega a ponto de afirmar que dependência e relatividade são coisas tão absolutas que, ainda que o mais insignificante dos objetos fosse perturbado em posição ou alterado em sua massa, a borda mais externa do universo material seria afetada por esses processos; e também em termos de mensuração, caso nossos instrumentos dessem conta desse trabalho" (*Philosophy*, de Nicholas Murray Butler. The Columbia University Press, Nova York).

Em nosso exame dessa Lei Cósmica fundamental, achamos por bem fracionar e separar o tema geral em várias subdivisões especiais. Daí decorrem os vários subtítulos importantes que virão a seguir.

COMPOSIÇÃO
"TUDO É CONSTITUÍDO DE PARTES"

Essa afirmação geral do princípio da Composição, que gera um importante aspecto da Lei Cósmica da Unidade na Diversidade, é enunciada no parágrafo seguinte:

> *"Toda e cada coisa no Cosmos é formada por elementos componentes que, em certas combinações particulares, faz de cada uma dessas coisas exatamente o que ela é, tornando-a diferente de todas as demais, e, assim, serve para determinar sua natureza particular."*

Aqui, o termo "componente" significa "que serve para ou ajuda a formar; que compõe; que constitui; constituinte etc.". O termo "elemento", como aqui o empregamos, significa "uma das partes essenciais ou princípios fundamentais que constituem qualquer coisa, ou sobre os quais seu caráter, sua constituição ou individualidade se baseia".

O postulado do princípio da Composição aparece em muitos dos mais antigos preceitos filosóficos, tanto exotéricos como esotéricos, o que é particularmente verdadeiro no caso dos sistemas filosóficos da Grécia e Índia antigas. Isso foi enfatizado pela importância atribuída aos infinitos debates sobre a relação existente entre as "substâncias" hipotéticas das coisas e seus atributos, tidos como "inerentes" a elas. Essas discussões foram igualmente manifestas nas filosofias do mundo ocidental em períodos posteriores, chegando mesmo a persistir em alguns círculos atuais.

Em especial, o tema da Composição era considerado e ensinado na primitiva filosofia Budista. No pensamento Budista, porém, o tema de "substâncias" hipotéticas com "atributos intrínsecos" era tacitamente ignorado ou categoricamente negado. Para os Budistas em geral, a Composição em si era vista como a explicação suficiente do "caráter" de todas as coisas com características de fenômeno – considerava-se que esse "caráter" fosse unicamente uma síntese do componente físico e das qualidades mentais das coisas em questão. No Ocidente, a concepção científico-filosófica moderna segue muito de perto a tendência assim estabelecida pelos antigos Budistas, como veremos mais adiante.

A essência do pensamento Budista característico sobre esse assunto pode ser inferida com base nas seguintes referências a esse respeito, e nas citações de escritores sobre o tema. Por exemplo, a citação de um verbete enciclopédico sobre o Budismo, de autoria de T. W. Rhys Davids, que afirma a concepção Budista das Qualidades Componentes, como vemos a seguir:

"Mesmo na classe inferior das coisas encontramos, em cada indivíduo, forma e qualidades materiais (*Skandhas*). Em sua classe superior, há também uma contínua série ascendente de qualidades mentais (*Skandhas*). O que forma o indivíduo é a união dessas qualidades. Portanto, cada pessoa, coisa ou divindade é um agregado, um composto; e, em cada um desses indivíduos, sem nenhuma exceção, a relação de suas partes componentes está em permanente mudança e nunca é a mesma coisa por dois momentos consecutivos. Segue-se daí que tão logo a separação e a individualidade têm início, também começa a dissolução e a desintegração. Não pode haver nenhuma individualidade sem um conjunto: não pode haver nenhum conjunto sem um 'tornar-se'; não pode haver nenhum 'tornar-se' sem um 'diferenciar-se'; e não pode haver nenhum 'diferenciar-se' sem uma dissolução, um aniquilamento que, mais cedo ou mais tarde, será inevitavelmente completo" (*Encyclopedia Britannica*, verbete sobre Budismo).[3]

De acordo com essa classificação Budista, o homem, a mente, o corpo e até o que é chamado de alma pessoal, nada mais são além de "grupos de atributos", ou *Skandhas* – efêmeros, fugazes e destinados a desaparecer com o tempo. Contudo, para evitar mal-entendidos a esse respeito, convém notar que a escola Mahayana de Budismo (assim como a forma mais elevada de Bramanismo) postula a presença de alguma coisa superior – uma "centelha da Chama Divina"[4] – que não é corpo nem mente, nem mesmo alma pessoal, mas puro Espírito, que não é um *Skandha*. Essa centelha do Infinito é considerada imutável, eterna e indivisível – nessa filosofia, é o Verdadeiro Eu transcendente. Apesar de extremamente

---

[3] Thomas William Rhys Davids (1843-1922) foi um erudito inglês que se dedicou ao estudo da antiga língua indo-ariana Páli e do Budismo. Foi também fundador da Pali Text Society.

[4] A expressão "centelha da Chama Divina" era de uso comum nos textos teosóficos em fins do século XIX, e foi incorporada a muitos dos antigos escritos de Atkinson, inclusive *Practical Mental Influence*, *Faith Power* e os livros do Yogue Ramacharaca, *A Series of Lessons in Gnani Yoga* e *Hatha Yoga*.

importante, essa distinção não faz parte da presente abordagem, e só a mencionamos aqui para evitar mal-entendidos. Os *Skandhas*, ou "agregados de atributos", só se ligam às formas fenomênicas, e não àquilo que necessariamente as transcende.

Além disso, o Budismo sustenta que a diferença no caráter das coisas naturais, ou das pessoas, não depende apenas do *caráter* de seus elementos componentes: há que levar em consideração *a combinação ou o ordenamento desses fatores componentes* na constituição das coisas ou pessoas em questão. Não só *o que* é incorporado dessa maneira, mas também *como* se dá esse processo na composição. Essa última fase do pensamento Budista sobre o assunto é plenamente sustentada pelos preceitos científico-filosóficos modernos. Por exemplo, o que veremos a seguir:

Dos menos de cem elementos químicos reconhecidos pela ciência moderna, pode derivar – e realmente deriva – um vasto número de tipos particulares de coisas materiais. Isso é possibilitado pelo número quase infinito de combinações ou ordenamentos dos átomos desses respectivos elementos. E esses próprios átomos são produzidos pelas inúmeras combinações e ordenamentos de apenas *dois* tipos de elétrons: a grande variedade das formas e elementos distintos de matéria, resultantes, portanto, dessas combinações e associações eletrônicas.

Assim também, a partir de um número comparativamente limitado de capacidades mentais básicas, produz-se e manifesta-se uma possível e quase ilimitada variedade de estados e formas mentais. Como nunca há duas coisas ou pessoas exatamente iguais em nenhuma particularidade, segue-se que a combinação e o ordenamento específico de seus respectivos elementos componentes desempenham um importante papel na determinação dos respectivos caracteres. A partir de um número relativamente menor desses fatores, muitos desses ordenamentos ou combinações são possíveis – praticamente uma possibilidade infinita está presente na natureza, como afirma o pensamento moderno sobre o assunto.

Uma das favoritas dentre as ilustrações Budistas da Lei da Composição era aquela de uma carruagem e suas várias partes – rodas, carroceria, barras estabilizadoras etc., ordenadas segundo uma combinação específica. Se essas partes agregadas fossem removidas, diziam, não haveria mais nenhuma "carruagem em si". Por outro lado, por si sós essas partes removidas e separadas não constituem uma carruagem; só quando são unidas em uma combinação particular é que se tornam uma carruagem. Se essas partes em uma combinação particular estiverem ausentes, não restaria nada além da palavra "carruagem".

Da mesma maneira, para ilustrar esse ensinamento os Budistas faziam alusão ao rio. Eles ensinavam que um rio é realmente uma combinação de suas partes componentes, a saber, o leito, a margem, a água etc. Eliminando-se tudo isso, não restará nada além da palavra "rio". Eles também poderiam pegar um bulbo semelhante à cebola; submeteriam-no ao processo de descascá-lo ou remover suas sucessivas camadas de películas, só para descobrir que, no fim, não sobraria nada além da palavra "cebola" (e, possivelmente, seu odor – sendo este, sem dúvida, também um verdadeiro elemento componente). Esses exemplos poderiam não ter fim, com a característica de que o princípio fundamental permaneceria o mesmo.

Em nosso moderno pensamento ocidental sobre o assunto, seguimos praticamente a mesma linha de raciocínio. Conhecemos, e podemos conhecer, qualquer coisa natural somente por meio de um conhecimento de suas qualidades que, em combinação, constituem o caráter particular e respectivo de tal coisa – em suma, suas características. Cada uma dessas coisas pode ser decomposta em suas características componentes; e então, novamente sintetizadas na totalidade dessas características. É impossível definir corretamente qualquer objeto natural, a não ser mediante uma referência a seus elementos componentes; colocando-os de lado, não resta nada que possa ser apreendido pela mente.

Na concepção moderna predominante consideramos que, para afirmar e sustentar a natureza de uma coisa natural dada, é preciso enumerar a lista total de seus elementos ou qualidades componentes, pelo menos na medida em que deles tenhamos conhecimento. A verdadeira coisa em questão, e sobre a qual se faz essa tentativa de afirmação, é praticamente considerada como a totalidade de suas qualidades componentes previsíveis, conhecidas e desconhecidas. Algumas dessas qualidades, porém, só se manifestaram no passado, e outras só existem hoje em estado de latência com a possibilidade de manifestação no futuro; de modo que essa totalidade de qualidades previsíveis se manifeste, a qualquer momento dado, não como um todo, mas apenas em parte. Por conseguinte, essa síntese completa das qualidades naturais de uma coisa natural, do ponto de vista moderno predominante, é vista como a verdadeira "substância" dessa coisa específica. (Aqui, porém, é preciso lembrar que "qualidades", psíquicas ou mentais, não são coisas ou entidades estáticas, mas, ao contrário – como tudo o mais no mundo dos fenômenos –, são atividades, ou formas de atividade.)

Consequentemente, segundo essa concepção uma "substância" particular não é mais uma "alguma coisa" por trás de seus atributos "inerentes"; trata-se, ao contrário, da forma sintetizada de ser da qual certos atributos componentes são previsíveis. Em resumo, esta é a concepção científico-filosófica moderna da Unidade na Diversidade manifesta no "caráter" de uma coisa natural. Contudo, independentemente das especulações acerca de "substâncias" hipotéticas, é axiomático que o "caráter" das coisas naturais é determinado pela presença e pelo poder de suas respectivas qualidades em combinações específicas e relações mútuas. A negação de tal fato é inconcebível à concepção do pensamento moderno.

CORRELAÇÃO E COORDENAÇÃO
"TUDO DEPENDE DE MUITAS OUTRAS COISAS"

O princípio geral da Correlação, que constitui um aspecto importante da Lei Cósmica da Unidade na Diversidade, pode ser enunciado da seguinte maneira:

"Toda e cada coisa ou acontecimento no Cosmos é correlacionado e coordenado com toda e cada outra coisa ou acontecimento de natureza semelhante; não há absolutamente nada de desconexo nessa categoria."

O pensamento bem fundamentado resultará inevitavelmente na informação de que não existe nada de *absoluto* nos objetos que aparecem no sistema de coisas fundamentais que compõem o Cosmos; e que, pelo contrário, tudo que aí aparece é *relativo*. Todo pensamento filosófico, antigo e moderno, sustenta esse ponto de vista. Como disse bem o professor Butler (já citado aqui): "Tudo ilustra as leis que ligam o universo em uma unidade coesa. Hoje temos consciência de que nenhum objeto é independente. Cada um depende de outro e, relativamente, a dependência é o fato controlador do universo manifestado". E há também outro que afirma: "A separação nada mais é que um mito operacional do universo".[5]

---

[5] Atkinson está aqui citando a si próprio, com base na obra *A Series of Lessons in Gnani Yoga*, de Yogue Ramacharaca.

A Filosofia insiste em que somente a partir de um Princípio Último do Ser é possível postular a *absolutidade*;* e que só pode haver *um* Absoluto** ou uma Absolutidade. Tudo o mais é, e deve ser, relativo e condicionado, além de partes componentes de um sistema inter-relacionado de coisas. Essa é a narrativa de toda razão filosoficamente empregada. O fato de tal Absoluto ou Absolutidade – o Princípio Último do Ser – estar realmente presente e operacional, e ser necessário para explicar o Cosmos em si, constitui o postulado básico ou, pelo menos, o pressuposto tácito da maioria das escolas de pensamento filosófico. Na Filosofia do Absoluto de Herbert Spencer, por exemplo, esse postulado é fortemente enfatizado como uma instância verdadeiramente necessária do ponto de vista lógico.

Em nossa opinião, do que foi dito até aqui entende-se que todos os acontecimentos Cósmicos devem ser vistos como relativos; na verdade, estão incluídos no enunciado geral relativo à Correlação. Todo e cada acontecimento está conectado a outros de sua espécie e classe. Disso também decorre que cada declaração de um fato sobre uma coisa relativa é, e deve ser, simplesmente "relativa" ou "comparativa", e não absoluta. Por exemplo, não existe "Calor" ou "Frio" absolutos – nada além de graus relativos e comparativos de temperatura. O mesmo se pode dizer da Cor, da Beleza, da Felicidade e da Riqueza – na verdade, de cada uma das características

---

* *Absoluteness* (característica do que é absoluto). Além de "absolutidade", há outra tradução possível para *absoluteness* ("absoluteza"). Essas palavras só são encontradas em textos ou dicionários de filosofia. O alemão tem *Absolutheit*, e o francês e o italiano, respectivamente, *absoluité* e *absolutitá/assolutezza*. (N.T.)

** Do termo latino *absolutus* ("desligado de", "livre de toda relação", "independente"). (N.T.)

de qualquer coisa no Cosmos. Convém ter isso em mente em nossas reflexões.

Não é apenas sozinhas que todas as coisas que compõem o Cosmos são "Correlatas": é igualmente verdadeiro que todas as suas atividades são "Coordenadas". A palavra "Coordenação" significa "O estado de ser coordenado, isto é, de existir em condição, movimento e ação comuns, situação em que as coisas separadas se combinam, correlacionam e desfrutam de existência e atividade mútuas e recíprocas". As atividades Cósmicas são consideradas como positivamente coordenadas pelo pensamento filosófico e científico. Caso contrário, não existiria nenhum Cosmos, isto é, a universalidade das coisas naturais evoluindo sob a lei e a ordem; do contrário, existiria então apenas uma agregação "atabalhoada", "a esmo" e "por mero acaso" de atividades desvinculadas e descoordenadas.

DIFERENCIAÇÃO
"NÃO EXISTEM DUAS COISAS EXATAMENTE IGUAIS"

Como observará, a enunciação da Lei Cósmica da Unidade na Diversidade declara que os elementos correlatos e coordenados do sistema Cósmico também são "Diferenciados". O termo "Diferenciado" aplica-se aqui ao "estado ou condição de ser distinto, diferente ou dessemelhante de outras coisas".

Em nossa afirmação sobre o princípio da Composição, verá que essa diferenciação resulta, em grande parte, da combinação particular e da inter-relação dos elementos que compõem e organizam a coisa individual em questão, e isso serve para determinar seu caráter no que este se distingue e diferencia de todas as outras coisas individuais.

Aqui, porém, queremos chamar sua atenção para o fato de que essa diferenciação e variação entre coisas é muito mais radical do que geralmente se imagina – de fato, há uma capacidade praticamente infinita para a Diferenciação e a Variação no Cosmos. O princípio pode ser formulado da seguinte maneira:

> "No Cosmos não existe nada exatamente igual a outra coisa. O Cosmos manifesta variedade e diversidade infinitas."

Na infinitude prática das formas naturais – por exemplo, nas folhas da relva, nos grãos de areia, nas criaturas vivas de todos os tipos e, na verdade, em todas as formas das coisas naturais, nunca se encontrarão duas formas que sejam precisa e absolutamente semelhantes e idênticas. Existem, sem dúvida, muitos graus de semelhança e conformidade, mas nunca uma similaridade absoluta de caráter ou forma. Na Evolução, a Variação é um importante fator e elemento. O progresso evolucionário é sempre acompanhado pela Variação – às vezes muito acentuada, outras vezes quase imperceptível, mas sempre Variação.

Por alguma razão, a Natureza parece empenhar-se poderosa e constantemente pela Variação. Por exemplo, é evidente que ela tem esse objetivo em vista na aparência e evolução dos sexos. Ao assegurar a existência de dois sexos, e não apenas um, mediante o acasalamento de pais e mães, a Natureza estimula a variação. A Natureza desaprova a consanguinidade muito próxima de animais e a autofecundação de plantas, sendo muito comum que tome precauções bastante complexas contra esta última. Ela também tende a eliminar a descendência resultante da miscigenação decorrente da reprodução cruzada demasiado próxima, tanto de indivíduos quanto de raças; ela estimula a mistura de diferentes linhagens de muitas maneiras distintas.

É evidente que os processos de produzir e manter a Variação fazem parte do sistema Cósmico de leis. Isso não é, nem pode ser, o resultado de mero Acaso – uma vez que tal coisa não existe. A Natureza tem uma infinitude de materiais com que trabalhar; uma infinitude de tipos possíveis, que lhe permitem criar formas e com os quais pode produzir variações: consequentemente, uma infinitude de formas naturais manifestas. Nunca espere encontrar duas coisas absolutamente semelhantes, idênticas em todas as características, mesmo na infinitude – pois elas jamais serão encontradas.

Essa é a narrativa da filosofia e da ciência modernas. E essa narrativa é plena de conformidade com os antigos preceitos esotéricos, conforme o afirma H. P. Blavatsky na citação a seguir: "A Natureza, enquanto potência criativa, é infinita; e nenhuma geração de cientistas dedicados à física poderá jamais vangloriar-se de ter exaurido a lista de seus sistemas e métodos, por mais uniformes que sejam as leis subjacentes a seus procedimentos" (*A Doutrina Secreta*, vol. II).

ANALOGIA OU CORRESPONDÊNCIA
"ASSIM EM CIMA COMO EMBAIXO; ASSIM EMBAIXO COMO EM CIMA"

A Lei Cósmica da Unidade na Diversidade sustenta que um princípio de analogia ou correspondência opera entre os diferentes campos ou planos de existência e atividades do Cosmos.

Esse princípio da Analogia ou Correspondência (às vezes tratado como uma lei em si mesma) pode ser formulado da seguinte maneira:

> "As atividades em qualquer plano específico do Cosmos têm suas determinadas analogias e correspondências em cada outro desses planos."

A ciência física ocidental sempre teve consciência desse princípio, mas seus seguidores empregaram-no com muita cautela, devido à possibilidade de erro em sua aplicação equivocada e confusa. Não obstante, algumas das mais brilhantes descobertas da ciência moderna foram feitas mediante uma aplicação de seus princípios gerais, interpretados com inteligência. Em particular no mundo da química e da astronomia, respectivamente, isso é verdadeiro. Em matemática, a aplicação foi bem-sucedida em muitos casos. Graças a esse princípio, o homem tem conseguido raciocinar corretamente do Conhecido para o Desconhecido, na filosofia e na ciência. O poeta nos informa genuinamente que, se soubermos *tudo* sobre a florzinha na parede cheia de fendas e rachaduras, também saberíamos *tudo* sobre todas as coisas existentes no universo.[6]

Porém, como a ciência moderna reconhece apenas alguns planos de atividade, ela deixa de aplicar esse princípio a seus plenos poderes. Para os adeptos e praticantes do esoterismo ou ocultismo, há uma maior aplicação possível. Na tradição esotérica, há um reconhecimento da existência de sete estados da matéria; sete planos de existência; sete planos ou campos de consciência. Por conseguinte,

---

[6] O poema e o poeta aqui mencionados são, respectivamente, "Flower in the Crannied Wall", de Alfred, Lord Tennyson (1809-1892).

um número tão maior de planos sobre os quais esse princípio opera, e sobre os quais os acima referidos adeptos podem aplicá-lo em pensamento e investigação.[7] Portanto, segundo as altas autoridades do esoterismo e do ocultismo, estamos justificados ao raciocinarmos, por Analogia e Correspondência, desde as atividades de um plano específico de atividades Cósmicas até aquelas de todos os outros planos da existência. Essas atividades, admitem eles, variam quase infinitamente em suas manifestações particulares sobre os diferentes planos da Natureza; alegam, porém, que os princípios essenciais daquelas circunstâncias ou fontes continuam praticamente idênticos.

Esse princípio foi enunciado por muitos aforismos e adágios na história da filosofia esotérica, como, por exemplo, o famoso aforismo Hermetista "Assim em cima como embaixo; assim embaixo, como em cima"; assim como no microcosmo, também no macrocosmo" etc. etc. Da mesma maneira, no antigo adágio latino *"Ex Uno, Disce Omnes"* – "Por Um se Conhecem os Outros". Um autor ocultista afirmou: "Esse princípio universal permitiu que o homem removesse os obstáculos que nos impede de ver o desconhecido. Seu uso chegou mesmo a rasgar um pedaço do Véu de Ísis, o suficiente para revelar uma parte do rosto da própria deusa. O estudo da Mônada permite que se conheça o Arcanjo".[8]

Dirigindo-se às escolas de ocultismo e esoterismo em geral, H. P. Blavatsky diz: "A segunda lei da Natureza é a Analogia"

---

[7] O mais provável é que Atkinson esteja extraindo suas sugestões de um universo setenário ou sétuplo das obras de H. P. Blavatsky e seus escritos teosóficos.

[8] Extraído da descrição do Segundo Princípio Hermético, no segundo capítulo de *O Caibalion* e no último capítulo de *The Secret Doctrine of the Rosicrucians*.

(*A Doutrina Secreta*, vol. II). E novamente: "A Analogia é a lei dominante na Natureza, o único e verdadeiro fio de Ariadne que pode nos conduzir, pelos caminhos inextricáveis de seu domínio, até seus mistérios primitivos e derradeiros" (*Ibid.*, vol. II). Na verdade, porém, a mesma autoridade nos adverte que: "Na Ciência Oculta, essa (Analogia) é a primeira e mais importante chave da física Cósmica; mas é preciso estudá-la em seus mínimos detalhes, e 'analisá-la sete vezes' antes de conseguir entendê-la. A filosofia Oculta é a única ciência capaz de ensiná-la" (*Ibid.*, vol. I).

Por último, Evelyn Underhill, uma escritora de autoridade irrefutável sobre o tema do Misticismo, afirma: "Segundo Éliphas Lévi, 'A Analogia é a chave de todos os segredos da Natureza' [...]. O argumento fundamentado na Analogia é levado pelos ocultistas a profundidades que dificilmente poderíamos expor neste espaço. Armados com seu archote, eles exploram os mistérios mais sombrios e terríveis da vida, e não hesitam em lançar as sombras grotescas desses mistérios sobre o mundo invisível. O Princípio da Correspondência é sem dúvida profundo, na medida em que funcione dentro de limites. Esse princípio foi admitido no sistema da Cabala, ainda que esse ardiloso sistema estivesse longe de atribuir-lhe a importância que tem na ciência hermética [...]. Boehme e Swedenborg tiraram bons proveitos desse método ao apresentarem suas intuições ao mundo. O sistema também é implicitamente reconhecido por pensadores de um grande número de outras escolas: sua influência permeia os melhores períodos da literatura [...]. Diz Hazlitt, em seu artigo 'English Novelists': 'A percepção intuitiva das *analogias* ocultas das coisas, ou, como podemos chamá-la, seu instinto da imaginação, talvez seja o que manifesta o caráter do gênio nas produções artísticas, mais que quaisquer outras circunstâncias'" (*Mysticism*, pp. 192-93).[9]

Todavia, para concluir, lembraríamos ao leitor que, nas palavras de James Ward: "A Analogia, do modo como a conhecemos, é uma boa serva, mas uma mestra inepta; pois, quando mestra, atua mais no sentido de cegar do que, anteriormente, havia se empenhado em iluminar".[10] Para conseguir aplicar a Analogia e a Correspondência com eficiência e segurança, é preciso ter um histórico de entendimento e inteligência. Não se trata de uma brincadeira inocente.

---

[9] Evelyn Underhill (1875-1941), mística e escritora cristã, tem em *Mysticism* (1911) sua obra mais conhecida.

[10] Encontrado em "Molecular Mechanics: Its Indirectness", de James Ward, em *Naturalism and Agnosticism: The Gifford Lectures Delivered Before the University of Aberdeen in the Years 1896-1898*.

Capítulo V

✶ ✶ ✶

A LEI CÓSMICA DA ATIVIDADE

"Tudo está em movimento constante."[1]

A segunda lei do Cosmos é a Lei da Atividade, que pode ser formulada da seguinte maneira:

"Tudo no Cosmos é Ativo, Movente, Funcional; uma Atividade subjacente e generalizada no Cosmos como um todo, e em toda e cada uma de suas partes componentes."

A presença e a operação universal da Atividade, do Movimento e do Trabalho na infinitude de todo o Cosmos são anunciadas em muitas das mais antigas escolas do pensamento filosófico, sobretudo naquelas de tipo esotérico. Desde o início, os pensadores filosóficos parecem ter percebido esse grande princípio, mesmo quando o

---

[1] A Segunda Lei Cósmica emprega, em grande parte, o Princípio da Vibração detalhado em *O Caibalion* e em *The Secret Doctrine of the Rosicrucians*.

registro de seus sentidos não conseguia dar-lhe sustentação em todos os casos. É evidente que eles se deram conta da verdade do princípio por intuição, e também que aplicaram a Lei de Analogia ao assunto em questão. Seja como for, eles claramente a perceberam e a incorporaram em seu pensamento fundamental e seus preceitos.

Sem dúvida, eles não demoraram a observar a atividade física e psíquica manifestada no desenvolvimento da vida na fauna e na flora; essa atividade, porém, estava longe de ser evidente no caso dos objetos inorgânicos; na verdade, nesses casos a inferência natural teria indicado principalmente o contrário. Eles observaram a atividade geral manifestada pelos grandes objetos da Natureza, mas esse fato estava muito distante da concepção de que *todas as coisas* manifestavam atividade, sendo isso verdadeiro tanto para as menores coisas como para as maiores, para as coisas aparentemente mais inertes e aquelas em que a atividade era mais aparente. Ainda assim, a crença filosófica geral na atividade universal das coisas persistiu, e hoje a ciência moderna a corrobora e consolida.

Hoje, até mesmo a mais ortodoxa das tendências filosóficas e científicas pensa e ensina o Cosmos e suas operações em termos de atividade dinâmica, e não de existência estática. Em todas as vertentes da filosofia e da ciência modernas, podemos notar a ênfase especial que se faz incidir sobre Energia, Atividade e Trabalho, em relação ao Cosmos como um todo e em todas as suas partes e objetos componentes, e sobre todos os seus múltiplos planos e campos de operação. Há um forte impulso em direção do Energismo;* uma tendência facilmente percebida pelo bom observador.

---

* Resumidamente, (a) doutrina metafísica segundo a qual certos fenômenos (como os estados mentais) são explicáveis em termos da energia; (b) teoria ética para a qual o bem supremo consiste no exercício eficiente das faculdades humanas normais, e não na felicidade ou no prazer. (N.T.)

A escola filosófica e científica do Energismo chega, inclusive, a postular a Energia como a essência mesma da manifestação do mundo dos fenômenos, e como explicação suficiente de todos os fenômenos naturais. As escolas mais conservadoras e estritamente científicas se dão por satisfeitas em postular um universo movido pelas energias da Natureza, tanto físicas como psíquicas, em contraste com um mundo físico concebido como um agregado de substâncias passivas e inertes. Pode-se dizer que cada concepção científica moderna postula um universo ativo, movente e operacional, ao contrário do que postula a teoria oposta sobre o mesmo tema. Hoje, a concepção dinâmica do universo ocupa uma posição de vanguarda; ela ocupou o trono anteriormente ocupado pela concepção mais ou menos estática. E parece que essa recém-chegada veio para ficar, pelo menos por muito tempo.

Para a confirmação das afirmações acima, basta ler qualquer dos atuais livros de Física – até mesmo os mais elementares. As ilustrações sobre o assunto são de uma abundância quase onipresente. A título de prova, uma delas consiste em deparar-se com o emaranhado de detalhes do tipo, o que já é suficiente para dificultar a tarefa de seleção. Na verdade, está tão consolidada a ideia de atividade universal no pensamento filosófico e científico contemporâneo que é comum encontrarmos referências à teoria geral de que "Todo ser é Atividade, o que é verdadeiro tanto acerca do ser físico quanto do psíquico".

Em certas formas de ensinamento metafísico moderno o termo "atualidade" é usado como sinônimo de "atividade". Repetindo, o aforismo de "Atualidade", que afirma que "Toda existência é ativa, não inerte ou morta; a natureza essencial da existência do mundo dos fenômenos é ser encontrada em suas atividades".

E, por último, encontramos a crescente aceitação da ideia expressa no postulado de Wilhelm Maximilian Wundt, segundo o qual "O universo mecânico é o envoltório exterior por trás do qual oculta-se uma atividade criativa espiritual". Na psicologia moderna, em geral se aceita a ideia de que a consciência é sempre acompanhada pela atividade, e os termos "atividade mental", "atividade intelectual", "atividade volitiva" etc. são de uso corrente.

O pensamento filosófico e científico moderno ensina que o universo como um todo, e em cada plano de sua existência, distingue-se por atividade, movimento, trabalho. Portanto, temos atividade mental, a atividade da consciência, as atividades da vida, as atividades de assimilação, desenvolvimento, dissolução, desintegração etc., as atividades das células e órgãos vivos, as atividades da fauna e da flora, as atividades químicas, as atividades atômicas, as atividades eletrônicas e, em resumo, todas as formas de função ou operação que envolvem mudança, desenvolvimento e interação.

A Ciência Moderna defende o postulado de que, em grande parte, o mundo dos fenômenos da Natureza depende da Vibração para suas formas multivariadas e a inconstância de seus acontecimentos. A vibração dos elétrons, as unidades da matéria física, dá origem aos átomos; as vibrações dos átomos dão origem às moléculas das quais as formas materiais se compõem. O índice de vibração é a escala de mensuração da natureza e do caráter físico de todos os objetos materiais, afirma a ciência moderna; por exemplo, ela sustenta que o calor, a luz, a eletricidade etc., manifestam-se como uma energia vibratória de graus variados de intensidade, a qual determina o caráter particular dessa energia. Em suma, a ciência moderna sustenta que a diferença observável entre as coisas naturais depende, em grande parte, da diversidade de seus índices de vibração, colocando-se, assim, em consonância prática com os preceitos esotéricos de muitas filosofias antigas – ainda que, no segundo caso, diferentes termos e hipóteses tenham sido empregados para descrever e explicar a operação dessa lei.

Segundo um antigo aforismo ocultista: "Aquele que compreende o Segredo da Vibração terá apreendido o Segredo do Poder". Um antigo adágio Hermetista sustenta que: "Nada está em repouso; tudo se movimenta; tudo vibra".[2] O adágio em questão serve para pôr em relevo um antigo ensinamento Hermetista segundo o qual há certas vibrações de tamanho grau de intensidade que, a nossos sentidos limitados, parecem ser absolutamente imóveis. Desse ponto de vista, portanto, o estado de máximo Repouso é realmente o que há de mais alto em termos de Atividade, Trabalho e Movimento.

Além disso, nos antigos preceitos filosóficos dos Hindus (tanto os Brâmanes como os Budistas), no Cosmos o *status* de *Pralaya*,* ou repouso, é considerado como um campo de atividade realmente sutil e oculto – um fluxo subterrâneo da passagem do movimento, por assim dizer. Esse fato pode ser corroborado por uma afirmação de H. P. Blavatsky, em que ela afirma: "Com absoluta certeza, é correto dizer que em *Pralaya* também se encontra o 'Grande Sopro'; pois o 'Grande Sopro' é incessante e, por assim dizer, constitui o *perpetuum mobile* (eterno movimento) [...]. Há um magnífico poema em *Pralaya*, escrito por um antigo Rishi,** que compara o

---

[2] O antigo aforismo ocultista e o antigo adágio Hermético foram extraídos da obra do próprio Atkinson, o *Caibalion*, escrito 24 anos antes.

* Na mitologia hindu, período de inatividade cósmica que dura 4,32 bilhões de anos. (N.T.)

** Palavra sânscrita que se refere a um vidente ou sábio que descobriu verdades eternas e níveis profundos de conhecimento espiritual por meio de longos períodos de intensa meditação. (N.T.)

movimento do Grande Sopro durante o *Pralaya* aos movimentos rítmicos do Oceano Inconsciente [...]. Durante o *Pralaya*, porém, todas as coisas diferenciadas, como toda unidade, desaparecem do universo dos fenômenos e são misturadas com – ou, antes, transferidas para – o Um numenal"* (*Translations of the Blavatsky Lodge*, vol. I).

Do ponto de vista da ciência moderna, considera-se que até a mais sólida e densa substância física seja, de fato, um cenário da mais intensa atividade. Em todos os casos do tipo, o objeto físico não é sólido nem totalmente imóvel ou em estado de repouso; na verdade, consiste de inumeráveis partículas infinitesimais (elétrons), rodopiando, dançando e girando ao redor do núcleo atômico, como uma tempestade de neve ou um enxame de abelhas em movimento. Ou, seguindo-as mais de perto, até mesmo essas partículas infinitesimais se desfazem em "centros ondulatórios de força ou energia", segundo o pensamento científico moderno. A matéria desintegra-se em forma de Movimento, diz a ciência moderna; contudo, a atividade não pode ser reduzida a Não Atividade, nem mesmo no menor limite provável, como nenhuma vertente científica moderna admite.

Como já foi afirmado aqui, no nascimento, crescimento e desenvolvimento das formas orgânicas e inorgânicas dos objetos naturais, embora a atividade esteja em evidência constante, isso não é mais verdadeiro do que no caso dos processos de morte, decadência, dissolução e desintegração das formas naturais, orgânicas e inorgânicas, em todas as quais há atividade, trabalho e movimento envolvidos. Tanto a Desintegração como a Integração resultam da

---

* Adjetivo proveniente do substantivo "númeno" (termo introduzido por Kant para indicar o objeto do conhecimento intelectual puro, que á *a coisa em si*). (N.T.)

Atividade; construir e destruir são processos realizados pelo Trabalho, e este é Atividade com outra denominação.

Por fim, no campo psíquico ou mental, tão verdadeiramente quanto no campo do físico e material, na Natureza, encontra-se sempre presente e operante aquilo que a ciência e a filosofia chamam de "processo", que só resulta da atividade.

De outro ponto de vista – ainda que não dessemelhante –, eis o que H. P. Blavatsky diz: "Na verdade, não há nada de absolutamente imóvel no universo" (*A Doutrina Secreta*, vol. I). E uma vez mais: "Na Natureza não existe repouso nem cessação de movimento – este é um princípio básico em Ocultismo" (*Ibid.* vol. I).

Desde os primórdios do pensamento filosófico sobre a questão da atividade das coisas naturais, há uma identificação tácita ou expressa de todas essas atividades com uma forma superior ou inferior de vivência ou vida. Isso era verdadeiro até mesmo no caso do exame da atividade das coisas e objetos inorgânicos. Da parte dos objetos inorgânicos, a presença e a manifestação de atividades espontâneas, ou do que parecia sê-las, eram vistas como uma indicação da presença e manifestação de vida numa forma elementar. Apesar de ter sido rejeitada por muito tempo e, inclusive, vilipendiada pela filosofia ocidental, essa concepção voltou agora a ser respeitada pelo pensamento ocidental mais moderno, como veremos mais adiante.

De tão marcante que era essa concepção, em muitas das antigas filosofias esotéricas constituía um princípio cardinal o fato de a Vida ser universalmente presente e operativa em toda a Natureza, e a Morte uma mera fase da vida – essa concepção era geralmente aceita como uma verdade filosófica consolidada. Isso é especialmente evidente nos ensinamentos das filosofias orientais até mesmo nas primeiras eras, e continua até mesmo nos tempos modernos. Também foi fortemente evidenciado nos ensinamentos filosóficos da Grécia antiga, em que a doutrina do *Anima Mundi*, a Vida do Mundo, foi geralmente aceita como uma verdade filosófica bem estabelecida.

    H. P. Blavatsky enfatiza esse fato na seguinte afirmação: "É a Vida Una, eterna, invisível – mas onipresente, sem princípio nem fim, mas periódica em suas manifestações regulares [...]. Seu atributo único e absoluto, que é *ele mesmo*, o movimento eterno e incessante, é chamado esotericamente de o 'Grande Alento', que é o movimento perpétuo do universo" (*A Doutrina Secreta*, vol. I). Katherine Hilliard, em sua condensação da obra acima mencionada, apresenta um diagrama no qual "Movimento ou Vida" são reproduzidos de modo a formar um lado de um triângulo, sendo os outros lados reproduzidos como Mente e Matéria, respectivamente. Sob o diagrama aparece a seguinte legenda, acrescentada pelo Editor: "'Vida' e 'Movimento' são termos permutáveis" (*Abridgement of the Secret Doctrine*, p. 14).

    Nos preceitos Budistas, o princípio de *Tanha*, praticamente "Vontade-de-Viver", é postulado como o princípio restaurador e estimulador que manifesta todas as formas de atividade física e psíquica, orgânica e inorgânica. *Tanha* é concebido como possuidor do Desejo-Vontade, sempre falando para expressar-se nas atividades do universo; *Karma*, a força diretriz e orientadora das atividades nele empregadas e desenvolvidas. Considera-se que *Tanha* opere em todos os planos do universo e se manifeste, sobretudo, no plano da inconsciência, mas também em todos os planos da consciência. É tida como inerente a todas as coisas; da mesma maneira que a vida é considerada inerente a todas as coisas orgânicas e inorgânicas.

    Embora a filosofia e a ciência modernas como um todo não cheguem tão longe na identificação da energia universal com a vida universal, há algumas indicações bastante fortes da tendência do pensamento moderno a seguir o caminho dessa direção-geral, como se pode inferir de afirmações incidentais dos que escrevem sobre esse tema. Especialmente perceptível é uma concordância iminente com as opiniões de certos filósofos gregos antigos para os quais "A capacidade inerente de ação espontânea, ou de movimento próprio, ou de atividade que não provém de uma força externa, é uma característica de Vida, e o que consegue manifestar esses atributos tem, pelo menos, uma dimensão de Vida".

Como uma indicação da tendência acima afirmada, apresentaremos os seguintes excertos de alguns autores modernos sobre o assunto.

Paul Carus afirmou:

"Por espontaneidade, deve-se entender aquele tipo de atividade que provém da natureza do ser ou coisa ativos. Um movimento causado por pressão ou impulso não é espontâneo; contudo, é espontâneo um movimento cuja força-motriz encontra-se no objeto semovente [...]. No caráter de uma coisa está a fonte de sua ação espontânea."

Ernst Heinrich Haeckel afirmou: "Considero toda matéria como dotada de movimento, ou melhor, de *capacidade de movimento*. Como a atração e a repulsão (atômicas), essas forças afirmam-se em cada processo químico da mais extrema simplicidade, e nelas se baseiam todos os outros fenômenos [...]. A ideia de afinidade química consiste no fato de os diversos elementos químicos perceberem as diferenças qualitativas nos outros elementos – sentem 'prazer' ou 'repulsão' ao contato com eles, e executam movimentos específicos com base nessa experiência". Haeckel também cita, em tom de aprovação, a seguinte afirmação de Naegali: "Para as moléculas, deve ser confortável poder seguir suas atrações e suas aversões; e desconfortável quando são forçadas a agir de outro modo" (*Riddle of the Universe*).

Paul Carus afirmou: "Estou propenso a concordar com o professor Haeckel quando ele diz que toda a Natureza está viva. Na verdade, tenho insistido enfaticamente na proposição de que há uma Espontaneidade impregnando toda a Natureza [...]. O termo 'Vida' é aqui usado num sentido mais vasto do que costuma ser. Significa, aqui, Espontaneidade ou Movimento Próprio [...]. Proponho a denominação melhor de Pambiotismo, brevemente apresentada na máxima 'Tudo está repleto de Vida, contém Vida, tem capacidade de Viver'".

Segundo o dr. Richard G. Saleeby, "A Vida é potencial em Matéria [...] naqueles elementos químicos que são encontrados nas células [...]. Uma vez que sabemos que cada um desses elementos, e cada um dos demais, é criado a partir de uma unidade invariável, o elétron [...] então a Vida é potencial na unidade da Matéria – o elétron em si" (*Evolution: The Master Key*).[3]

Por último, a significativa afirmação de Luther Burbank: "Todas as minhas pesquisas me afastaram da ideia de um universo morto, despedaçado por uma enorme variedade de forças, e me levaram à ideia de um universo que é *plena vida* – ou qualquer outra designação que lhe queiramos dar. Toda a vida no nosso planeta encontra-se, por assim dizer, na borda externa desse infinito oceano de força. O universo não é meio morto, mas totalmente vivo" (*Lecture*).

---

[3] O dr. Caleb William Saleeby (1878-1940) foi um cientista, eugenista e defensor de reformas na Saúde. Atkinson cita Saleeby em várias outras obras suas, inclusive em *Gnani Yoga* e *The Secret Doctrine of the Rosicrucians*.

A escola do Vitalismo, representada por Bergsen e seus seguidores, certamente postula o poder e a presença de Vida criativa como a essência mesma do Cosmos. Essa escola vê a totalidade do Cosmos, físico e psíquico, como instinto com iniciativa, espontaneidade e Vida, sempre procurando expressar-se e sempre procurando irromper em atividade criativa – energizando tudo com seu Élan Vital, ou Energia Viva, sempre "o impulso gerador do mundo", que transforma o Cosmos num grande teatro ou arena de atividade eterna. Nessa fase específica, muitos veem a filosofia de Bergsen como uma das contribuições contemporâneas mais significativas ao pensamento filosófico. Contudo, ela só faz eco ao espírito das antigas filosofias esotéricas do Oriente, uma faculdade que já encontramos em sua apresentação.

Em geral, o Voluntarismo filosófico moderno reafirma a validade de certos preceitos esotéricos do passado, como aqueles da Grécia e das Índias Orientais. O Voluntarismo é aquela escola de filosofia moderna que postula o princípio cardinal de que a Vontade é a base e o espaço da Realidade, do ser e da Energia. Na filosofia moderna, Schopenhauer talvez seja o mais eminente Voluntarista; William Wundt, contudo, foi quem desenvolveu a ideia muito clara e definitivamente. Outros, bem conhecidos na história filosófica recente, também manifestaram tendências Voluntaristas.

Schopenhauer sustentava que o Desejo-Vontade,* o "Desejo-de-Viver" (análogo ao *Tanha* dos Budistas) é o "âmago da existência"

---

* "Desejo-Vontade" (*Desire-Will*) e "Desejo-de-Viver" (*Will-to-Live*) são concepções filosóficas que raramente se confundem com *willpower*, cujo significado é "capacidade de controlar as próprias ações, emoções, impulsos etc.", embora pareça ser esse o sentido empregado na frase que, pouco mais abaixo, deu origem à nota 4. Já em Schopenhauer, o "Desejo-de-Viver" (ou a "Vontade-de-Viver") pode ser considerado como

e o núcleo das atividades universais multiformes. Todas as atividades vivenciadas resultam do Desejo-Vontade, e essas atividades vão desde aquelas do plano físico até aquelas dos processos fisiológicos inconscientes, e daí para as atividades conscientes dos seres humanos e dos animais. Para Schopenhauer, o Desejo abrange todas as formas de atividade e energia.

Como já foi dito, Schopenhauer ampliou as operações do Desejo-Vontade de modo a incluírem e abarcarem todas as fases, formas e graus das atividades do universo inorgânico e orgânico: forças física, químicas, magnéticas, vitais e psicológicas na natureza. Em todas elas, afirmava o filósofo, encontra-se – evidente e operante – o espírito do anseio pelo Desejo unido à Vontade, isto é, seu famoso enunciado "Desejo-de-Viver", sempre propugnando pela expressão objetiva e pela manifestação na atividade. A maior parte desse ímpeto, e seu consequente movimento rumo às ações, é sem dúvida inconsciente. Para ilustrar essa afirmação, apresentamos as seguintes citações de Schopenhauer:

"O que na pedra aparece como coesão, gravitação, rigidez etc. é, em sua natureza interior, aquilo que reconheço em mim mesmo como vontade; e aquilo que a pedra, se fosse consciente, também reconheceria como tal."

---

exemplo típico da doutrina segundo a qual o fundo das coisas deve ser concebido, não por analogia com as ideias da inteligência, mas com as tendências irracionais da *Vontade*. Para esse filósofo, a Vontade-de-Viver não tem nada de racional; é um ímpeto cego e irracional que aparece tanto na natureza inorgânica e vegetal como na parte vegetativa da nossa própria vida. O que a Vontade sempre quer é a Vida, exatamente porque esta não é senão o manifestar-se da própria Vontade na representação. Para Schopenhauer, a Vontade não tem nada de racional; pelo contrário, é um poder cego cujas operações não têm, em última análise, nenhum propósito ou desígnio. (N.T.)

De novo: "Jamais acreditarei que a mais simples combinação química possa dar margem, alguma vez, à admissão de uma explicação mecânica; e muito menos a proporção de luz, calor e eletricidade. Essas coisas sempre precisarão de uma explicação dinâmica".

Outra vez: "Aquilo que em nós persegue seus fins à luz do conhecimento, aqui só se empenha cega e silenciosamente, de uma maneira unilateral e invariável; ainda assim, nos dois casos deve ser chamado de Vontade".

Uma vez mais: "A inconsciência é a condição original e natural de todas as coisas, o que a faz ser também a base a partir da qual, em espécies particulares de seres, a consciência venha a ser seu mais alto florescimento, razão pela qual a inconsciência continua a predominar sempre. Nessa perspectiva, a maioria das existências não tem consciência, mas ainda assim age de acordo com as leis de sua natureza – isto é, de sua vontade. As plantas têm, quando muito, um análogo muito frágil da consciência; as espécies mais inferiores de animais têm apenas um ínfimo resquício dela. Contudo, mesmo depois de ela ter ascendido, ao longo de toda a série de animais, até chegar ao homem e sua razão, a inconsciência das plantas, de onde ela teve início, ainda continua a ser a base [...]. Quanto mais nos dedicamos ao estudo das formas de vida inferiores, menor é o papel do Intelecto que encontramos; mas o mesmo não acontece com a Vontade".

Novamente: "Uma vez que a vontade é a causa universal de nós mesmos, o mesmo se pode dizer de todas as coisas; e, a menos que entendamos causa como Vontade, a causalidade continuará sendo apenas uma fórmula mágica. Digamos, então, que podemos definir repulsão e atração, combinação e decomposição, magnetismo e eletricidade, gravidade e cristalização como Vontade".

Voltando nossas reflexões para tempos mais recentes, encontramos a seguinte afirmação de Nicholas Murray Butler, presidente da Universidade Columbia: "A filosofia interpreta em termos de Vontade – o nome para a única energia que a consciência conhece diretamente – a energia que, de modo tão abundante e maravilhoso, manifesta-se por todos os lados na Natureza. O esforço consciente de mover a mão, a cabeça e o olho constitui o tipo e a norma pelos quais interpretamos, como resultados da energia, as mudanças de posição e de massa que tão incessantemente observamos. Os conceitos de força e energia remetem necessariamente ao conceito de Vontade como sua explicação. Além disso, ao longo do desenvolvimento das formas de vida, encontramos a irritabilidade, uma forma de energia que devemos interpretar em termos de Vontade, muito antes de encontrarmos qualquer coisa que se aproxime de uma manifestação de inteligência – a Inteligência surge ou como um desenvolvimento posterior de nossa Vontade, ou como um "enxerto" nela inserido.

"Um grupo de renomados mestres da física moderna acredita que a matéria em si, em seu estado último, pode ser decomposta em forma de energia, o que, repetindo mais uma vez, só pode ser humanamente explicado como Vontade. Uma tendência forte e, em minha opinião, dominante na filosofia, poderosamente sustentada pelos resultados do conhecimento científico, é aquela que vê a Totalidade como Energia, que é Vontade. De um ponto de vista mecânico, o movimento perpétuo é claramente impossível no estágio científico do conhecimento. Exatamente por conta desse fato, todo movimento mecânico só pode ser explicado se tiver tido origem como Vontade-força. Essa Vontade-força é Totalidade autoativa" (*Philosophy. A lecture delivered at Columbia University, in the Series on Science, Philosophy and Art*; pp. 17, 18. Publicado pela Columbia University Press, Nova York).

Outros autores têm chamado nossa atenção para a constatação de que o conceito humano original de energia surgiu, de fato, de sua experiência com a Vontade nele próprio e em suas atividades. Assim não fosse, ele não teria conseguido conceber a Energia como o princípio operacional da Atividade Cósmica. Um desses autores afirmou que "Todo Poder é Força de Vontade".[4] Para outro: "Em seu sentido último, a Energia pode ser incompreensível a nós, a não ser como uma demonstração daquilo que chamamos de Vontade".[5]

Isso, como perceberá, corresponde perfeitamente ao conceito do Budismo antigo que, num livro recente sobre seus preceitos, afirma: "A Vontade é a força-motriz ou a energia que, de mil maneiras distintas, produz a aparência de movimento perpétuo ou de vir a ser [...]. A Vontade, porém, como tudo o mais no Universo, é composta por sete formas exteriores, e pode aparecer como energia abstrata ou desejo animal, de acordo com o plano ou nível de consciência em que se torna manifesta. Em si mesma, é uma forma abstrata e impessoal e, como tal, não é nem boa nem má. Na metafísica do Budismo Mahayana ela é *Fohat*, aquilo que une os dois polos do Ser". (*Buddhism: An Answer from the Western Point of View*, pp. 72, 73. Publicado pela Loja Budista de Londres, Inglaterra.)

---

[4] O enunciado "Todo Poder é Força de Vontade" é do advogado e cientista galês William Robert Grove (1811-1896), e foi usado em três outras obras de Atkinson, diversamente atribuídos a "homens sábios", "os melhores filósofos" e "antigo axioma ocultista".

[5] A citação é do físico e engenheiro elétrico inglês *sir* John Ambrose Fleming (1849-1945), mas é mais provável que Atkinson a tenha encontrado nos escritos do autor Charles F. Haanel (1866-1949), ligado ao New Thought, que escreveu *The Master Key System*.

Outros filósofos, orientais e ocidentais, exotéricos e esotéricos, têm seguido as mesmas linhas gerais do Voluntarismo, que foram aqui descritas. Subjacente a suas respectivas variações especulativas concernentes à exata e essencial natureza da Vontade Cósmica, sempre se encontrará a concepção essencial subjacente de um Princípio Cósmico, de um grau relativamente alto de prestígio e importância que, nas palavras de um autor anônimo, foi assim descrito: "Enfim, ou um Poder com o Desejo de Agir, ou um Desejo com o Poder de Agir; ou ambas as coisas, unidas numa síntese equilibrada e unificadora". Em suma, a VIDA concebida como Desejo-Vontade-Atividade Voluntária ou Espontaneidade!

※ ※ ※

Porém, quer entendamos, quer não, a Atividade Cósmica como "instinto com vida" – Desejo-Vontade, o espírito da Espontaneidade –, não poderemos escapar à conclusão lógica inevitável, invariável e infalível segundo a qual, nos termos de nossa afirmação da Lei da Atividade Cósmica, "Tudo, no Cosmos, é Ativo, Mutável, Funcional; uma Atividade subjacente e onipresente está sempre presente e operante no Cosmos como um todo e em cada uma de suas partes componentes".

Capítulo VI

✦ ✦ ✦

A LEI CÓSMICA DA MUDANÇA

"Tudo muda; nada é permanente."

A terceira lei do Cosmos é a Lei da Mudança (às vezes chamada de Lei do Devir),[1] que pode ser formulada da seguinte maneira:

"No Cosmos como um todo, e em toda e cada uma de suas partes componentes, há manifestação de Mudança constante; nada, no Cosmos, permanece imutável, nem mesmo durante a mínima extensão de tempo; o próprio tempo é mensurado pela Mudança."

---

[1] Essa combinação de Leis da Mudança e Devir parece ter sido feita unicamente pelo próprio Atkinson, que escreveu um texto para um editorial intitulado "Uma Pequena Visita à Terra do Buda", em um número da revista *Advanced Thought*, de 1918.

Aqui, o termo "Mudança" significa: "Qualquer alteração ou variação, seja de que tipo for; uma passagem de um estado ou forma para outro; transformação, transmutação, transmissão". O termo "Devir" significa: "Indicação, do ponto de vista filosófico, da passagem de uma forma ou estado para outro; a entrada em algum novo estado ou condição, a partir de circunstâncias que o precederam".

A Lei da Mudança ou Devir foi reconhecida há muito tempo pelos grandes filósofos da raça; hoje, é praticamente aceita por todas as filosofias e formas de pensamento científico. É postulada pela ciência física moderna como um fato básico; e a moderna psicologia admite-a como um princípio funcional estabelecido de Consciência em geral e em particular.

Na verdade, essa Lei constitui a base primeira de diversas grandes filosofias antigas e modernas; isso é particularmente verdadeiro no caso das respectivas filosofias de Heráclito de Éfeso, do Gautama, o Buda, de Herbert Spencer, no século passado, e de Henri Bergson em nossa própria época. Em determinados momentos da história da filosofia (particularmente naquela da ordem teológica), houve tentativas de postular a existência de um universo estático; mais cedo ou mais tarde, porém, essas tentativas falharam e houve um retorno à concepção de um mundo de experiência dinâmico e impermanente.

O Cosmos – o universo natural – é visto pelos filósofos e cientistas como um grande "Processo de Devir" Cósmico, ou uma Sucessão de Mudanças. A palavra "Processo" (neste caso específico) significa: "Um movimento que avança continuamente no Tempo". O Tempo, em si, é essencialmente visto como uma medida da Mudança; indica Mudança, implica Mudança, expressa Mudança. Não pode existir Tempo sem Mudança; não pode existir Mudança sem Tempo. As duas ideias são inextricavelmente ligadas.

Considera-se que todas as coisas no Cosmos – isto é, tudo o que existe no mundo da Natureza – destinam-se normalmente a manifestar os seguintes passos, ou mudanças de Devir, a saber, (*a*) *nascimento*, (*b*) *desenvolvimento*, (*c*) *maturidade*, (*d*) *decadência* e (*e*) *morte – o Ciclo da Existência* –, a não ser, talvez, que algumas etapas intermediárias sejam anuladas pela ocorrência antecipada da Morte (e) pouco depois do Nascimento (a); essas duas etapas, a primeira e a última, são inevitáveis. Tudo está incluído no Processo de Devir – a Sucessão de Mudanças.

Isso é verdadeiro no que se aplica ao universo e aos átomos; aos arcanjos e homens, minerais, plantas, animais, seres humanos; todos os estados ou formas físicas e psíquicas, todas as formas de atividades naturais são regidos por essa lei. Não há exceções conhecidas; e nada de semelhante é concebível. Em todo o pensamento filosófico, teológico e científico que tem permanência no tempo, há um reconhecimento virtual desse fato. As filosofias antigas, sobretudo as de ordem esotérica, insistiam em que somente o Ser ou Princípio Absoluto (sejam quais forem o conceito ou o nome pelos quais são conhecidos) é e deve ser Imutável e absolutamente isento de Mudança: contudo, todas as coisas no Cosmos manifesto são incondicionalmente regidas pela Lei da Mudança. Do ponto de vista lógico, considera-se que cada uma dessas duas concepções tem implicações e necessidades mútuas.

Heráclito de Éfeso (600 a.C.) ilustrava o Processo de Devir com a comparação de um rio corrente que, embora esteja sempre presente, nunca é exatamente o mesmo. Ele afirmava que "O universo existe num estado de fluxo; flui sempre para diante, sempre o mesmo ainda que nunca exatamente o mesmo; sempre diferente, mas sempre proveniente de seus estados e formas antecedentes".

Repetindo, ele afirmava que "Você não pode entrar duas vezes no mesmo rio, pois novas águas estarão sempre passando por você".

Heráclito foi o maior dos gregos antigos a defender o conceito de um universo dinâmico, em contraposição àquele cujos adeptos defendiam a ordem estática. Tudo flui e se transforma para sempre; mesmo na matéria mais imóvel há um fluxo e um movimento invisíveis. Nesse mundo de fluxo, há uma única coisa constante – a própria Lei. Assim disse Heráclito, e acrescentou: "Essa ordem, a mesma para todas as coisas, não foi feita por nenhum dos homens ou divindades; mas ela sempre existiu, e existe, e existirá". Há muito ignorado e menosprezado, e com pouquíssimos fragmentos dispersos de seus textos que foram preservados, e de sua ciência com cerca de 2.500 anos antes destes últimos, ele viveu muito à frente do seu tempo.

A seguir, encontramos Gautama, o Buda, praticamente contemporâneo de Heráclito (embora nenhuma conexão entre eles seja conhecida ou tenha sido aventada), propondo praticamente as mesmas verdades no que diz respeito ao Devir. Um dos pontos principais dessa doutrina era o da Impermanência de todas as coisas Cósmicas. Sobre essa premissa ele fundamentou grande parte de seus outros preceitos. O Buda anunciou como axioma que "Impermanentes são *todas* as coisas componentes", estabelecendo, assim, uma ligação entre a Lei da Composição e a Lei da Mudança.

Gautama, o Buda, parecia favorecer o exemplo da combustão, ou queima, como a melhor ilustração da Mudança ou do Devir. Ele comparava o universo como um todo, e cada coisa nele, com uma Chama que, embora fosse sempre a mesma, não era exata ou perfeitamente a mesma chama, nem mesmo por dois segundos consecutivos – na verdade, a chama não era senão as atividades da combustão constante. Ele também empregava a comparação da correnteza dos rios em seus exemplos.

Em seu grande poema "A Luz da Ásia", *sir* Edwin Arnold expressa o ponto essencial da concepção Budista de Mudança e Devir nos seguintes versos:

> "*E causa e sequência, e a passagem do tempo,*
> *E o incessante fluir do Ser que,*
> *Sempre em mutação, corre, unido como um rio,*
> *Por pequenas e sucessivas ondulações, ligeiras ou morosas –*
> *O mesmo, mas nunca o mesmo – vindas de uma fonte distante,*
> *Até onde suas águas fluem*
> *Para os mares. Estas, evaporando-se ao Sol,*
> *Devolvem às ondazinhas esquecidas um chuvisco esfumado,*
> *Que cairá sobre as colinas e voltará a deslizar lentamente,*
> *Sem nunca ter pausa, nunca ter repouso.*"

Seguindo a ordem das nossas reflexões, teremos algo a dizer sobre Herbert Spencer (1820-1903), o grande pensador inglês do século passado. Sua filosofia da evolução geral postulava a evolução, ou a mudança metodicamente progressiva, como um fenômeno presente e operante em todas as coisas; não só nos objetos físicos e nos estados mentais, mas também nas instituições humanas, nos costumes, na ética, nas modas e em outras coisas do gênero; e isso se baseava fundamentalmente no conceito de Mudança e Devir constante e metódico no Cosmos, e em cada segmento das atividades cósmicas, estas últimas concebidas como as manifestações específicas da "Infinita e Eterna Energia da qual todas as coisas procedem", e que "é Incognoscível em sua Essência Última".

Para Spencer, de fato, nada era constante a não ser a própria Mudança – fato que não admitia nenhuma exceção; nada duraria para sempre sem a Mudança, a não ser, sem dúvida, o Absoluto Incognoscível. Os campos da psicologia, ética, sociologia, religião etc. foram por ele situados sob a lei geral da Evolução. "Poeira, dinastias e dogmas" eram considerados semelhantes sob essa lei de mudança metódica. A operação dessa mudança sistemática no mundo das coisas vivas era Evolução Orgânica; no mundo dos sistemas solar e estelar, Evolução Cósmica; no mundo dos Átomos, Evolução Atômica, e assim por diante. Tudo acontecia de acordo com a mudança regular e metódica e a transformação das formas e estados mais simples em mais complexos. Mudança e Devir Universal metódicos eram seu tema sempre que ensinava Evolução Geral.

Nossa abordagem das questões examinadas até o momento nos levará agora à filosofia de Henri Bergson (1859-1941), o grande filósofo Vitalista dos primórdios do século atual. Deixando de lado sua identificação especial da natureza última das coisas com a Vida – Energia Viva –, trataremos aqui somente de sua "Filosofia da Mudança", na qual se considera que tudo está submetido à Lei da Mudança e Devir. Para ele, a natureza está sempre "para o que der e vier" – a expressão que remete a uma vida livre, espontânea e criativa. Ele segue Heráclito na crença em que "todas as coisas estão em estado de fluxo ou fluindo". Também defende a ideia de que todas as coisas são dinâmicas, não estáticas; como se num eterno "vir a ser", e não simplesmente "ser"; que o Cosmos deve ser visto como uma sucessão de coisas mutáveis; que a mudança ininterrupta, uma incessante mutação fosse uma marca distintiva das atividades do Cosmos.

Bergson apresenta exemplos úteis de como nossos sentidos percebem as atividades mutáveis do Cosmos como estáticas. Essas informações dos sentidos não são, segundo ele, nada além de "instantâneos" de uma sucessão de coisas que, na verdade, estão em movimento. Essas imagens, assim "fotografadas", mostram as coisas enganosamente, como "tão imóveis como se congeladas para todo o sempre", para empregar a oportuna descrição de Will Durant. Para usar os termos desse mesmo autor, elas nada mais são que "poses estáticas da viva corrente da realidade", que o intelecto apreende como "uma série de estados, mas perde a continuidade que os entrelaça à vida". O Tempo, com seu fluxo incessante, é para Bergson a própria essência do real.

A popularidade da filosofia de Bergson, quando se deu a conhecer, deveu-se em grande parte à sua união das ideias de "energia viva" com as de mudança e evolução, que formam uma parte reconhecida do arsenal mental da ciência moderna. O Élan Vital bergsoniano é um impulso vivo no Cosmos, cuja energia leva as coisas a evoluir e faz do mundo um teatro de infinita criação. Como seus antecessores, ele serviu para fortalecer o conceito de que o Cosmos "não é uma base fixa nem um lugar central e imóvel, mas sim energias pulsantes girando em ritmo ordenado, quer dos sistemas solares ou de nosso próprio coração e inteligências – a consciência de uma ordem dinâmica substituindo aquela de uma ordem estática", como tão bem afirmou Caroline Rhys Davids.[2]

Quanto à ciência moderna, pode-se dizer que praticamente todo o pensamento científico moderno está em perfeita consonância com a lei geral de que todas as coisas, sem exceção, existem numa condição de mudança ininterrupta e ordenada – a concepção

---

[2] Citação extraída da conclusão da obra *Buddhism: A Study of the Buddhist Norm*, publicado em 1912 por Caroline A. F. Rhys Davids (1857-1942), que foi casada com T. W. Rhys e presidente da Pali Text Society por quase duas décadas.

Cósmica dinâmica. A concepção cósmica, em vez da estática. A ciência física moderna, em todos os seus segmentos, fornece uma profusão de evidências que corroboram essa lei. Em química, astrofísica, biologia, sociologia, mitologia, ética, história religiosa e outros ramos do pensamento, temos farta abundância de exemplos da atividade da mudança ou evolução ordenada do Universo.

Na psicologia moderna, também, temos exemplos impressionantes da mesma lei. Até a própria consciência depende da mudança para suas atividades; sem mudança, não haveria consciência: sobre esse fato, todos os psicólogos modernos estão de pleno acordo. Em essência, eles dizem que "A Consciência é de natureza tal que torna sua existência impossível, a não ser em estado de perpétua mudança. Para nós, a Consciência é inconcebível sem a mudança. Um estímulo uniforme à sensação torna-se rapidamente imperceptível – o estímulo deve variar sua pressão indefinidamente, ou a sensação deixará de existir; e isso também se aplica a todo e qualquer estado consciente, sem exceções. É impossível manter um estado de consciência constante e uniforme".

Essa avaliação moderna está de pleno acordo com aquela dos preceitos primitivos da antiga doutrina esotérica do modo como a postulou H. P. Blavatsky há aproximadamente cinquenta anos no livro *A Doutrina Secreta*, no qual, dentre muitas outras referências à Lei da Mudança, ela diz:

"Nada há sobre a Terra que tenha uma duração real, pois nada permanece sem mutação, ou no mesmo estado, durante um bilionésimo de segundo [...]. O Tempo não é mais que uma ilusão ocasionada pela sucessão dos nossos estados de consciência, à medida que viajamos através da duração eterna; e deixa de existir quando a consciência em que tal ilusão se produz já não exista. O presente não é senão uma linha matemática que separa aquela duração eterna, que chamamos futuro, daquela outra a que damos o nome de passado" (*A Doutrina Secreta*, vol. I).

CONTINUIDADE
"TUDO FLUI NUM DESLOCAMENTO CONSTANTE"

Em nossa análise da Lei da Mudança Cósmica Geral, não devemos deixar de examinar atentamente o princípio especial de Continuidade ou Sequência Ordenada, contido na formulação da Lei Geral da Mudança. Esse princípio especial de Continuidade ou Sequência Ordenada pode ser enunciado da seguinte maneira: *"A sucessão de coisas mutáveis do Cosmos manifesta-se num fluxo contínuo, conectada a uma unidade progressiva sem nunca deixar de manter sua sequência ordenada".*

Assim usada, a palavra "Continuidade" significa: "[Qualidade ou estado de ser contínuo, isto é, de não ter intervalo, cessação ou interrupção; sucessão ininterrupta e uniforme; recorrência regular em uma série". Por "Sequência Ordenada", entende-se: "Um procedimento ordenado de acordo com a lei, e outro que se deixa conduzir por uma sequência; uma sucessão ou progressão de um sistema ordenado". O termo budista que expressa essa sequência corrente da existência natural só é traduzido como "Concatenação", que significa "Uma série contínua de elos unidos e inseparáveis, cada qual ligado ao elo precedente e àquele que o sucede, de modo a formar uma série".

Ao examinar o princípio especial da Continuidade ou Sequência Ordenada, o estudante deve evitar qualquer imagem de uma sucessão semelhante à queda de gotas d'água – um gotejamento com intervalo de tempo e espaço que se interpõe entre as respectivas gotas. Ao contrário, ele deve imaginar um fluxo constante, contínuo e ininterrupto que se apresenta em forma de sucessão unitária; alguma coisa metaforicamente semelhante ao movimento do Fluir do Tempo.

O fluxo móvel pode ser represado por obstruções temporárias de materiais levados por sua própria corrente; ou pode fluir secretamente por algum tempo; ou pode muito bem assemelhar-se a um sistema de tanques ou reservatórios conectados, de um dos quais a corrente extravase e siga para o outro, e assim por diante, até que a série toda tenha sido percorrida. Nesses exemplos, porém, o fluxo deve ser sempre representado como constante e ininterrupto em sua sequência ordenada. Essas supostas exceções, como ficou demonstrado acima, não violam a integridade da regra geral – elas só servem para pôr em relevo o significado original de sua integridade.

Em algumas terras do Oriente, os mestres ocultistas empregam como símbolo dessa série multiforme de mudanças, ou do devir, uma criatura parecida com um camaleão, que muda de cor diante dos nossos olhos; aqui, uma combinação de cores mistura-se gradualmente a outra, e assim por diante. Uma vez mais, um caleidoscópio, manifestando constância e continuidade de movimento e mudança de forma de seu conteúdo, é empregado para um objetivo semelhante de demonstração. O mítico deus do mar, Proteu, que assumia diferentes tipos e formas à vontade, também foi solicitado a servir de ilustração figurativa desse processo. No ensino moderno, as conhecidas placas coloridas que mostram a mistura de luzes e cores diferentes do Espectro Solar são outra modalidade possível de explicação. Exatamente como sugeriu Omar Khayyám no trecho abaixo, extraído de sua obra mais conhecida:

> "Cuja Presença Secreta, circulando pelas veias da Criação, Assume todas as formas, de Mah a Mahi; todas perecem – mas ELE permanece."[3]

A questão principal sempre consistiu em indicar e exemplificar uma série sucessiva e gradual de misturas associadas, que apresentam mudanças interligadas, ou estágios de mudança, na mesma coisa essencial; e evitar o conceito de (a) uma sucessão de unidades separadas, ou (b) uma sucessão de segmentos "desmembrados" ou partes separadas. Até a conhecida figura de uma "Cadeia Infinita", tão comumente usada nesse sentido, foi criticada por conter falhas; isso porque, na verdade, tal cadeia seria formada por elos separados (apesar de sequencialmente ligados). Contudo, se os elos fossem realmente unidos, a analogia seria inquestionável. O conceito de uma "fusão" ou "variação gradativa" de uma coisa em outra, proveniente dos sucessivos estágios ou etapas da existência, quando objeto de uma sólida reflexão, nos manterá muito próximos da verdade em nossas ideias sobre o assunto em questão.

O Tempo, que é "a medida da Mudança", oferece uma ótima ilustração dessa distinção entre Mudança (a) *contínua* e (b) fragmentada. Temos o hábito de pensar o Tempo como uma série de segundos, minutos, horas, dias, semanas, meses, anos, séculos etc., cuja característica principal são "interrupções" ou "desmembramentos", ignorando o fato de que o "desmembramento" ou a

---

[3] Citação extraída do livro *Rubáiyát*, do poeta persa Omar Khayyám, traduzido para o inglês por Edward Fitzgerald.

"fragmentação" dessas supostas unidades de Tempo nada mais é do que o resultado de uma mensuração por expedientes artificiais de separação, ou então pelos movimentos relativos dos objetos naturais – que, em ambos os casos, só existem em nossa mente. Na verdade, o Tempo nunca é tão separado ou "desmembrado", assim como uma estrada ou rodovia nunca é "desmembrada" em centímetros, metros, quilômetros etc. Os objetos dos quais se depreende alguma ideia intrínseca de Tempo, diz Bergson, na verdade não passam, por assim dizer, de "instantâneos" de um processo em movimento.

O professor Edward Bradford Titchener, num verbete escrito para uma enciclopédia sobre "Associação de Ideias", apresentou também um exemplo aplicável ao processo contínuo de sequência ordenada, que é universal em sua manifestação, embora nenhuma intenção desse tipo possa ser atribuída a ele no artigo. Ele afirma:

"Os elementos associados ora são extremamente profusos, ora um mero filamento. A massa ora é intensa, ora frágil; ora é clara, ora obscura; ora dirigida por um único elemento, ora por uma união de dois ou mais canais de influência; ora fluindo com prazer, ora com total indiferença afetiva. Essa associação colateral, como qualquer outra consciência, é caleidoscópica, apropriando-se de processos aqui e largando-os ali, mas sempre levada por um único núcleo, de modo que nunca haja um salto de uma etapa para outra, nunca um hiato na cadeia, mas, de modo invariável, uma transição gradual de um ponto a outro" (*New International Encyclopedia*, vol. II, p. 272).

Esse contínuo fluxo sequencial no Cosmos não é um mero *fluir*; é também um fluir que manifesta *ordem*. É um fluxo lógico e ordenado – jamais acidental, caótico, atabalhoado e aleatório em nenhum momento. Não há nele o mais leve vestígio de acaso. A Lei e a Ordem estão por toda parte em evidência – sua manifestação é onipresente. Há uma Lógica Cósmica sob a qual o Cosmos manifesta suas atividades.

Às vezes, o surgimento repentino de "saltos", "pulos" ou "rompantes" em processos iniciais não deve ser visto como exceções à regra geral de sequências contínuas e ininterruptas nas atividades Cósmicas; pois não se trata disso de maneira alguma. A pesquisa e a observação mais profundas, sustentadas por uma avaliação perspicaz, revelará o fato de que tais ocorrências não violam a integridade da lei. Quando se leva em consideração o "fluxo subterrâneo" da cadeia de acontecimentos correntes, encontra-se a solução. Não há elos ausentes no processo geral de mudança contínua, embora a observação humana possa não perceber todos os elos de uma só vez. A Lei é a lei, e não conhece exceções.

Capítulo VII

✣ ✣ ✣

A LEI CÓSMICA DA CAUSALIDADE

"Tudo acontece devido a uma causa."[1]

A quarta lei do Cosmos é a Lei da Causalidade, que pode ser formulada da seguinte maneira:

"Todas as mudanças nas atividades do Cosmos são condicionadas e causadas; elas se manifestam através de uma causa condicionante; elas continuam a se manifestar através de uma causa condicionante; elas deixam de se manifestar através de uma causa condicionante."

No sentido mais geral, a palavra "causa" é definida como "Aquilo que produziu ou opera um resultado". De modo geral, a causa de

---

[1] A Lei da Causalidade também é mencionada no segundo volume de *The Arcane Teaching* (1909) e no livro posterior, *Faith Power* (1922). Apareceu no *Caibalion* (1908) como o Sexto Princípio Hermético de Causa e Efeito, e como a Lei da Sequência no primeiro volume de *The Arcane Teaching* (1909).

qualquer efeito é a verdadeira "razão" do acontecimento, ou aquilo (físico ou mental) que é corretamente nomeado em resposta à pergunta "Por quê?".* Considera-se que todo acontecimento (físico ou mental) ocorre "por causa de"** alguma outra coisa capaz de produzir efeitos. "Porque" realmente significa "por causa de", e implica uma "causa".

Em linguagem filosófica, o verbo "condicionar" é definido como "Determinar ou fazer de qualquer coisa o que ela é". Uma coisa "condicionada" é aquela determinada ou transformada naquilo que ela é por alguma outra coisa. Considera-se que todas as coisas do mundo dos fenômenos sejam condicionadas de alguma maneira. Em filosofia, só o Infinito ou Absoluto é considerado como "incondicionado", isto é, livre de todas condições e limitações.

O pensamento correto sobre esse tema específico das causas condicionantes do mundo dos fenômenos pode ser ajudado pela lembrança de que, na verdade, elas não são coisas ou entidades estáticas, mas sim – como tudo o mais no mundo dos fenômenos – atividades ou formas que condicionam e causam outra forma a partir daí. Um estímulo sempre é uma atividade; a resposta a ele sempre é igual, seja um estímulo físico ou mental.

Desde tempos imemoriais, os filósofos admitiram e ensinaram a existência e operação da Lei da Causalidade. O pensamento humano seguiu o caminho da observação filosófica, e a classificação não poderia ter tomado rumo distinto. Aos poucos, as operações da lei passaram a ser reconhecidas como elementos predominantes em certos campos; depois em outros, e assim por diante. Depois, a generalização chegou ao reconhecimento do

---

* "*Why?*". (N.T.)
** "*Because (of)*". (N.T.)

predomínio universal da Causalidade, e foi alçada à dignidade de uma Lei do Cosmos de natureza axiomática.

Os filósofos da Grécia antiga, em particular, dedicaram muita atenção à elaboração dos princípios da Lei da Causalidade. Houve muita discussão de minúcias pouco importantes sobre o tema da natureza última da Causa, e o resultado foi que "eles sempre saíam pela mesma porta pela qual haviam entrado"; pois, aqui, a natureza última é claramente incognoscível, como é o que realmente acontece no caso de todas as concepções últimas desse tipo. Deve-se ter em mente, porém, que não houve nenhuma exteriorização sobre a existência e operação da Lei em si.

Também se constata que o mesmo estado de coisas foi mantido na Índia Antiga. Lá também havia muita "argumentação erudita", com o mesmo resultado inevitável. Contudo, aqui a existência da Lei não era questionada, mas sim universalmente aceita como verdade. Os Budistas, em particular, atribuíam-lhe grande importância e fizeram dela uma base fundamental de sua filosofia. Eles a associavam firmemente à sua doutrina da Mudança, e sempre declaravam positivamente: "Mudança de acordo com a Causa". A doutrina Budista de um Devir fluente permitiu-lhes ter um conceito muito mais claro da Causa do que aquele de seus oponentes. Ali estava um conceito de um fluxo corrente de coisas e acontecimentos, em contraste com a concepção mais ou menos estática, defendida pelas escolas discordantes. Na verdade, a concepção Budista era quase idêntica àquela do moderno pensamento científico-filosófico ocidental.

Nos primórdios do pensamento filosófico ocidental sobre o assunto, houve praticamente um retorno às mesmas bases que haviam sido percorridas pelos antigos gregos. Aqui, porém, mais uma vez as especulações eram quase totalmente voltadas para as explicações últimas, o que naturalmente não levou a nenhuma conclusão útil. Descartes, Hume, Kant, Mill e outros filósofos eminentes participaram, todos, dos debates em busca da solução; hoje, porém, sua obra principal é considerada como uma base para as concepções mais claras que, ao longo do tempo, evoluíram a partir deles.

Talvez a moderna concepção ocidental de Causalidade possa ser mais bem formulada por excertos do verbete enciclopédico sobre o tema, escrito pelo professor Evander Bradley McGilvary, uma autoridade conceituada e competente nos temas filosóficos. Nesse verbete, ele afirma:

> *"Uma definição de Causa que, nos dias atuais, é muito amplamente aceita, é aquela segundo a qual a Causa de qualquer acontecimento é um acontecimento precedente sem o qual o acontecimento em questão não teria acontecido. As duas causas e efeitos são sempre acontecimentos, isto é, coisas em processo de mudança. Na Causa completa estariam todos os indispensáveis acontecimentos anteriores [...]. Portanto, pensamos em causa e efeito não como se fossem magicamente condicionadas entre si, mas como passos diferentes num processo contínuo no qual cada passo é o que é em decorrência de sua relação com todos os outros passos"* (New International Encyclopedia, *verbete sobre Causalidade*).

Como o leitor perceberá, isso está praticamente de acordo com a doutrina geral do "Devir" de todas as coisas cósmicas, sendo estas últimas consideradas como "acontecimentos", por assim dizer; e, sem dúvida, mantém uma relação quase estreita com a doutrina Budista sobre o mesmo tema, além de atender às exigências das diversas Leis Cósmicas interdependentes e interligadas apresentadas no presente livro.

Uma vez mais, podemos ilustrar a concepção filosófica que hoje predomina no Ocidente citando duas outras fontes, como mostraremos a seguir: Jevons, em seu livro *Lessons of Logic*, afirma que "A causa de um acontecimento significa as circunstâncias que devem ter ocorrido anteriormente, a fim de que o acontecimento pudesse ter se realizado"; e no *Dictionary of Philosophy and Psychology*, de Baldwin, afirma-se que "Todo acontecimento é resultado ou sequência de algum fato anterior (ou fatos anteriores) sem o qual não poderia ter ocorrido, e cuja presença é indicativa de que teria forçosamente de existir".[2]

O fato de essas ideias estarem de acordo com os antigos preceitos Budistas pode ser constatado numa referência ao tema feita por Carolyn Rhys Davids:

> *"Desde Thomas Brown e John Stuart Mill, pelo menos neste país temos considerado suficiente dizer que 'não fazemos nenhuma ideia de nada que diga respeito a eficiência, além de regularidade de sequência' [...]. Até o momento, para nós mesmos. A antiga fórmula Budista apresenta uma concepção paralela. Deixando de lado as especulações sobre o começo e o fim, essa fórmula nos diz que todos os* dhammas:, *todas as coisas-como-são-conhecidas acontecem a partir de causas. E uma causa que foi aquela coisa (ou aquelas coisas) cuja presença se fez*

---

[2] W. Stanley Jevons (1835-1882) foi, além de economista influente, um pensador profundamente versado em lógica. Seu texto "The Elementary Lessons in Logic" foi o primeiro manual de lógica publicado no mundo de língua inglesa.

necessária para determinada coisa subsequente, ou coisas que são conhecidas como resultado. E considerava-se que essa uniformidade em sequência era de importância tão crucial que a chamavam de 'o Dhamma.' *O Buda é representado como se estivesse a dizer a um hipotético Jain: 'Deixai de lado essas questões sobre começo e futuro. Eu vos ensinarei o* Dhamma: *– o que está presente, vem a ser; do surgimento daquilo, surge isso; estando aquilo ausente, isso não vem a ser; a partir da cessação daquilo, isso cessa também'"* (Buddhism: A Study of the Buddhist Norm).

Aqui, observaríamos *en passant* que os Budistas sustentam que praticamente todas as atividades vivas têm, como sua motivação maior e sua causa condicionante alguma forma de Desejo, intenso ou brando, consciente ou inconsciente. Isso produz uma característica dominante de sua doutrina de *Tanha*, o princípio universal do Desejo em suas muitas formas; e também de *Kama*, o elemento de desejo em todas as coisas vivas. Platão também enfatizou a força motivadora do desejo. Spinoza vê no Desejo a essência da força motivadora que se encontra na base da atividade humana. Schopenhauer também postula um impulso consciente ou inconsciente para a ação, o princípio do Desejo-Vontade, como as causas condicionadoras da atividade viva. Na categoria das causas condicionadoras, devemos atribuir um lugar importante ao Desejo. "Por trás da Vontade, encontra-se o Desejo" é um antigo aforisma do ocultismo.[3] De fato, o desejo pode verdadeiramente dizer: "Calculam

---

[3] Extraído do artigo "Freewill", do periódico *New Californian*, 18 de setembro de 1892, que mais tarde foi reimpresso em *Theosophical Siftings*, volume 6, 1893.

mal os que me deixam de fora".⁴ Tanto Platão quanto Gautama, o Buda, sustentam que o elemento Desejo chega até a produzir vidas futuras – o Renascimento.

Em poucas palavras, a concepção científica moderna pode ser assim definida: "Todo acontecimento no tempo e, portanto, todas as mudanças nas coisas, todos os fatos e ocorrências que implicam o elemento Mudança, bem como todas as coisas daí resultantes, são a consequência ou os efeitos de certas atividades antecedentes, conhecidas como 'causas', as quais, estando presentes, fazem com que os resultados e efeitos tenham de ocorrer". Considera-se que isso seja uma verdade igualmente aplicável tanto aos acontecimentos e atividades físicos como aos psíquicos.

As afirmações acima significam, em resumo, que tudo é (a) exatamente *o que* é, está (b) exatamente *onde* está e (c) exatamente *quando* está, porque certas outras coisas foram exatamente *o que* foram (ou são); o leitor perceberá que "são"/"estão" podem ser substituídos por "foram" na afirmação acima. Isso porque, em sentido estrito (que é especialmente favorecido pelos Budistas), as relações causais não são necessariamente confirmadas apenas às relações temporais.

Os Budistas afirmam que *qualquer* relação existente, de interação ou coordenação, correlação ou interdependência, desde que baseada numa necessidade verdadeira, e tenda necessariamente a "condicionar" a coisa ou o acontecimento em questão (isto é, a impor-lhe condições), deve ser vista (nessa medida) como uma das "causas" que tornam a coisa ou o acontecimento exatamente o que ele é a partir dessa perspectiva. Contudo, é certamente imperativo

---

⁴ Do poema "Brahma", de Ralph Waldo Emerson, publicado pela primeira vez em 1857.

que as causas *imediatas* estejam realmente presentes no momento do efeito imediato; na verdade, as causas *remotas* não precisam estar tão presentes naquele momento específico, embora sua influência esteja presente em seus efeitos intermediários derivativos. Isso explica a constância dos verbos "ser"/"estar" no parágrafo anterior.

A única alternativa à Causalidade ordenada é aquela do Puro Acaso – e o Puro Acaso é inconcebível em conexão com atividades observadas no Cosmos. O Puro Acaso é um conceito inconciliável com a razão, além de um escândalo ao pensamento lógico. No uso filosófico e científico moderno, o termo "Acaso" nada mais é que "A causa (ou as causas) *desconhecida* e *imprevista* de um acontecimento". Deixou de existir a concepção filosófica ou científica do Acaso como explicação de um acontecimento não causado; considera-se que tal concepção pertence à Idade Média do pensamento filosófico. Modernamente, não há nenhuma justificativa para o uso do termo em qualquer outro sentido que não seja o da compatibilidade com o uso científico e filosófico há pouco afirmado. O contrário é o resultado ou da lassidão do pensamento ou de pura superstição; é uma falácia absoluta na concepção lógica atual, e deve ser sempre considerada como tal em toda reflexão sobre o tema.

É verdade que uma minoria de filósofos parece não estar em perfeita consonância com os princípios da Causalidade, mas um exame mais profundo de seus preceitos revelará o fato de que sua contenda é com uma interpretação demasiado mecânica e de sistema fechado dos princípios acima referidos. Com a admissão de que (a) existem planos superiores e desconhecidos da Causalidade, e que (b) é possível considerar algumas das normas menos importantes da atividade natural como "hábitos" estabelecidos pelas forças da Natureza, e não como normas de procedimento fixas e inalteráveis – meros canais criados pelas próprias forças Cósmicas através dos quais elas tendem a fluir daí em diante –, as maiores dificuldades então se desvanecem, e os opostos se reconciliam numa nova síntese, mais larga e de maior amplitude.

O Cosmos, quer seja concebido como um sistema, quer como um princípio do ser ou da vida, não é limitado por nenhum suposto sistema fechado de sequências causais exatas. É um processo de desenvolvimento em que os elementos causais mais elevados e desconhecidos desempenham seu papel – no qual as correntes subterrâneas e as forças acima são operativas, assim como aquelas dos planos de superfície. A Causalidade, porém, conhecida ou desconhecida, superior ou inferior, está sempre presente e atuante.

Uma concepção simples, mas que parece confiscar a substância de mistério aparente é aquela segundo a qual causa e efeito se mantêm como fatores ou aspectos componentes da atividade universal, da qual todos os acontecimentos e coisas são *partes*, embora não permaneçam à parte umas das outras, ou em relação ao todo. Os princípios da Continuidade, Sequência, Devir – a Unidade e o Fluxo exterior das coisas no Cosmos – tornam fúteis e inúteis as especulações relativas aos detalhes da Causalidade, e servem para criar um maior entendimento do espírito de suas leis.

Não seria justo, nem apropriado, encerrar este exame da Lei da Causalidade sem uma referência a sua extensão da parte das escolas Brâmanes e Budistas das filosofias orientais, ao *Karma*, em sua aplicação ao destino de indivíduos, famílias, raças e nações. Ainda que no transcurso de seu raciocínio lógico elas ampliem essa lei do *Karma* de modo a incorporar e incluir "a lei de causa e efeito nas atividades éticas e morais – a Lei da Causalidade ética e moral", particularmente em suas doutrinas do Renascimento, ainda assim elas ainda consideram o *Karma* como a aplicação universal nas atividades físicas e psíquicas do universo manifesto. Este último fato não é de conhecimento tão geral, mas é extremamente correto. A citação a seguir, extraída dos escritos de H. P. Blavatsky, exemplifica esse significado geral e universal do termo *Karma* nas filosofias esotéricas do Oriente:

> *"Karma é a Lei de Causa e Efeito. Repetindo: Karma é a Lei Última do Universo, a fonte, origem e procedência de todas as outras leis que existem em toda a Natureza. Karma é a lei infalível que ajusta o efeito à causa, nos planos físico, mental e espiritual do ser. Como nenhuma causa permanece sem seu devido efeito, do maior ao menor, de uma perturbação cósmica até o movimento de sua mão; e, como o semelhante produz o semelhante, o Karma é aquela lei invisível e desconhecida que ajusta, com sabedoria, inteligência e justiça, cada efeito a sua causa, fazendo esta última remontar a seu produtor"* (Key to Theosophy, *p. 156*).

A Lei da Causalidade é considerada pelas maiores autoridades científicas e filosóficas de nossa época, bem como por aquelas do passado, como axiomática e evidente por si mesma – e cuja negação é inconcebível. A doutrina do Puro Acaso é a única alternativa possível; e trata-se da pura negação do princípio da Causalidade lógica, sendo também inconcebível e repulsiva tanto à razão como à intuição. A extensão da Causalidade para a universalidade é afiançada pela experiência, pelo pensamento racional, e também pela aplicação da Lei da Analogia.

NOTA 1:

Embora tenhamos afirmado expressamente que as Leis Cósmicas, do modo como aqui as consideramos, não devem ser aplicadas a nenhuma concepção finita específica de um Princípio Eterno do Ser, pareceu-nos apropriado acrescentar, a esta altura, a seguinte afirmação do professor B. P. Bowne em seu livro *The Philosophy of Herbert Spencer*:

> *"Não é a presença em si que exige uma causa, mas somente uma presença mutável. O ingresso na presença ou a saída dela são as únicas coisas que exigem uma causa ou fazem surgir essa demanda. O que quer que manifeste ou experimente a mudança deve ter uma causa; o que quer que não a manifeste nem experimente pode prescindir de uma causa."*

Do nosso ponto de vista, a aplicação da afirmação no comentário acima é óbvia. Ela exime e liberta da Causa necessária qualquer conceito de Princípio Eterno do Ser; e, ao mesmo tempo, prende e conecta inextricavelmente a Lei Cósmica da Causalidade à Lei Cósmica da Mudança. Ela não apenas fornece a possível concepção de uma "Causa sem Causa" Última – aquilo que corrobora e mantém todas as Mudanças, e continua imutável em meio a todas as Mudanças – se tal teoria ou sugestão estiver presente no pensamento filosófico; ela também impõe, categoricamente, a "Causalidade por meio da Mudança" sobre todas as modalidades cósmicas de atividades, tanto em geral como em particular.

NOTA 2:

A Lei da Causalidade Natural aqui submetida a exame não deve ser identificada com as doutrinas de Fatalismo, nem com as de Predestinação, respectivamente; o pensamento costuma ser erradamente confundido com elas. As breves afirmações definitivas apresentadas a seguir sobre os três conceitos respectivos talvez sirvam para impedir ou corrigir esse possível erro da sua parte.

Bem ao contrário de a Causalidade Natural e o Fatalismo terem significado idêntico, o que se tem, na verdade, são dois conceitos fundamentalmente antagônicos quando levamos em consideração seus respectivos significados essenciais. A Causalidade Natural apenas afirma que todos os acontecimentos e fatos naturais têm suas causas naturais antecedentes; em outras palavras, estão sempre condicionados por certos acontecimentos ou fatos naturais que os precederam, e que, caso estivessem ausentes, não teriam acontecido; e que, por sua vez, esses acontecimentos precedentes tiveram seus próprios antecedentes, e assim por diante, através de todo o ciclo Cósmico.

Por outro lado, o Fatalismo se apega à ideia de que os acontecimentos e os fatos ocorrem em razão de algum mandado ou *fiat** emanado de algum agente ou poder misterioso ou sobrenatural, predestinado ou "fadado" em tempos extremamente remotos, irrevogável, inalterável e destinado a concretizar-se no "momento previsto"; a Causalidade ou o condicionamento natural nada tem a ver com o acontecimento ou fato arbitrariamente predeterminado.

---

* Do latim *fiat* ("faça-se"), palavra muito conhecida na expressão *fiat lux* ("faça-se luz"), que remete à passagem bíblica da criação divina da luz, descrita no terceiro versículo do Livro do Gênesis. (N.T.)

Considera-se que um acontecimento "predestinado" não ocorre em razão da tendência metódica das leis naturais de sequência de atividades. Na verdade, admite-se que ocorra a despeito dessas leis – em geral, quase sempre atuando num movimento contrário ao delas – e que todas as tentativas de escapar ao Destino por meios naturais são inúteis. O Fatalismo, portanto, postula os poderes naturais como se, originalmente, fossem uma injunção ou predeterminação de certos acontecimentos, sem nenhuma referência a causa e efeito naturais.

Além disso, o Fatalismo defende a ideia geral de que a vontade humana não é um fator eficiente nos processos de contingência ou ocorrência, ao menos na medida em que remeta a um acontecimento "fadado". Por outro lado, a Causalidade natural sustenta que a vontade humana é um fator de grande eficiência em muitos acontecimentos e fatos; como antecedente, esse é um importante elemento determinante, embora em si mesmo deva ser explicado à luz do direito natural geral. O Fatalismo, portanto, recusa-se a admitir a vontade humana como um elo na cadeia da Causalidade Natural, embora a Causalidade Natural a veja como um elo importante na cadeia sequencial. O Fatalismo postula poderes sobrenaturais como se eles *comandassem ou predestinassem arbitrariamente certos eventos e acontecimentos a partir de um desenvolvimento de condições naturais, tudo nos termos da lei e da ordem na Natureza.*

Por último, a Predestinação em geral difere tanto da Causalidade Natural como do Fatalismo, respectivamente, como estes foram aqui apresentados e explicados. A Predestinação é a doutrina teológica que, apesar de admitir a Causalidade Natural à luz da lei e da ordem, também defende a ideia de que a Deidade (concebida como Ser Pessoal) tenha predestinado, Ela Própria, a lei natural e a ordem das coisas, e que também tenha predestinado e predeterminado todos os acontecimentos que ocorrem nessa esfera de domínio; em suma, que "ao predestinar o fim, Ela também tenha predestinado os meios".

A Predestinação tem sido definida como "O propósito ou preceito de Deus desde a eternidade, respeitando todos os acontecimentos" (*Webster's New International Dictionary*). Levada à sua aplicação extrema, a Predestinação resulta na enunciação teológica de que "Por determinação de Deus, para a manifestação de sua glória, alguns homens e anjos são predestinados à vida eterna, e outros são preordenados à morte eterna" (*Westminster Confession of Faith*).

A Causalidade Natural não deve ser confundida nem com a doutrina do Fatalismo, nem com a da Predestinação. Na verdade, elas são consideradas como doutrinas opostas e antagônicas, quando corretamente interpretadas.

Capítulo VIII

✯ ✯ ✯

A LEI CÓSMICA DO RITMO OU PERIODICIDADE

"Tudo se move em ciclos rítmicos."[1]

A quinta lei do Cosmos é a Lei do Ritmo ou Periodicidade, que pode ser formulada da seguinte maneira:

"Todas as mudanças nas atividades do Cosmos seguem adiante em ritmo cadenciado, ciclos rítmicos ou sucessões periódicas."

---

[1] O Quinto Princípio de *O Caibalion* e a Quarta Lei em *The Arcane Teaching* também tratam do Ritmo, e o quarto e quinto Princípios de *The Secret Doctrine of the Rosecrucians* abordam, respectivamente, o ritmo e os ciclos. Também há inúmeras referências à "Lei do Ritmo" em vários livros do Yogue Ramacharaca.

A palavra "Ritmo" significa "Uma sucessão regular de movimentos, impulsos, mudanças e coisas afins"; a essência da definição consiste na ideia de "sucessão regular", ou regularidade de alterações. A palavra "Ciclo" significa: "Um intervalo de tempo no qual certa sucessão de fenômenos se completa, e então retorna, de novo e sempre de novo". A palavra "Periodicidade" significa: "Estado de ser Periódico, isto é, realizado numa série de círculos, circuitos ou ciclos recorrentes, repetição de atividades ou intervalos de tempo recorrentes".

A Lei do Ritmo ou Periodicidade foi reconhecida desde muitas eras como uma lei universal. Filósofos de tempos imemoriais observaram e registraram sua presença e atuação no mundo da Natureza, em todos os seus muitos campos de atividade. Sua estreita relação com a Lei da Polaridade tem sido observada da mesma maneira; percebe-se que o processo rítmico opera entre os dois polos das coisas naturais. Heráclito e Gautama, o Buda, enfatizaram-na cerca de dois milênios e meio atrás, e a lei recebeu muita atenção de filósofos e cientistas daquela época até o presente, sobretudo dos Estoicos, dos Pitagóricos etc. Herbert Spencer, em nossa própria época, fez dela uma característica fundamental de sua própria filosofia. A ciência moderna considera-a como uma lei essencial.

Os antigos Budistas defendiam firmemente essa doutrina em conexão com seus preceitos fundamentais sobre Mudança e Devir. A concepção deles foi muito bem exposta pela sra. Carolyn Rhys Davids: "Postula-se (1) um universo de muitos mundos que vão do eterno ao eterno, alternando integração e desintegração; (2) esse procedimento Cósmico é *metódico* em sua natureza física, psíquica e moral; (3) nenhuma instabilidade, nenhum acaso ou caos existem em qualquer parte desse Cosmos" (*Buddhism: A Study of the Buddhist Norm*).

H. P. Blavatsky formula essa teoria da seguinte maneira: "A eternidade do universo *in toto*, como um plano sem limites; periodicamente, "cenário de universos inumeráveis, manifestando-se e desaparecendo constantemente [...]. O aparecimento e desaparecimento de Mundos é como o fluxo e o refluxo periódico das marés [...]. Essa afirmação contida em *A Doutrina Secreta* é a universalidade absoluta daquela Lei de Periodicidade, de fluxo e refluxo, de crescimento e decadência, que a ciência física tem observado e registrado em todos os departamentos da Natureza [...] um fato tão comum, tão perfeitamente universal e sem exceção, que será fácil compreender por que, nele, divisamos uma das leis absolutamente fundamentais do universo" (*A Doutrina Secreta*, vol. I).

Os preceitos esotéricos do Oriente mencionam constantemente a operação da lei universal de Ritmo, Ciclicidade e Periodicidade. Eles a empregam na narração dos diversos períodos recorrentes de atividade e passividade alternadas; isso vai dos grandes "Dias e Noites de Brâman"* – os grandes Ciclos Cósmicos – até os menores períodos de alternação, como os respectivamente maiores e menores *Manyantaras* e *Pralayas*, os *Yugas*, os *Kalpas* etc., e também até a sequência cíclica das sucessivas raças e sub-raças humanas, as "ondas de vida" etc. Além do mais, os preceitos esotéricos do mundo oriental se apegam firmemente ao princípio de que sua doutrina específica de Re-nascer depende não só da Lei do Karma (Causalidade), mas também da Lei da Periodicidade Cíclica; essas duas leis são necessária e igualmente operantes no processo de Reencarnação. Para corroborar esta última afirmação,

---

* A respeito da palavra *brâman*, ver, no *Dicionário Houaiss da Língua Portuguesa*, os verbetes *brâman* e *bramanismo*. (Esses termos vão reaparecer no Capítulo 11 [Ritmo], p. 146 da nova edição inglesa.) (N.T.)

citaremos o texto abaixo, no qual H. P. Blavatsky afirma: "A peregrinação obrigatória para cada Alma, no Ciclo de Encarnação, está de acordo com a Lei Cíclica e Kármica, ao longo de toda sua duração" (*A Doutrina Secreta*, vol. I).

Também citaremos William Q. Judge, outro a escrever sobre o tema, para quem "Por ser a grande lei da vida e do progresso, a Reencarnação está interligada àquela dos Ciclos e do Karma. As três funcionam em conjunto e, na prática, é quase impossível desenredar a Reencarnação da Lei Cíclica. Pessoas e nações em fluxos definitivos retornam à Terra em períodos de recorrência regular, e assim trazem de volta para o globo as artes, a civilização e as próprias pessoas que, no passado, nele estiveram atuantes. E as unidades de nação e raça [...] surgem conjuntas e repetidamente, em forma de novas raças e novas civilizações, à medida que os Ciclos se movem em revoluções periódicas [...]. E, no percurso dessa estrada, encontram-se os pontos em que os pequenos e os grandes Ciclos de Avatares trazem, para benefício do homem, os grandes personagens que configuram a raça de tempos em tempos" (*The Ocean of Theosophy*, p. 119).

Herbert Spencer, como dissemos, apegava-se firmemente à doutrina do Ritmo Cósmico. Ele ensinava que o Cosmos persegue uma eterna sucessão de mudanças cíclicas – universo sucedendo universo – sem começo nem fim. Como princípio cardinal do seu pensamento sobre o assunto, ele afirmava que "O Ritmo é a totalidade das mudanças – eras alternadas de evolução e dissolução – sempre as mesmas em princípio, mas nunca as mesmas em resultados concretos" (*First Principles*, primeira edição, p. 536). Ele também afirma que "Desse modo, sugere-se então a concepção de um passado durante o qual houve sucessivas evoluções, análogas àquela que está em operação no momento; e um futuro durante o qual sucessivas outras dessas evoluções possam ter continuidade" (*Ibid.*, p. 536).

Em sua análise da filosofia de Herbert Spencer, Will Durant afirma, entre muitas outras coisas: "O ritmo do movimento: essa generalização nem sempre reconhecida, precisa apenas ser enfatizada. Toda a natureza é rítmica, das pulsações do calor às vibrações das cordas do violino; das pulsações da luz, do calor e do som, às marés das águas do mar; das periodicidades do sexo às periodicidades dos planetas, cometas e estrelas; da alternação noite e dia para as sucessões das estações, e talvez para os ritmos da mudança climática; das oscilações das moléculas à ascensão e queda das nações e ao nascimento e morte das estrelas" (*The Story of Philosophy*, p. 397).

A doutrina da Evolução de Herbert Spencer abarca todos os campos das atividades naturais, físicas e psíquicas, orgânicas e inorgânicas, biológicas, sociológicas, históricas, éticas etc. Não se permite que nada escape à generalização; a concepção é que tudo está sob as leis da Evolução. Contudo, a Evolução representa apenas a maré crescente da Mudança e do Devir; a Dissolução representa o fluxo e refluxo das marés. Mais cedo ou mais tarde, porém inevitavelmente, vem o "Equilíbrio" – aquele ato ou estado de estabilidade e constância; esse processo encaminha-se para a Dissolução, onde, de início, tudo diminui de velocidade para depois se desintegrar e, por último, se extinguir. A extinção final, porém, é inevitavelmente seguida por uma nova integração e um novo período em que a Evolução terá continuidade. O Ciclo do Ritmo sempre recomeça. E assim por diante, sempre – até que a mente não consiga acompanhar o conceito. Segundo Herbert Spencer, o Ciclo Cósmico da Mudança ocorre reiteradamente, fluindo por toda a eternidade.

A Lei Cósmica do Ritmo ou Periodicidade não se revelou ao pensamento moderno sobre a questão apenas no surgimento e desaparecimento físico dos universos; ao contrário, revela-se na totalidade das atividades do universo, do insignificante ao relevante – seu campo de atuação abrange todos os segmentos de atividade Cósmica, uma vez que é universal em suas operações. Na verdade, tudo "marca o compasso" – tudo tem seu *tempo* característico ou grau específico de movimento e mudança no Tempo.

O giro dos elétrons, ou a ondulação das ondas eletrônicas (ou como preferir); a órbita dos planetas, dos sóis, dos universos, dos sistemas mais próximos aos mais longínquos; o fluxo e refluxo das marés; os respectivos índices de vibração de todas as coisas; a batida do metrônomo; o balanço do pêndulo; a sucessão das estações; o surgimento e o desaparecimento dos continentes; a sucessão de pensamentos, ideias e estados emocionais; os sucessivos povos, civilizações e raças; a recorrência dos estilos de roupas, departamentos, comportamentos, moral, filosofia, ciência, formas de religião e sabe-se lá mais o quê; todas essas coisas, e tudo o mais que pudéssemos nomear, ilustram a universalidade dessa grande Lei Cósmica do Ritmo ou Periodicidade.

A forma mais simples de Ritmo manifesta-se (1) na conhecida batida ou cadência, de um polo ou extremo ao outro – aqui, o pêndulo atende ao propósito de uma ilustração típica. Mais cedo ou mais tarde, porém, descobriremos que essa batida ou cadência nada mais é que o segmento de um círculo incompleto. Depois (2), pensaremos no progresso cíclico nos termos de um círculo completo – o conhecido "giro ao redor do círculo". Todavia, uma concepção ainda mais elevada e plena revela o fato de que (3) todo círculo do Ritmo Cósmico não é senão uma parte constitutiva de uma *espiral ascendente*. É verdade que tudo segue um curso circular, mas o ponto central do movimento circular consiste no avanço progressivo no tempo e espaço, com esse processo de circularidade seguindo adiante e se deslocando para um nível, plano ou ciclo superior, executando seu novo processo cíclico nesse plano ou nível avançado; e assim por diante, *ad infinitum*. A espiral ascendente da rosca de um parafuso oferece um exemplo típico e bem conhecido desse percurso do Ritmo. Por último, o símbolo da Lei Cósmica do Ritmo ou Periodicidade pode ser encontrado na Espiral Ascendente, e não no Círculo ou na Batida do Pêndulo.

Até os últimos anos, a ciência moderna inclinava-se a adotar a concepção de que o universo como um todo estava "exaurindo seus recursos", dissipando sua energia disponível e destinado a tornar-se, com o tempo, um cadáver inerte e exangue, por assim dizer – um remanescente fossilizado do seu passado de glórias. Contudo, as concepções científicas posteriores, apesar de apegadas, até certo ponto, à antiga teoria da "exaustão de recursos", ainda assim estão desenvolvendo o conceito mais novo de um processo correspondente de "aumento sequencial progressivo" – um processo de integração que acontece no mesmo período de ocorrência da desintegração. Nos termos desse conceito, há uma evolução criativa gradual de um novo universo em formação, equilibrando o aparente processo de destruição gradual que anteriormente era visto como "o fim de tudo". Portanto, as concepções mais recentes da ciência ocidental tendem para as ideias antiquíssimas de Heráclito e de Gautama, o Buda; e também fazem uma maior aproximação com o pensamento de Herbert Spencer sobre o tema.

A citação que apresentamos abaixo, de um texto escrito por C. W. Saleeby em 1905, parece exprimir o pensamento científico atualmente aceito – só que 25 anos depois.

"A mim parece que o fato de a conservação de energia, ao nos ensinar que jamais ocorrerá a perda de uma quantidade ínfima dessa força, e que isso tampouco terá acontecido no passado –, submetido a exame junto com a teoria que nos ensina novamente, e no tom canônico da matemática de Heráclito e Herbert Spencer, que o Cosmos persegue uma infinita sucessão de mudanças cíclicas – traz à imaginação um panorama de pura sublimidade. O escritor não pode senão prefigurá-lo, mas certamente o leitor, ao aceitar a concepção de [...] energia, eternamente indestrutível, perscrutando eternamente essa trajetória cíclica [...] poderá concordar com minha opinião de que aqui temos, de fato, uma grandiosa epopeia" (Evolution: The Master Key, p. 82).

A esta altura, parece-nos apropriado pôr nosso leitor de sobreaviso, evitando assim que ele incorra num erro um tanto fácil – um erro de meia verdade – que tem desempenhado seu papel na história do pensamento filosófico sobre o tema do Ritmo Cíclico: a saber, o erro da falácia da Eterna recorrência, que surgiu nos primórdios da história da filosofia. Por exemplo, os Estoicos (ou pelo menos alguns deles) defendiam a ideia de que "a história do mundo move-se em ciclos infinitos, através dos mesmos estágios". Da mesma maneira, os Pitagóricos eram propensos a admitir o ponto de vista de que "os mundos sucessivos assemelham-se uns aos outros até em seus detalhes infinitesimais".

Esse conceito de repetição Infinita – repetição até os mínimos detalhes e incidentes – parece ter intrigado e fascinado muitos dos antigos filósofos, e até alguns dos modernos. Heráclito, na verdade, flertava com ele. Assim também, certos Estoicos, os Pitagóricos, Empédocles e Virgílio – os filósofos modernos radicais, Nietzsche e outros de diferentes eras.

Herbert Spencer, contudo, escapou a essa falácia; na verdade, ele a negou expressamente em sua afirmação sobre o "Ritmo na totalidade das mudanças [...] sempre o mesmo em princípio, mas nunca o mesmo em resultados concretos", que já citamos neste capítulo. Além do mais, ela é tacitamente repudiada no conceito de progressão de Espiral Rítmica, e não naquela de tipo circular.

Acrescente-se também, como afirmou o dr. Saleeby: "A ideia Pitagórica de recorrência *exata*, ou, na verdade, a ideia de qualquer coisa semelhante a recorrência exata, é incompatível com a crença científica moderna de que a Causalidade é universal. Essa crença, se for verdadeira, implica que *todo ato, por ínfimo que seja*, afeta, em sua medida, *todo o curso subsequente dos acontecimentos* – de *todos* os acontecimentos [...] uma afirmação que, como Newton nos ensinou, é literalmente verdadeira" (*Evolution: The Master Key*).

De novo, a prova de que nos deparamos por todo lado com a variação – a variedade infinita – quando submetemos a exame a pequena porção do Cosmos que está aberta a nosso escrutínio, indica-nos, por Analogia, que não existe nada que se possa chamar de repetição exterior exata. Esperamos que o leitor nos perdoe a repetição, aqui, da afirmação fundamental de H. P. Blavatsky, para quem "A Natureza, como potência criadora, é infinita; e nenhuma geração de cientistas físicos pode jamais se vangloriar de ter exaurido a lista de seus meios, fins e métodos, por mais uniformes que sejam as leis que a antecedem" (*A Doutrina Secreta*, vol. II). Não há, e jamais poderá haver, nenhuma coisa ou acontecimento exato e precisamente igual a qualquer outra coisa ou acontecimento – de acordo com o princípio da Diferenciação, corroborado pela experiência universal e objeto de adesão do mais criterioso pensamento filosófico.

A verdade geral da Manifestação Cósmica é a infinita variedade, modificação e diversidade: e a Eterna Repetição é impossível nos termos dessa lei. Por fim, para citar uma metáfora pertinente, a Eterna Recorrência (no sentido de *exata repetição*) é "uma bolha de sabão com que as crianças crescidas da filosofia têm às vezes se divertido". A ideia de que o Cosmos não é senão a cena de uma infinita repetição, exatamente das mesmas coisas e dos mesmos acontecimentos, sem nem mesmo a mais ínfima variação, é contrária à razão, e também à intuição; é refratária a ambas, bem como à nossa natureza emocional. Representa apenas uma perturbadora inquietação da filosofia em alguns de seus estágios – a obsessão da Futilidade.

Muito mais satisfatória ao intelecto, agradável à intuição e reconfortante à natureza emocional, é a ideia análoga ao conceito do Ritmo Espiralado do Processo Cósmico, isto é, a ideia do Eterno Progresso com Infinita Variedade. Muito mais satisfatória a todos esses campos da mente é a ideia e o conceito expostos por Lotze em sua obra *Microcosmos*: "A série de períodos cósmicos em que todo elo, unido a cada um dos outros, faz com que a ordem sucessiva dessas secções componham, por assim dizer, a unidade de uma melodia cujo tema é desenvolvido sempre para a frente".

Por último, como já vimos, é igualmente verdadeiro que, por um lado, a Variação e a Diferenciação infinitas se mantêm; e, por outro lado, que toda Variação e Diferenciação se incorporam numa Unidade Infinita. O que temos aqui são relatos axiomáticos de razão e intuição; sua negação é inconcebível.

INVOLUÇÃO – EVOLUÇÃO
"A INVOLUÇÃO SEMPRE PRECEDE A EVOLUÇÃO"

Incorporado ao princípio geral da Lei Cósmica do Ritmo ou Periodicidade, e associado a seu campo de atividade, encontra-se o Princípio da Involução-Evolução, que pode ser formulado da seguinte maneira:

> *"Involução e Evolução são os aspectos paralelos ou os polos contrastantes de um grande processo; o que é evoluído como subsequente deve ter sido anteriormente incorporado ao antecedente."*

Por "Evolução", queremos dizer: "Desdobramento; por conseguinte, referimo-nos a um processo gradual de desenvolvimento e formação". A definição mais técnica é: "A série de mudanças sob a lei natural que implica o progresso contínuo da estrutura homogênea para a heterogênea, e do uno e simples para o diverso e multíplice, em qualidade ou função". Por "Involução", queremos dizer: "Envoltório, envolvimento, ocultação, encobrimento, inserção etc." .

A doutrina geral da Evolução é aceita, em princípio, por todo pensamento filosófico e científico da presente época, ainda que seus detalhes certamente continuem sujeitos (e provavelmente nunca deixarão de estar) às investigações e hipóteses subsequentes. Sua presença é visível e operativa nos campos da física, biologia, sociologia, história, ética, comportamento e, na verdade, em todos os campos das atividades Cósmicas; sobre isso já falamos em nossas considerações sobre os respectivos temas da Atividade Cósmica e da Mudança Cósmica, e também em conexão com o Ritmo

Cósmico geral, na presente seção. Contudo, é muito mais antiga em seus princípios gerais do que os preceitos da ciência moderna. De alguma maneira, é conhecida há tempos imemoriais. Esotericamente explicada e justificada, é uma das partes da Doutrina Secreta da Filosofia Esotérica; e, ao longo de muitas eras ancestrais, fez parte do seu ensinamento.

Todavia, a doutrina da Involução, como um precedente necessário à subsequente Evolução, não recebeu a devida atenção nas mãos da ciência moderna; na verdade, a ciência moderna ignorou-a taticamente, embora ela seja claramente indicada como uma doutrina paralela à Evolução, e como um precedente necessário a esta última. É provável que a tendência descendente – o caminho descendente – observado na Evolução, e chamado por Herbert Spencer de "Dissolução", tenha funcionado de modo a desviar o pensamento científico dos aspectos mais profundos e fundamentais de certos ritmos ainda maiores, que só são explicáveis à luz da hipótese da Involução.

O raciocínio criterioso traz consigo a narrativa inevitável de que, antes que qualquer coisa possa ser *proposta*, desenvolvida ou expandida, ela deve ter sido imanente num primeiro momento, e implícita *naquilo* que subsequentemente a faz ser proposta, desenvolver-se ou expandir-se. Ela constata (para usarmos termos coloquiais) que "Não há nada que se possa obter *de* alguma coisa, a menos que o obtido tenha sido anteriormente *agregado* a tal coisa". Ou, de forma mais precisa, "Aquilo que evolui (evolve) como subsequente deve ter estado previamente incorporado ao antecedente". Por exemplo, o conhecido caso da energia mecânica, onde o que foi extraído para fins de trabalho deve ter estado anteriormente envolvido e presente na máquina em questão. As Leis da Mecânica fornecem muitos exemplos confirmatórios desse processo.

Como ilustração desse princípio, há também o conhecido adágio: "A água só se eleva até o nível mais alto de sua nascente". Para fins de repetição, temos os conhecidos exemplos do carvalho embrionário, *envolvido* pela bolota antes de entrar em processo de *evolução*; e o do frango embrionário, *envolvido* pelo ovo do qual irá *evoluir* na sequência. A Natureza oferece incontáveis exemplos desse tipo na vida das plantas e dos animais; na verdade, todo o processo de evolução tem por base esse princípio. Além disso, as fases alternativas descendentes e ascendentes, os processos semelhantes a ondas, as sequências ondulatórias tão universais nas atividades naturais em geral, em harmonia com a Mudança e o Ritmo, são, de fato, exemplos de Involução-Evolução, ainda que esses termos não lhes sejam comumente aplicados.

Nos preceitos esotéricos antigos atribui-se um lugar de grande importância aos princípios de Involução-Evolução, e essa importância chega, inclusive, aos campos de atividades que transcendem os nossos próprios, como veremos a seguir. Nessas filosofias, os processos Cósmicos análogos em questão, de natureza transcendental, são comparados às correntes alternativas (uma que flui, outra que reflui) que são consideradas vigentes e operativas em todos os campos da atividade natural – mesmo no caso do assovio do vento, quando entra pelo buraco de uma fechadura, ou quando sai ao encontrar espaço livre. Uma vez que a atenção se volte para o princípio da Involução-Evolução, passaremos a vê-la em operação por toda parte.

Além disso, nas filosofias esotéricas orientais os grandes períodos da Manifestação Cósmica (Aparecimento) e Existência

Negativa* (Desaparecimento), respectivamente, cada qual ocupando, de maneira quase inconcebível, enormes períodos de tempo, são considerados como o resultado daquilo que se chama de "Grande Sopro", o símbolo de um aspecto da Realidade Última. Na operação desse "Grande Sopro" manifesta-se uma Involução Cósmica que constitui um precedente necessário à Evolução Cósmica como um todo, no interior desta última, há momentos revolucionários e outros de muito maior lentidão – engrenagens demasiado complexas e de difícil entendimento, por assim dizer –, mas a Involução-Evolução do Grande Sopro encontra-se acima de tudo isso.

Nesse processo, o Espírito (um aspecto do Princípio Último), primeiro *envolve* a Matéria, em uma série de passos ou estágios descendentes, com estados correspondentes de ser; depois, a maré muda e a Matéria expande aos poucos o Espírito previamente contido nela; isso constitui uma série espiralada ascendente de estágios de ser, de vida e consciência.

Para um autor afeito a esse tema, o ensinamento é que "De acordo com a Lei Imutável, o Espírito *fica contido* na Matéria, e a Matéria *faz expandir* o Espírito. Há uma circulação descendente e ascendente, do Espírito para a Matéria, e desta para o Espírito. A Evolução só deve ser aceita como uma meia lei cuja outra metade é a Involução".[2]

Essa concepção impressionante do esoterismo oriental, brevemente exposta aqui, inclui o conceito do Cosmos Manifestado, em

---

* Os autores usam aqui o prefixo inglês negativo *un*, o que faz com que *Manifestation* se torne Un*manifestation*. Como não é mais possível traduzir essa palavra como "não manifestação", devido ao hífen, optou-se aqui por "Existência Negativa" ou "Desaparecimento". (N.T.)

[2] A citação parece ter sido extraída do verbete sobre "Teosofia" da *New International Encyclopedia*, volume 22.

forma de uma aparição periódica como um todo. Durante um período de tempo quase incalculável, essa manifestação vai da *subjetividade* à *objetividade*, numa série descendente de Involução; durante certo período, isso é seguido por uma série semelhante de estágios Evolucionários ascendentes que, aos poucos, leva à *subjetividade* original. Esse processo alternativo do "Grande Alento" continua (com a correspondente intervenção de períodos de descanso ou pausa equilibradora) por toda a Eternidade – através do Eterno Princípio, em si, não se encontra sob a Lei. Em poucas palavras, esta é a Lei do Grande Alento, segundo as filosofias esotéricas do Antigo Oriente.

H. P. Blavatsky afirma: "A Involução espiritual e psíquica caminha por linhas paralelas com a Evolução Física" (*A Doutrina Secreta*, vol. II). "Antes de podermos abordar a evolução do elemento físico [...] precisamos nos familiarizar [...] com aquela Filosofia que ensina a Involução do Espírito na Matéria, a descida progressiva, cíclica" (*Ibid.*, vol. I).

Como mais uma ilustração do princípio da Involução-Evolução, podemos chamar a atenção para o fato de que, nos fragmentos preservados dos antigos Preceitos Herméticos, encontra-se o seguinte: "Criação é o período de Atividade da Deidade. A Deidade tem dois modos ou aspectos, alternativamente postos em relevo – Atividade ou Existência, Deidade expandida (*Deus explicitus*); e Passividade do Ser, Deidade Incorporada (*Deus implicitus*). Apesar de alternantes, esses dois modos ou aspectos são perfeitos e completos, e análogos aos estados de vigília e sono do homem".[3] Aqui,

---

[3] Extraído de uma nota de rodapé de Anna Kingsford na sétima parte de "Fragments of the Book of Hermes to His Son Tatios", publicado em 1885 na obra de Kingsford e Edward Maitland intitulada *The Virgin of the World of Hermes Mercurius Trismegistus*.

de forma diversa, temos a antiga doutrina Védica de "The Days and Nights of Brahm" e "The Inhalation and the Exhalation of the Great Breath". Sempre o mesmo ensinamento geral dos períodos alternantes de Involução e Evolução!

Os preceitos relativos à Involução-Evolução, encontrados em todas as apresentações completas das doutrinas esotéricas, são ali utilizados para explicar e elucidar as atividades de expansão e progressão – tão evidentes em todos os processos evolucionários da Natureza. Em suma, desse ponto de vista, aquilo-que-está-inserido na Matéria empenha-se constantemente em revelar-se e desenvolver-se, e, desse modo, libertar-se do emaranhado de sua substância material. O fato de que tudo que é expandido provém de alguma coisa já implícita – expandindo-se de Dentro para Fora – encontra-se positivamente enunciado em toda a filosofia esotérica. Por exemplo, o princípio é tipicamente formulado na seguinte passagem de H. P. Blavatsky:

"O universo é elaborado e dirigido de dentro para fora [...]. E o homem – o microcosmo e cópia em miniatura do macrocosmo – é o testemunho vivo desta lei universal e do seu *modus operandi*. Observamos que todo movimento externo, ação ou gesto, quer seja voluntário ou mecânico, mental ou orgânico é precedido e produzido por um sentimento ou emoções *internos*, pela vontade ou volição, e pelo pensamento ou mente. Pois que nenhum movimento ou alteração exterior, quando é normal, se pode verificar no corpo externo do homem, sem que o provoque um impulso interno, comunicado por uma daquelas três funções, assim também sucede no universo externo ou manifestado" (*A Doutrina Secreta*, vol. I).

Capítulo IX

✶ ✶ ✶

A LEI CÓSMICA DA POLARIDADE

"Tudo é um de um par de opostos"[1]

A sexta lei do Cosmos é a Lei da Polaridade, que pode ser formulada da seguinte maneira:

"O Cosmos manifesta o princípio da Polaridade em toda e cada uma de suas partes componentes. Toda e cada uma de suas qualidades manifestas, ou grupos de qualidades, tem seu 'outro' polo, ou polo oposto; e, desse modo, cada uma dessas teses e antíteses formam um 'Par de Opostos'. Esse Par de Opostos, porém, não constitui senão os dois polos contrastantes de uma coisa superior na qual eles podem ser sintetizados."

---

[1] Nas outras obras de William Walker Atkinson, essa sexta Lei Cósmica tem semelhanças inequívocas com o Quarto Princípio Hermético da Polaridade em *O Caibalion* (1908), o Sexto Princípio Cósmico da Polaridade em *The Secret Doctrine of the Rosicrucians* (1918) e A Lei dos Opostos, em *The Arcane Teaching* (1909).

A Lei da Polaridade vem expressa no axioma segundo o qual "Polaridade é aquela condição de um corpo em virtude da qual ele exterioriza forças ou propriedades contrastantes, em direções opostas". O Princípio da Polaridade, frequentemente expresso como "O Par de Opostos", é um dos truísmos aceitos do pensamento filosófico, antigo e moderno, esotérico e exotérico. Foi erradamente enfatizado pelos Pitagóricos e pelos antigos Herméticos em geral. É mencionado no grande clássico hindu, o *Bhagavad Gita*, como "O Par de Opostos".

É frequentemente citado por H. P. Blavatsky, como, por exemplo: "Masculino e Feminino, ou seja, polaridade" (*A Doutrina Secreta*, vol. I). Novamente: "A lei que provoca atração entre dois objetos de polaridade desigual, e aversão entre aqueles de polaridade semelhante" (*Ibid.*, vol. II). Uma vez mais: "Afirma-se que toda série de qualidades contrastantes é formada por masculino e feminino, bem e mal, positivo e negativo" (*Ibid.*, vol. I). Repetindo: "Cada qual é uno e, ao mesmo tempo, Vida e Morte, Saúde e Doença, Ação e Reação" (*Ibid.*, vol. II). E ainda outra vez: "O universo manifesto é impregnado pela Dualidade, que é a essência mesma de sua ex-istência como 'manifestação'" (*Ibid.*, vol. I).

Os preceitos interiores dos antigos Hermetistas baseavam-se nessa Lei da Polaridade, ou Pares de Opostos. A aplicação das regras para o equilíbrio ou a neutralização dos respectivos princípios mentais, sobretudo aqueles concernentes à Emoção ou à Vontade, foi uma parte importante da Alquimia Mental dos Hermetistas e outros antigos Ocultistas. Sem dúvida, na base disso estavam os respectivos princípios da Polaridade e Equilíbrio. A transmutação de qualidades mentais de um oposto a outro também era muito favorecida por essas escolas; e era igualmente baseada na Lei da Polaridade, bem como aplicada às normas que regem a mesma.

Na antiga sabedoria esotérica há referências frequentes aos polos opostos das coisas em geral: e muitos aforismos conhecidos enunciavam o princípio em questão. Por exemplo, os paradoxos existentes nas seguintes afirmações: "Os opostos são idênticos"; "Os pares de opostos podem ser conciliados"; "Os extremos se encontram"; "Tudo é e não é ao mesmo tempo"; "Cada afirmação de uma verdade não expressa senão uma meia verdade"; "Há dois lados para todas as coisas" etc. etc.

Em termos breves e gerais, é possível dizer que o princípio de Oposição pode ser assim explicado: "O que é relativamente verdadeiro acerca de um 'oposto' é falso em relação a outro; o que se afirma sobre um deve ser contestado a propósito do outro". Portanto, temos o quente e o frio; o intenso e o insípido; o em cima e o embaixo; o escuro e o luminoso; o inverno e o verão; o Norte e o Sul; o Oriente e o Ocidente; o grande e o pequeno, e assim por diante, quase *ad infinitum*.

Sem dúvida, é possível objetar que os exemplos citados são apenas grupos relativos de qualidades, atributos ou propriedades – e não "coisas em si mesmas", consideradas à parte de seus atributos; mas isso é igualmente verdadeiro no que diz respeito a qualquer coisa fenomênica no Cosmos: esses não passam de um "feixe de atributos" que, em sua combinação e disposição particulares, constituem o "caráter" da coisa particular, como vimos ao examinarmos a Lei da Composição.

Ao percorrermos mentalmente a lista das coisas ou qualidades que conhecemos, sejam elas físicas ou psíquicas, encontraremos essa polaridade presente em todo e cada item de nossa lista. Alguns filósofos e lógicos defenderam o ponto de vista de que só podemos conhecer verdadeiramente uma coisa ou qualidade particular por comparação a seu oposto polar e em referência ao mesmo. Segundo essa concepção, o reconhecimento do oposto polar constitui, logicamente, uma parte das definições plenas e cabais da primeira coisa ou qualidade dada. Além do mais, sempre se deve supor ou presumir o oposto de toda e qualquer coisa conhecida, mesmo quando esse oposto não foi (ainda) descoberto. Com base na presença do conhecido, a existência do oposto desconhecido pode ser logicamente argumentada.

Hegel, o grande filósofo, apegava-se particularmente a esse ponto de vista. Sua famosa doutrina Dialética de "tese, antítese e síntese" é um exemplo disso. Ele insistia em que o oposto de uma coisa deve ser conhecido antes que a coisa em si dê-se plenamente a conhecer; que havia uma relação necessária entre as duas. Ele geralmente "pensava nos termos do oposto", como ouvimos dizer. Sobre esse modo de pensar, William James diz: "Uma vez bem assimiladas as características de seu sistema de pensamento, teremos sorte se conseguirmos nos libertar dele" (*Pluralistic Universe*, p. 96).

A citação abaixo, extraída das páginas de Ralph Waldo Emerson, explicarão mais profundamente os pontos de vista acima mencionados acerca desse ensino geral sobre esse tema específico:

> "*A Polaridade, ou ação e reação, encontramo-las em toda parte da Natureza; na escuridão e na luz; no calor e no frio; no fluxo e refluxo das águas; no masculino e feminino; na inspiração e expiração das plantas e animais; na equação de quantidade e qualidade dos fluidos do corpo animal; na sístole e diástole do coração; nas ondulações dos fluidos e do som, e na gravidade centrífuga e centrípeta; na eletricidade, no galvanismo e na afinidade química. Sobreponha magnetismo na extremidade de uma agulha: o magnetismo oposto ocorrerá na*

outra extremidade. Se o Sul atrai, o Norte repele. Para esvaziar aqui, você deve condensar ali.

"*Um dualismo inevitável divide a natureza ao meio, de modo que cada coisa se torna uma metade, e sugere outra coisa para torná-la inteira; como espírito, matéria; homem, mulher; regularidade, inconstância; subjetivo, objetivo; dentro, fora; acima, abaixo; movimento, repouso; sim, não. Enquanto o mundo é assim dualista, o mesmo acontece com cada uma de suas partes. Todo o sistema de coisas encontra-se representado em cada partícula. Existe algo que lembra o fluxo e o refluxo do mar, o dia e a noite e o homem e a mulher numa única agulha de pinheiro, no cerne de um grão, em cada indivíduo de uma tribo animal. A reação, tão grandiosa nos elementos, é repetida no interior dessas pequenas fronteiras*" (Essay on Compensation).

Orlando J. Smith apresenta muitos exemplos e ilustrações interessantes da presença e operação dessa lei, como entenderemos a partir das seguintes citações de seus escritos sobre o tema:

"*As polaridades da Natureza, e a interação entre elas, são tão acentuadas na vida humana como na física; de fato, as polaridades se estendem para além do físico e humano, chegando ao abstrato, como no caso dos números pares e ímpares. As polaridades são às vezes antagônicas, às vezes recíprocas, e sempre, acredito, mutuamente corretivas. Platão percebeu a mesma lei da polaridade na 'geração de contrários da morte a partir da vida, ou recomposição e decomposição'. O homem se depara por*

> *todos os lados com as polaridades da Natureza, algumas das quais – como molhado e seco, quente e frio, trabalho e repouso, prazer e sofrimento – eram tão evidentes na selvageria como na civilização.*
>
> *"Com cada vez mais conhecimento, o homem percebe um número cada vez maior dessas qualidades e cria novas palavras para expressá-las. Em seu* Thesaurus, *Roget apresenta mais de 12 mil palavras de sentido contrário. 'Há relativamente poucas palavras de natureza geral às quais não se possa atribuir nenhum termo correlativo, tanto de negação como de oposição', diz Roget. Hegel sustentava a teoria do 'progresso por antagonismo' – aquela segundo a qual as formas que são contestadas são realmente complementares ou necessárias umas às outras, e seu conflito é limitado pela unidade que elas expressam e que, em última análise, devem subordinar todas a si própria'"* (Balance: The Fundamental Verity).[2]

De extrema importância, e igualmente bem percebido pelos antigos adeptos do esoterismo (sobretudo no caso dos Hermetistas), foi o entendimento de que, na verdade, esses "opostos polares", esses "pares de opostos", não são duas coisas distintas e separadas, como parecem ser; mas são, na verdade, apenas os dois extremos ou polos de uma síntese maior; e que essa síntese maior nada mais

---

[2] Orlando Jay Smith (1842-1908) foi um filósofo que ascendeu ao posto de major durante a Guerra de Secessão e, para sua maior notoriedade, fundou a American Press Association, o maior sindicato jornalístico do país. A citação acima foi extraída do livro *Balance: The Fundamental Verity*, publicado em 1904, em que o autor tentou encontrar um "acordo entre Ciência e Religião".

é, na verdade, do que a união dos dois extremos ou polos. Por conseguinte, a doutrina Dialética de Hegel: "Que toda e cada ideia, e a coisa que ela representa, tem sua antítese, ou seu oposto, com o qual pode ser sintetizado e, assim, harmonizado numa maior unidade, uma nova síntese ou totalidade de ideia e coisa".

Quente e Frio não são mais que os extremos ou polos respectivos que denotam dois diferentes graus de uma coisa maior, isto é, a Temperatura. De novo, Oriente e Ocidente são meros termos relativos e comparativos, nenhum dos quais é completo em si mesmo; isso também se pode dizer em relação a Norte e Sul; Afiado e Cego; Grande e Pequeno, e assim por diante. Todos esses termos, e as coisas representadas por eles, são relativos e comparativos, e só são úteis para indicar os graus ou estágios respectivos, ou uma coisa ou termo maior – no segundo caso, geralmente são desconhecidos ou não expressos no momento.

Um escritor dedicado ao tema geral da filosofia Hindu, Sarvepalli Radhakrishnan, diz sobre isso: "A antítese de causa e efeito, substância e atributo, bem e mal, verdade e erro etc., deve-se à tendência humana de separar termos que são relacionados. É possível lidar com o enigma de Johann Gottlieb Fichte sobre o Eu e o Não Eu, com as antinomias de Kant e com a oposição de Hume entre fatos e leis, desde que reconheçamos que os fatores divergentes se baseiam em uma identidade" (*Philosophy of the Upanishads*, p. 55). A concepção Budista é representada pelo seguinte trecho de uma obra muito pequena e muito boa sobre o tema geral do Budismo, a saber: "Os Pares de Opostos, as infinitas séries de princípios aparentemente contrários [...] são praticamente fatos complementares de um todo comum" (*What is Buddhism?*, p. 124).

Um exemplo conhecido dessa questão é o fato de que, se uma pessoa viajar ao redor da Terra seguindo em direção a Leste, ela voltará ao ponto de onde partiu no Oeste. O Extremo Oriente e o Extremo Ocidente representam a mesma localidade; os dois termos representam visões contrastantes relativas e comparativas. Da mesma maneira, para um homem situado no Polo Norte, qualquer direção significa Sul – e, caminhando em linha reta, ele será obrigado a avançar *em direção ao Sul*, a despeito de como ele introduza mudanças em sua trajetória. Em geral, as diferenças nas respectivas qualidades das coisas não passam de uma questão de diferença em graus da maior síntese dos dois opostos. Se aplicarmos esse teste a quaisquer conjuntos de qualidade contrastantes e opostos, como Afiado-Cego, Pesado-Leve, Escuro-Claro etc. etc., descobriremos essa regra por nós mesmos. Isso também se aplica às qualidades emocionais, bem como às físicas, como no caso do Amor-Ódio etc.

O princípio geral da Polaridade, e o de "tese-antítese-síntese", podem ser aplicados às atividades da vida e do pensamento humanos, bem como àquelas do mundo físico. Dissemos que se alguém avançar em direção a qualquer polo específico de uma coisa qualquer, e "seguir em frente", ele terminará por alcançar o polo oposto da coisa – em última análise, toda essa viagem física ou mental é "circular". O Ódio intenso transforma-se em Amor ardente; o Amor ardente, em Ódio intenso. O metal fundido, quente, e o ar líquido (intensamente frio) produzirão os mesmos tipos de queimaduras na pele, e a mesma sensação de dor. Os amigos mais próximos às vezes se transformam nos inimigos mais implacáveis; em certos casos, o contrário disso também acontece. Novos convertidos ou prosélitos são proverbialmente intolerantes (e essa intolerância costuma ser cáustica) em relação a suas antigas crenças.

Da mesma maneira, o libertino recuperado torna-se um verdadeiro santo, uma vez distanciado de sua vida anterior; o santo mais devoto, uma vez apartado de sua vida beata, geralmente se transforma no mais consumado devasso. As virtudes levadas a extremos irracionais e fanáticos, frequentemente se convertem nos piores vícios; a indulgência extrema muitas vezes resulta em saciedade, impotência, reforma radical. "Ação e Reação são idênticas, porém opostas." "Para cada ação há uma reação igual e oposta." Nas mitologias, os anjos caídos tornam-se Reis dos Demônios. "Os extremos se encontram", é uma frase proverbial. "As antinomias não condicionam; elas tendem a cancelar-se mutuamente", é um adágio filosófico e científico. Na verdade, segundo alguns escritores, parece haver em operação na Vida a imagem de uma Ironia Cósmica em que o objeto originalmente escolhido é substituído por seu oposto – no qual "as coisas funcionam exatamente do contrário do que se pretendia".

Todas as coisas tendem a ilustrar a presença e operação da Lei Cósmica da Polaridade. Isso se aplica a todos os planos de Atividade Cósmica. Teremos novos exemplos desse fato quando chegarmos ao exame da sétima Lei Cósmica – a Lei Cósmica do Equilíbrio ou Compensação. Chamamos a atenção do leitor especialmente para essa Lei do Equilíbrio ou Compensação, pois ela é complementar e suplementar à Lei da Polaridade. É necessária para uma compreensão plena da segunda.

De tão geral que é o reconhecimento expresso ou tácito da Lei da Polaridade – da tese, antítese e síntese em uma unidade transcendente –, a filosofia, conforme o declaram renomados mestres, ampliou sua aplicação, levando-a até mesmo para certos princípios fundamentais das atividades Cósmicas que em geral são tidos como absolutamente separados entre si, a saber, a Mente e Matéria, respectivamente. Durante longos períodos da história filosófica, houve uma discussão cáustica sobre a questão de qual desses dois princípios, a Mente ou a Matéria, era a realidade fundamental, e qual era o "subproduto" meramente epifenomênico. Nas palavras de certo autor sobre o assunto: "Admite-se que tanto a Mente como a Matéria estão aqui; a questão em debate é 'Qual estava presente, primeiro?'" Esse era, de fato, o ponto de disputa entre as escolas rivais de Materialismo e Idealismo, respectivamente.[3]

Herbert Spencer, porém, apesar de reconhecer os respectivos méritos de ambos os lados, forneceu o elo perdido da Síntese ao postular as atividades tanto da Mente quanto da Matéria como aspectos polares coexistentes de uma realidade subjacente que transcende a ambos – considerando-se a Realidade Subjacente como Incognoscível. Em suma, ele sustentava que as atividades da Mente e as atividades da Matéria são, igualmente, nada além de fenômenos – os aspectos duais de uma Energia Última que deve, por necessidade, permanecer sempre Incognoscível às nossas mentes finitas, que só podem conhecer coisas relativas e condicionadas do mundo fenomênico.

A propósito, porém, o Budismo sempre sustentou que a Matéria fenomênica e a Mente fenomênica são simplesmente opostos polares, e podem ser sintetizadas em forma de uma unidade superior – embora esta última esteja além do pensamento finito. Além do mais, os preceitos esotéricos em geral sempre defenderam essa posição, e disso nos dá testemunho a seguinte afirmação categórica de H. P. Blavatsky:

"Mas, logo que saímos, em pensamento dessa (para nós) Negação Absoluta (Absolutidade), surge o dualismo no

---

[3] É bem provável que o "escritor" aqui referido seja o próprio Atkinson, em sua obra *A Series of Lessons in Gnani Yoga* (1906), escrita com o pseudônimo de Yogue Ramacharaca.

contraste entre o Espírito (ou Consciência) e a Matéria – entre o Sujeito e o Objeto. O Espírito (ou Consciência) e a Matéria devem ser, no entanto, considerados não como realidades independentes, mas como duas facetas ou aspectos do Absoluto, que constituem a base do Ser Condicionado, seja subjetivo ou objetivo [...]. Assim como a Ideação pré-Cósmica é a raiz de toda consciência individual, também a Substância pré-Cósmica é o substrato da Matéria nos seus diversos graus de manifestação [...]. Daí resulta que o contraste desses dois aspectos do Absoluto é essencial para a existência do Universo Manifestado [...] que é informado pela dualidade, que vem a ser a essência mesma de sua Existência como Manifestação."[4]

O reconhecimento quase intuitivo da validade do princípio geral da Polaridade é, de fato, tão universal, que muitos filósofos sentiram-se autorizados a tentar sua aplicação até mesmo para além dos limites das atividades condicionadas do Cosmos Manifesto; e inclinaram-se a considerar o Cosmos (do modo como o conhecemos) em si mesmo como um polo de uma Unidade maior, última e final – de um Par Último de Opostos – cujo último polo nada mais era que o Princípio Não Manifesto, ou estado de Ser Não Manifesto que os filósofos chamam de "O Absoluto" ou, talvez, de "Absolutidade".

Portanto, Herbert Spencer viu-se forçado a postular a presença de um Eterno Absoluto – ou um estado de Eterna Absolutidade

---

[4] A citação foi extraída do primeiro volume da obra de Blavatsky, *A Doutrina Secreta* (1888).

Não Condicionada – que transcende e se sobrepõe aos estados fenomênicos, relativos e condicionados do Ser Cósmico. Spencer sustentava que esse postulado era necessário devido à sua percepção do oposto nele contido, isto é, o universo de relatividade, mudança e impermanência. Spencer reconhecia a necessidade absoluta de postular a presença desse oposto final – por vê-lo como uma exigência de todo pensamento racional sobre o assunto, uma vez que o filósofo levava suas ideias à sua conclusão lógica.

Os Budistas também julgaram necessário fazer o mesmo, a fim de atender a todos os requisitos de sua própria lógica, embora eles também tenham sido forçados a declarar que seus estados mais elevados de *Paranirvana*, ou *Suchness** (como era chamado), sejam essencialmente incognoscíveis. O postulado desse estado polar-oposto foi uma exigência do pensamento deles; foi uma necessidade de seu pensamento lógico sobre a questão do ser. Citaremos aqui, extraído de um tratado moderno sobre o tema do Budismo em geral, um trecho que remete diretamente a esse argumento específico:

> *"O Budista vê à sua volta um mundo que pode ser mostrado em todas as suas partes como impermanente e irreal. Se tudo que conhecemos é irreal, finito e transitório,*

---

* A palavra usada no original inglês e mantida na tradução designa "o modo como as coisas realmente são" (de onde a tradução de *suchness* como "tal como é"). O adjetivo *such* significa "tal", "tais", e suas traduções como advérbio, pronome indefinido e substantivo giram em torno desse mesmo eixo, cada qual, sem dúvida, com suas idiossincrasias. No budismo maaiana, o termo é usado para designar a natureza essencial da realidade e o verdadeiro modo de ser de fenômenos que estão além do alcance do pensamento conceitual. Em suma, como o adjetivo *such* significa "tal", "tais", e que dele provém *suchness*, optamos aqui pela tradução "tal como é". (N.T.)

a lógica exige a Polaridade oposta em um Real que é simultaneamente infinito e eterno. Como uma sombra precisa da sua substância, como um reflexo precisa do seu objeto, assim a provável irrealidade, do modo como a conhecemos, precisa de uma realidade Última, da qual o Universo é a manifestação periódica e fugaz [...]. Segue-se daí que não podemos nem definir e descrever, nem discutir com algum proveito essa natureza Daquilo que está necessariamente além da compreensão de nossa consciência finita. Pode-se indicá-lo por negativas e descrevê-lo indiretamente por analogia, símbolos e glifos, mas do contrário, para nós – em nosso presente estado –, deve permanecer para sempre incognoscível, inefável e inexprimível." (What is Buddhism? Compilado pela Loja Budista, Londres; pp. 15-6).

Contudo, neste ponto sentimo-nos forçados a encerrar nossa inquirição sobre a grande Lei da Polaridade – para restringir nosso exame dela ao campo particular indicado em nossa declaração de propósitos inicial. Por conseguinte, não tentaremos aqui examinar, em detalhes, qual filosofia avançou no que diz respeito à natureza exata da conexão necessária existente entre o Imanifesto* e a Manifestação – entre o Cosmos e Aquilo que o transcende. Há uma vastíssima gama de escolas de pensamento filosófico que procura explicar e desvendar esse último mistério. A filosofia antiga e

---

* Neologismo já presente em muitos textos e livros de filosofia, mas ainda não dicionarizado em português (no original inglês, *Unmanifest*). De novo, nos faz falta o hífen para casos semelhantes; com ele, por exemplo, formaríamos aqui "não manifesto". (N.T.)

moderna, tanto esotérica como exotérica, apresentam suas respectivas alegações de reconhecimento.

A chamada concepção Panteísta geral, em suas muitas formas abertas e dissimuladas, apresenta uma solução atraente desse problema em seu esplêndido tríplice postulado, segundo o qual (a) o Eterno Infinito está sempre presente e imanente em toda natureza Manifesta; (b) toda Natureza Manifesta está presente e eterna na totalidade do Eterno Infinito, como um conteúdo nele implícito, mas não como sua totalidade; (c) e, portanto, fica estabelecida a Unicidade e Unidade essenciais do Imanifesto e da Manifestação. Como exemplo disso, apresentamos uma citação extraída do grande clássico hindu, o *Bhagavad Gita*, em seu Capítulo X: "Estabeleço a totalidade deste Universo com uma única porção de mim, e continuo separado".

Muitas outras vertentes da filosofia e da teologia certamente têm suas próprias e variáveis concepções sobre essa questão. De fato, é possível dizer que sintetizar essa aparente Dualidade na genuína Unidade Última constitui o supremo empenho de todo pensamento filosófico verdadeiro – o objetivo final que todos eles procuram alcançar. Por outro lado, porém, as melhores cabeças filosóficas afirmam que essa Unidade Última é nossa principal e irrevogável certeza – o irrefutável fato Daquilo-que-É.

Capítulo X

✳ ✳ ✳

A LEI CÓSMICA DO EQUILÍBRIO OU COMPENSAÇÃO

"Tudo está em equilíbrio."[1]

A sétima lei do Cosmos é a Lei do Equilíbrio ou Compensação, que pode ser formulada da seguinte maneira:

"Todas as atividades no Cosmos são equilibradas e compensadas, e manifestam um estado de estabilidade, equilíbrio e contrapeso."

Os termos acima são assim definidos: "Equilíbrio" [*Balance*] significa "Igualdade entre a soma total de um cálculo; equilíbrio [*equilibrium*]; contrapeso [*equipoise*]. "Compensação" significa "o ato ou princípio de compensar, isto é, fazer retribuições a [alguém],

---

[1] Atkinson também incluiu uma Lei de Equilíbrio em *The Arcane Teaching* (1909) e incorporou a ideia de Compensação no Quinto Princípio Hermético de Ritmo no *Caibalion* (1908).

recompensar devidamente, retificar (algo), contrabalançar etc." "Contrapeso" significa "Igualdade de peso ou força; equilíbrio; estado em que duas extremidades ou dois lados estão em equilíbrio, sendo, portanto, iguais; peso de compensação". *"Equilibrium"* significa "Igualdade de peso ou força; contrapeso, ou estado de repouso entre motivos ou razões conflitantes". Esses diversos termos são quase idênticos em seu significado e conteúdo geral e essencial, como o leitor perceberá. O sentido essencial que os une é o de "igualdade de peso ou força".

A história filosófica geral da Lei do Equilíbrio ou Compensação é semelhante àquela aqui examinada em nossa análise das respectivas Leis da Polaridade e Ritmo. Heráclito e o Buda são seus mais notáveis defensores na Antiguidade; Herbert Spencer, seu mais importante partidário moderno. Os Hermetistas empregavam o princípio na formulação de seus métodos práticos de aplicação à vida humana. Aristóteles usou-o como base de seus preceitos sobre seu famoso "Meio-Termo". Os Budistas aplicaram-no no ensinamento sobre a importância de "andar sobre o fio da navalha".

Os Ocultistas sempre reconheceram e ensinaram a importância de se observar a Lei do Equilíbrio – o empenho em viver de tal modo que torne possível conseguir e manter o equilíbrio moral, racional e emocional, ou "permanecer no caminho do meio"; o equilíbrio obtido pelos Pares de Opostos graças à observação do Meio-Termo entre eles –, que é o centro dos dois extremos. Esse equilíbrio requer muito conhecimento, discriminação penetrante, percepção e observação eficientes; e sua expressão ideal, ainda que frequentemente buscada, mas, em termos relativos, raramente alcançada em sua perfeição. Na simbologia esotérica, é quase sempre comparado ao conhecido "andar na corda bamba".

O empenho mais intenso do esoterismo avançado consiste em "reajustar o equilíbrio de poder, removendo, assim, a pressão desigual do *Karma* retributivo". Na verdade, o que geralmente se ensina é que, em si mesmo, o *Karma* resulta de uma perturbação do Equilíbrio Cósmico –, que, se a Harmonia perfeita fosse mantida, tal *karma* cessaria. H. P. Blavatsky diz: "Descrever o *Karma* como a Lei do Reajuste, que sempre tende a recuperar o equilíbrio perturbado no mundo físico e a harmonia destruída no mundo moral. O *Karma* sempre atua no sentido de restaurar a Harmonia e preservar a inalterabilidade do equilíbrio, em decorrência da qual o universo existe" (*Key to Theosophy*, p. 102).

Em geral, a Lei do Equilíbrio ou Compensação tem um número quase infinito de possibilidades de aplicação. As mais importantes entre elas serão aqui mencionadas. O princípio fundamental, porém, permanece idêntico em todos esses exemplos (e em muitos outros). A lei em questão é universal em sua aplicação. Por meio dela, as coisas se mantêm "niveladas". Uma coisa tem suas qualidades positivas comparadas com as qualidades negativas de outra, e isso permite que um equilíbrio seja assegurado e mantido.

Por exemplo, nos casos apresentados a seguir: as forças centrípetas e centrífugas tendem a equilibrar-se mutuamente, o que lhes assegura a criação de equilíbrio. Se não for controlada em seu desenvolvimento e reprodução, uma espécie de coisas vivas infestará rapidamente o planeta; contudo, o equilíbrio necessário é sempre garantido por outras, o que impede o predomínio do desequilíbrio. Quando, por ignorância, o homem às vezes perturba temporariamente esse equilíbrio da Natureza e da Vida, ocorre uma infinidade de problemas, como bem o sabe a ciência. A vida vegetal serve a vida animal com os necessários elementos e combinações químicas, e vice-versa; cada qual fornece o que é de importância vital para o outro – aquilo que, em resumo, lhes permite alimentar-se e respirar.

As diferentes forças da Natureza envolvem-se em constantes conflitos, mas seu equilíbrio produz os resultados necessários para levá-las a uma interatividade harmoniosa. Já se disse que "Com dois grupos de forças contrárias em conflito, o universo vivencia uma infindável distribuição e ajuste de seu conteúdo". Sem a Lei do Equilíbrio, o Cosmos não poderia existir enquanto tal – a Lei está inextricavelmente ligada às atividades Cósmicas. No Cosmos, a Lei e a Ordem dependem do Contrapeso e do Equilíbrio.

O professor Garrett P. Service diz: "A ciência física desconhece qualquer violação da lei das Equivalências, e não pode sequer imaginar tal violação. Em todas as coisas de que a ciência se ocupa, a começar pela Terceira Lei de Newton, segundo a qual a toda ação corresponde uma reação de mesmo valor e direção, mas com sentido oposto, a teoria tem um perfeito equilíbrio" (*Balance*, de Orlando J. Smith, p. 177). John Fiske afirma: "Considerados em seus sentidos mais amplos, todos os processos que temos visto cooperar na evolução dos organismos são processos de equilíbrio e ajuste" (*Cosmic Philosophy*, vol. II, p. 64).

Herbert Spencer usa os termos "equilibração" e "equilíbrio" de modo intercambiável.* Diz ele: "Essa coexistência universal de forças antagônicas, que precisa da universalidade do ritmo e da dissolução de cada força em forças divergentes, precisa, ao mesmo tempo, da instituição essencial do equilíbrio" (*First Principles*, p. 497). Ele

---

* Para Spencer, há um processo de *equilibração* envolvido na evolução. Para a sociedade, isso significa que há uma tendência para a obtenção de um *equilíbrio* entre ela e seu ambiente, entre uma sociedade e outra e entre os vários grupos e forças sociais dentro de uma sociedade. O equilíbrio ocorre através da luta pela vida. (N.T.)

também diz que a "Lei de Equilibração, a cujas origens estamos agora remontando –, apresenta-o a cada momento no equilíbrio das forças mecânicas; de hora em hora no equilíbrio das funções; de ano a ano nas mudanças de estado que contrabalançam as mudanças de condição; e, por último, na completa suspensão dos movimentos vitais quando da ocorrência da morte" (*Ibid.*, p. 511).

Em seu famoso ensaio sobre o naturalismo, John Burroughs assinalou as operações da Lei do Equilíbrio na Natureza. Em suas palavras: "Nas regiões selvagens, nos rincões mais agrestes, uma forma de vida devora outra, mas o equilíbrio é mantido pela Natureza. Uma dimensão mais plena de vida é dada às formas que são devoradas por outras formas; elas são mais prolíficas. Os ratos e camundongos são muitíssimo mais prolíficos do que as doninhas ou corujas, que deles se alimentam; os coelhos têm dez crias para cada cria de sua inimiga, a raposa; a quantidade de passarinhos sobrepuja incrivelmente o número de gaviões existentes; os peixes pequenos, que são o alimento dos maiores, fervilham no mar. É provável que nenhuma espécie venha a ser jamais exterminada por seus inimigos naturais. Esses inimigos só mantêm as coisas sob controle. Os pássaros impedem que os insetos destruam as plantações, que são a fonte de toda alimentação [...]. O aumento do instinto de procriação dos animais que servem de alimento aos rapinantes resultaria, com o passar do tempo, em superpopulação e longos períodos de fome [...].

> "*A Natureza estimula a competição e a luta entre grupos, com a expectativa de gerar uma situação de equilíbrio. A Natureza é imparcial [...] sem um pouco mais de vantagem de um dos lados, o jogo ficaria sem movimento e ação – haveria escassez de pássaros, ou os*

gaviões morreriam de fome. A Natureza mantém o equilíbrio. O gambá e o porco-espinho têm pouco ou nenhum medo, mas nenhum dos dois é muito inteligente [...]. A Natureza usa uma forma para manter o controle da outra, e, desse modo, como um capitalista experiente, distribui seus investimentos de modo que os rendimentos sejam constantes. Se ela puser todos os seus fundos em camundongos e pássaros, os gatos e as corujas logo morreriam de fome; se investir tudo em marmotas, as pastagens e campinas logo ficariam insuficientes para os rebanhos.

"O homem comumente perturba o equilíbrio da Natureza; a limpeza e o cultivo da terra mantiveram sob controle os inimigos naturais das marmotas – raposas e corujas – e, ao mesmo tempo, aumentaram enormemente as fontes naturais de suprimento alimentar desses animais, de modo que os roedores se transformaram numa verdadeira praga para os agricultores. Mudanças muito semelhantes vêm favorecendo os ratos-da-pradaria, e parece que sua população também está aumentando. Esse crescimento, porém, pode estimular o aumento do falcão-caçador-de-ratos, e o equilíbrio será mantido. Esse é o perigo de introduzir novas formas de vida selvagem num país – seus inimigos naturais nem sempre estão presentes para sabermos de sua existência" (Ensaios sobre Tooth and Claw. In Accepting the Universe. Houghton, Mifflin Co., *Nova York).*[2]

---

[2] John Burroughs (1837-1921) foi um naturalista, conservacionista e escritor norte-americano muito influenciado por Emerson e grande amigo de Walt Whitman.

Orlando J. Smith também apresenta excelentes exemplos e ilustrações do caráter universal do Equilíbrio. Ele propõe sua operacionalidade em todos os campos da atividade natural. Por exemplo, diz Smith:

> *"A ciência moderna aceita com unanimidade absoluta, como uma enunciação fundamental, que 'para cada ação há uma ação igual e uma reação contrária'. Esta é a Terceira Lei do Movimento de Newton, que é aceita como o axioma fundamental da física. Nela, em minha opinião, Newton expressou também a lei fundamental da Natureza – aquela segundo a qual ação e reação são incessantes, equivalentes e compensatórias [...]. A atração do Sol equilibra o momentum* que, fossem outras as circunstâncias, projetaria a Terra numa linha contínua no espaço. O equilíbrio mantém a Terra inalterável em seu curso ao redor do Sol. As forças opostas de atração e repulsão e de movimento centrípeto e centrífugo existem no mundo em suas maiores e menores partes, tanto nas constelações como nos átomos.*
>
> *"A ciência é forçada a reconhecer a repulsão como um fenômeno tão universal quanto a atração [...]. A ciência só tem conhecimento disso – que essas forças existem; que elas se encontram, contrabalançam, neutralizam e regulam-se mutuamente, às vezes moderada ou imperceptivelmente, outras vezes violentamente e com terríveis convulsões, e que em suas influências, contatos, batalhas e guerras, elas mantêm tudo em equilíbrio [...].*

---

* O ímpeto de um corpo, resultante de sua força ou velocidade de movimento; ímpeto de um corpo, resultante do seu movimento. (N.T.)

Que, nessas incessantes transformações, a repulsão equilibra a atração e os efeitos equilibram as causas – em resumo, que a reação se iguala à ação, que o equilíbrio participa da transformação e a controla [...]. As concepções fundamentais da ciência apontam clara e enfaticamente para essa generalização mais elevada e única – que o Equilíbrio rege o mundo [...]. O Equilíbrio é a chave de tudo isso, a palavra que tudo explica, o princípio que unifica todas as coisas.

"A universalidade da equivalência é amplamente expressa na lei da conservação da energia: 'Quando uma forma de energia desaparece, seu equivalente exato, sob outra forma, sempre vem substituí-la'. A lei, aceita pela ciência moderna, não deixa espaço para o pressuposto de que possa haver uma falha de equivalência no movimento ou na transformação. Podemos dizer que os equivalentes que retornam persistentemente, em movimento e transformação, são compensatórios? Sim; o retorno de um equivalente exato é uma exata compensação. O calor é a compensação para o combustível que o produz; a eletricidade é a compensação para a energia que se transforma nela; uma molécula de água é a compensação para dois átomos de hidrogênio e um átomo de oxigênio. Uma quantidade definida de matéria ou força paga, sob outra forma, exatamente a mesma quantia. O que desaparece e o que vem em seguida são mutuamente compensatórios. O combustível paga pelo calor, e o calor paga pelo combustível. Na natureza não há contas de ganhos e perdas, nem insolvências, nem falta de ressarcimentos" (Balance).

Em sua fase especial de Compensação, a Lei do Equilíbrio opera no sentido de "retribuir e indenizar"; faz um importante trabalho desse tipo, particularmente nas formas superiores de vida. Os filósofos ensinaram que "para cada coisa recusada, alguma outra coisa é oferecida". No ensaio "Sobre a Compensação", de Ralph Waldo Emerson, há uma profusão de exemplos ilustrativos sobre essa fase específica da Lei da Compensação, assim como sobre esse tema da Lei do Equilíbrio em geral. Entre outras coisas, ele sustenta "Nenhuma criatura é favorita; uma certa compensação equilibra cada dom e cada insuficiência". Sua ideia fundamental é a seguinte: "Tudo é passível de compensação e serve para compensar" – uma enunciação digna de um princípio cardinal.

Os excertos abaixo, extraídos do ensaio de Emerson acima mencionado, talvez apresentem um panorama geral de seu pensamento sobre a questão; no entanto, fica ao leitor o conselho de ler e estudar o ensaio inteiro, caso ainda não o tenha feito. Emerson diz:

> "O mesmo dualismo é subjacente à natureza e à condição do homem. Todo excesso provoca um defeito; todo defeito, um excesso. Toda doçura tem seu amargor; em todo mal está contido seu bem. Toda faculdade que é um receptor de prazer tem um castigo igual que será aplicado a seu abuso. Para cada grão de sabedoria existe um grão de insensatez. Por tudo que você perdeu, há alguma outra coisa que ganhou; e, para tudo que ganhou, haverá alguma coisa que terá perdido. Perde alguma coisa por tudo que ganha. Se as riquezas aumentam demais, a Natureza tira do homem aquilo com que preencheu seu cofre; ela aumenta seu patrimônio, mas mata o proprietário. A Natureza odeia monopólios e exceções.

As ondas do mar não apenas procuram, mais celeremente, seu nível mais alto, do que as diversidades das condições humanas tendem a igualar-se. Há sempre uma circunstância niveladora que, substancialmente, coloca os arrogantes, os fortes, os ricos e venturosos em pé de igualdade com todos os outros. Haverá um homem demasiado forte e rude para a sociedade e, por temperamento e posição, um mau cidadão – um facínora insociável, um grosseirão que finge gostar da convivência com seus semelhantes? – a natureza lhe enviará muitos filhos e filhas que se darão muito bem com a mestra da escolinha local, enquanto ele, por amor e temor aos filhos, transformará sua expressão de escárnio habitual em civilidade e polidez no trato. Portanto, a Natureza consegue integrar o granito e o feldspato, elimina o suíno da equação, substitui-o pelo cordeiro e consegue manter o equilíbrio.

"Essa lei determina a regulamentação de cidades e nações. É inútil unir-se, arquitetar ou conspirar contra ela. As coisas não se prestam a ser mal administradas por muito tempo. Ainda que não se interponha nenhum obstáculo a novos males, os obstáculos existem e vão aparecer. Se, por um lado, você cobrar impostos muito altos, a renda será deficitária. Se você elaborar um código penal sanguinário, ninguém será condenado pelos júris. Se a lei for muito branda, fará surgir a vingança privada [...]. A vida e os prazeres do homem parecem excluir os extremos de dureza ou bem-estar, mostrando-se também mais propensos a estabelecer-se com grande indiferença nas mais diferentes circunstâncias. Seja

qual for a forma de governo, a influência do caráter permanecerá a mesma [...].

"*Todo ato contém em si sua própria recompensa, ou, em outras palavras, se integra de duas maneiras distintas: primeiro, na coisa em si; e depois, na circunstância ou na natureza aparente. Os homens chamam as circunstâncias de retribuição. A retribuição causal está nas coisas, e é testemunhada pela alma. A retribuição na circunstância é testemunhada pelo entendimento; é inseparável da coisa, mas é comum que se estenda por um longo período de tempo, o que faz com que se torne distinta depois de muitos anos. As marcas do açoite podem não surgir logo após a agressão, mas surgirão porque a acompanham. O crime e o castigo provêm do mesmo galho. O castigo é um fruto sobre o qual não recai suspeita, que amadurece com o prazer que o oculta. Não é possível separar causa e efeito, meios e fins, semente e fruto, pois o efeito já floresce na semente [...]. As imprecações sempre recaem sobre a cabeça daqueles que as lançaram. Se você puser uma corrente no pescoço de um escravo, a outra extremidade dela irá se enroscar ao redor do seu. Maus conselhos confundem o conselheiro. O Diabo é um asno. Assim está escrito porque é assim que acontece na vida. Um homem não pode falar, mas ele julga a si mesmo. Você não pode cometer erros sem sofrer*" (Essay on Compensation).

Em grande parte do ensaio do qual extraímos os exemplos acima, Emerson recorre muitas vezes aos preceitos do Oriente sobre o *Karma*, em particular os preceitos Budistas a respeito do tema. H. P. Blavatsky descreve o funcionamento do *Karma* da seguinte maneira:

> "*O Karma é a lei universal da justiça retributiva [...]. O Karma, em seus efeitos, é uma reparação infalível da injustiça humana, uma rigorosa reparação das injustiças, uma lei retributiva que recompensa ou castiga com igual imparcialidade. Trata-se de uma crença comum aos Hindus e Budistas, que acreditam no Karma [...]. Aqui, vós tereis prova de que as consequências das ações, pensamentos etc. de um homem, devem reagir sobre ele com a mesma força com que foram postas em movimento [...]. O Karma devolve a cada homem as verdadeiras consequências de suas próprias ações. Ele recebe o que merece por todas elas. É evidente que ele terá de remediar todo o sofrimento que causou, assim como terá de colher, com alegria e felicidade, os frutos de toda felicidade e harmonia que ajudou a criar*" (The Key to Theosophy, Capítulo XI).

Além disso, os preceitos Budistas ligam-se tão assertivamente à presença e operação das respectivas Leis da Causalidade e Compensação Equilibrada (que se manifestam coletivamente como *Karma*) que, em todas as suas declarações de princípios, afirmam que sua própria doutrina de Renascimento ou Reencarnação constitui, em si mesma, uma consequência direta e resultante daquelas outras. Isso quer dizer que, somente pelos fatos do Renascimento e da Reencarnação – a sucessão de vidas pessoais –, as exigências do *Karma* (em seus aspectos constitutivos de Causalidade e Compensação Equilibrada) podem ser plena e devidamente atendidas.

Se assim não fosse, elas não poderiam ser e não seriam cumpridas e satisfeitas. De fato, para levar a operação dessas leis a sua conclusão lógica, dizem eles, o Renascimento e a Reencarnação devem ser postulados como uma verdade necessária. O ensinamento é bastante enfático nesse aspecto particular.

Os Budistas sustentam que a operação das duas respectivas leis há pouco citadas requer muito mais do que uma vida terrena a fim de completar seu trabalho. Para eles, cada Vida individual traz consigo certo número de vidas *pessoais* sucessivas, ou ciclos de vida; somente quando ligados como um todo, esses ciclos de vida ou vidas pessoais constituem a "vida" de um indivíduo. Para eles, os efeitos manifestos na presente vida pessoal são, em grande medida, o resultado de causas geradas em vidas pessoais anteriores. Da mesma maneira, para eles as causas geradas na atual vida pessoal irão manifestar-se como efeitos em uma futura vida pessoal (ou futuras vidas pessoais). O *Karma* implica o elemento do tempo em suas operações.

Não se deve esperar que as causas geradas no presente ciclo de vida pessoal venham a produzir seu pleno efeito no breve espaço dessa vida pessoal específica; é preciso olhar para as vidas pessoais futuras em busca da expressão adequada, dizem os Budistas. Os livros de um ciclo de vida particular não são fechados pela morte; ao contrário, um equilíbrio é levado para os livros futuros da vida pessoal. Aquele que pratica um ato, bom ou mau, deve inevitavelmente colher suas consequências, dizem eles. Se assim não for, a Compensação será impossível. Não pode haver nenhum equilíbrio completo sob qualquer dos outros princípios. Em essência, são estes – levados a sua conclusão plena e lógica – o entendimento e a interpretação Budista da Lei da Compensação Equilibrada.

Em seu poema "A Luz da Ásia", *sir* Edwin Arnold reporta-se ao pensamento Budista sobre essa questão particular, e o faz da seguinte maneira:

> *"Os Livros o dizem bem, meus Irmãos! a vida de cada homem*
> *Nada mais é que o resultado de sua vida anterior;*
> *Os erros do passado só trouxeram tristeza e aflições,*
> *As benesses antigas ora nos encantam e enlevam.*
> *Colhe agora tua antiga semeadura. Admira a beleza ao redor!*
> *O sésamo era sésamo, o milho era milho. O Silêncio e a Escuridão sabem disso! Assim nasce o destino de um homem.*
> *Ele vem, ceifeiro das coisas que ele mesmo semeou,*
> *Sésamo, milho,*
> *E tanta erva daninha; e tanto veneno que o desfigurava*
> *E danificava a terra já tão sofrida.*
> *Se ele trabalhar direito, arrancando essas ervas*
> *E plantando mudas originárias de sementes integrais,*
> *Onde elas crescem, frutífero, belo e limpo será o solo,*
> *Que então se tornará pleno de abundantes colheitas."*

☆ ☆ ☆

Por último, então, nos damos conta de que, sob essa Lei do Equilíbrio e Compensação, precisamos sempre abrir mão de alguma coisa para conseguir algo mais – há um processo de "negociação" e "intercâmbio" – em toda a Natureza. Um antigo adágio oriental em que se afirma o seguinte: "Disseram os deuses aos homens:

'O que quereis? Pois tomai-o – *Mas pagai o preço!*'" Na Natureza, o preço é sempre cobrado; sempre coletado; sempre pago. Quase sempre, é pago antecipadamente; repetindo o que já dissemos, no momento em que se faz o serviço de entrega (C.O.D.);* mais uma vez, depois da entrega; às vezes, muito depois; talvez, em futuras prestações. O preço, porém, é sempre pago, de uma maneira ou de outra.

Uma pessoa não consegue assoviar e chupar cana ao mesmo tempo. Ela precisa pensar bem – escolher criteriosamente – e ter o bom senso de determinar o que *mais* quer. Depois, é uma questão de "pegar ou largar"; se *pegar*, porém, deve ser notificada de que deve "pagar o preço". Além de verdadeiro, isso é também inevitável, invariável e infalível. Esta é a Lei da Compensação Equilibrada, manifestando-se em uma de suas incontáveis formas e fases. Como no início, assim também no final: "Tudo, no Cosmos, é Equilibrado e Compensado, e existe numa condição de Estabilidade, Equilíbrio e Contrapeso". Assim diz a Lei!

FINIS.

---

* *Cash on Delivery* (pagamento contra a entrega da mercadoria). (N.T.)

GRUPO EDITORIAL PENSAMENTO

O Grupo Editorial Pensamento é formado por quatro selos:
Pensamento, Cultrix, Seoman e Jangada.

Para saber mais sobre os títulos e autores do Grupo
visite o site: www.grupopensamento.com.br

Acompanhe também nossas redes sociais e fique por dentro dos próximos lançamentos, conteúdos exclusivos, eventos, promoções e sorteios.

editoracultrix
editorajangada
editoraseoman
grupoeditorialpensamento

Em caso de dúvidas, estamos prontos para ajudar:
atendimento@grupopensamento.com.br